ピッチに立つサポーター

『週刊ホテルレストラン』FROM THE PUBLISHER 巻頭言

太田 進
株式会社 オータパブリケイションズ　代表取締役社長

はじめに

私がこのホスピタリティーの世界に足を踏み入れたのは16歳でした。父親であり、この会社の創業者である太田土之助の影響もあり、幼少のころから有名ホテルやレストランに出入りする機会が多くあり、私の幼少期の思い出にはホテルやレストランでのたくさんの面白く興味深いシーンがありました。

今はなきフランク・ロイド・ライト館の帝国ホテルであり、その中にあったダイニング「プルニエ」で、何時間もかけて作ったデミグラスソースを白いご飯にかけて食べた記憶がよみがえります。10歳のときに盲腸炎を患い父親が病院に差し入れてくれたのは、当時の帝国ホテルの村上信夫総料理長（父の帝国ホテル時代の友人でもあります）から分けてもらった正当派の味がするコンソメスープ（何日もかけて作る時代）。ホテルオークラへ行くと小野正吉ムッシュの料理があり、銀座のソニービルの地階にあった「マキシム・ド・パリ」の伝説のメートルドテルだった秋山隆哉さんの華麗なサービスを体感し、「この世界は楽しそうだな！」と直感したこと、そして人間としての魅力にかなり刺激を受けた思い出が重なります。

週末には横浜のホテルニューグランドへ行って、カレーを頼むとチャツネなど10種類くらいの薬味がついてきたシーンや、帝国ホテルの犬丸ファミリーとご一緒した川奈ホテルへの旅行、海外でもロサンゼルスやハワイのホテルでは父親にチップの渡し方なども教わったり、世界中連れ回してくれた両親を見ながら学んだことは忘れられない筆者のＤＮＡでもあります。

高校生のときはバイト＝皿洗い、バスボーイ、ウエーターなどを経験、当時はかなり真剣にこの世界にのめり込んでいて「一生の仕事になるかもしれない」という高い志を持っていました。当時、学業はダメダメ、とても大学へ行って勉強する自分が想像できなかったので、17歳にして両親に「大学へはいかない」と伝えたわけです。ヨーロッパでは10代からレストランビジネスをスタートするプロフェッショナルはたくさんいるので、私も同じように早めのスタートが良いだろうと決めてしまいました。

母親は、「大学へ行かないということは、後々いろいろと苦労することもあると思うがそれで良いならそうしなさい」と言ってくれたことは、とても大きな勇気をもらった気分になったものです。同時に何をするにしても、本気でやらんと絶対にそこにはたどり着けないぞ！　という意味だったと受け取り、学業がダメならしっかりとこの世界で食えるようになろう！　と本気モードだった自分は学校へ通いながらも少しでもレベルの高い店やホテルで修行したいと思い、父親の人脈を活用させていただき、70年代の東京ヒルトン（永田町）やマキシム・ド・パリ、海外ではスイスの首都ベルンにある老舗ホテルのベルビューパレスホテルなどでバイトをし、だんだんとレストランビジネスに興味が沸いてきたわけです。

当時、働いていた際に「もしも、自分がレストランをやるのであれば料理人とのコミュニケーションはとても大事だ」と悟り、料理人になるということではなく〝料理人の思考回路を垣間見たい〟とキッチンのマネジメントを学ぶことはできないかといろいろと探したら、アメリカに料理専門の学校があり（当時ＣＩＡを卒業すると10カ所くらいの仕事のオファーがあった）、とても人気だというので19歳からThe Culinary Institute of America＝通称ＣＩＡに入り、２年間だったがみっちりと学びました。

１年目が終わった際にインターンシップ生として半年ほどマイアミのファンテンブルーヒルトンにて（厨房にて）研修もさせていただき、ＮＹベースの学校でしたが週末にはとなりのコネチカット州のカントリークラブなどでも宴会サービスやらバイトをしてチップを稼ぎ多くの体験をさせていただきました。

16歳から６年間で米国（ハワイ州、ネバダ州、ニューヨーク州、フロリダ州、そしてカリフォルニア州）とスイスに滞在し学業よりほとんどをホテル・レストラン業界で過ごすことになります。

その後、紆余曲折があって最終的にレストランビジネスへの就職はあきらめて、当時、銀座の並木通りにあった㈱オータパブリケイションズに入社することになったわけです。父親には海外での人脈と資金のサポートをしてもらったので普通に考えてもたくさんの借りがある、ひとり息子であるということ、その他さまざまな要因、思いがあっての帰国でした。今でも覚えていますが週末、祭日、年末年始レストランなどで仕事をしていた自分が普通の会社に勤めると土曜、日曜何をしたらよいのだろうと、サラリーマンの感覚に合わせるのに時間がかかったことが懐かしく思い出されます。

しかし、この会社に勤めてみて分かったのは、一つのホテルやレストランにいたら、いつも同じ箱の中にいて、(ゲスト)世界を迎え入れるということになるが、取材や営業そして視察で世界のホテルやレストランを回れることは毎日違う箱に行くことができ、世界を観察することができるので幅と奥行きが出てくることに面白さを感じ、こういう仕事もあるなと確信したことです。ホテルやレストラン業界の人たちはそんなに頻繁にほかの店やホテルに行ったり、利用することはできないが、代わりに泊まり、代わりに食べに行くことで、いろいろあると皆さんに伝えることができる仕事なんだと、「そうだ、自分の仕事はこれなんだ!」と思ってからはなるべく多くのビジネスパターンを観たいと世界中のホテル・レストランに雑誌の営業や取材で羽ばたくようになったわけです。

おかげさまで、入社してからはバブル期もあってか年間に150~170日くらい、最初の10年で1800日の海外出張を熟すことになります。海外のホテル・レストラン、および関連する事業をみたり、関係各位と会いいろいろと意見交換する機会が多くありました。いま振り返るとこの会社に入って30数年で30カ国以上、延べで2900日くらい海外出張したことになります。私よりもっと動き回っている人を知っているので、決して「どうだ、スゴイだろ!」などとは思っていないし、食事の回数にしたって年間で500食なんて猛者も知っているので、30数年で6000食くらいは外食をしている計算になりますが、人様よりそれが多いとか少ないかではなく、毎回素晴らしい出会いがあったり、そこで交わされる会話から情報をいただき、新しいことを学び、良くも悪くも体を張って来て良かったなと思って人生に感謝しています。

40代では自分の経営感覚の悪さ、力不足を何度も感じてそれなりに会社経営の難しさを思い知り、苦しんで来ましたが、段々と自分より能力のある社員がいるのはそのためだと理解し任せること、自分が不得意なところはやってもらうことが一番だと気がつき、社員だけではなく、外部にその道のプロやタレントを持った方々がたくさんいるのでそういう皆さんとうまくやれば良いのだと理解してから少し違う道が開けてきたように正直感じています。いつの時代も苦労とは言わないが厳しい環境に身を置くことは良いことだなと今はとても感謝しています。そこでもがき苦しみ、反省することで前に進める、多くのサポーターと皆さんのおかげでいまがあるということに常に感謝し、皆さんと一緒に戦っているつもりであります。

わずか40年くらいの経験しかありませんが実にさまざまな場面を見てきて、私が同志といつも思っている同じ志を持ったホテルやレストランで戦っている皆さんへ少しでも何か役に立てる情報やヒントはないか。また世の中では実におかしい、理不尽、納得のいかないことがたくさんあるが、そういう問題・課題にも、このままで本当に良いのだろうか、と問いかけてみたり、自分としては愛情を持ってこの世界に生きる同志の皆さんが少しでもよくなること、ビジネスがやりやすい環境になると良いなと願い、心を込めてフロムザパブリッシャーを続けてきました。

今回、メンターでもある太田士之助にならい、自らの生き方とホスピタリティービジネスに対する哲学とも言える思いを一冊の本にまとめさせていただきました。読者諸兄にとって、少しでもお役に立てることがあればとの思いです。

太田　進

CONTENTS

はじめに …… 2

―特別寄稿―
日本の「観光」における最大の問題点は「教育」である
野田一夫（一般財団法人日本総合研究所会長／多摩大学名誉学長／事業構想大学院大学学長） …… 25

―特別対談―
序列社会の錯覚から脱却すれば、志を抱いた学生と観光業界のハッピーなマッチングが実現する
一般財団法人 日本総合研究所 会長／多摩大学 名誉学長 野田一夫氏
一般社団法人 日本旅行業協会 広報室長 矢嶋敏朗氏 …… 47

Chapter 1 ―経営視点―

1 「教育」 2004年1月9日 …… 68
2 「本当の〝価値組〟」 2004年2月6日 …… 70
3 「新しい総支配人像」 2004年8月20日 …… 72
4 「給料泥棒」 2004年9月3日 …… 74

FROM THE PUBLISHER　目次

5 「すべてはあなた次第」 2005年4月15日……76
6 「スピード×3乗」 2005年4月22日……78
7 「リゾートから学ぶ」 2005年6月3日……80
8 「真のヒューマンビジネス」 2005年11月18日……82
9 「天才スタッフを離すな」 2006年3月10日……84
10 「ワールドカップから学ぶもの」 2006年7月21日……86
11 「クーデターの火種」 2006年10月13日……88
12 「機会損失」 2007年2月9日……90
13 「ホテルの価値」 2007年7月27日……92
14 「てっぺん」 2007年8月10日……94
15 「常連客を守る」 2008年2月8日……96
16 「お店のカラー」 2008年3月14日……98
17 「上司はいつも見られている」 2008年4月11日……100
18 「タイムリミット」 2008年6月20日……102

CONTENTS

FROM THE PUBLISHER | 目次

CONTENTS

Chapter 2

―マーケティング視点―

44 「ブランドホテル」 2004年5月21日……156
45 「選食」 2004年10月1日……158
46 「クレームの教訓」 2004年12月3日……160
47 「貢献度主義」 2005年2月25日……162
48 「サービスの強弱」 2005年3月11日……164
49 「プールビズ」 2005年8月19日……166
50 「ベストプラクティス」 2006年4月21日……168
51 「キャッチボールしようよ」 2006年11月24日……170
52 「トップセールス」 2007年3月23日……172
53 「アイデアの連鎖」 2007年5月25日……174
54 「行列に並ぶ人の心理」 2007年6月22日……176
55 「地元感覚」 2007年10月12日……178

目次

56 「オリジナルウエディング」 2008年6月27日 …… 180
57 「ホスピタリティー=対話」 2008年11月7日 …… 182
58 「ファッションに疎くて・・・」 2009年5月29日 …… 184
59 「顧客認識」 2009年8月7日 …… 186
60 「ワインホテル」 2011年11月11日 …… 188
61 「ホテル内のショップ」 2012年11月9日 …… 190
62 「サービスを誰が評価するのか?」 2014年2月21日 …… 192
63 「FUN to STAY」 2015年1月30日 …… 194
64 「過去にしがみつくな」 2015年3月13日 …… 196

Chapter 3 労務管理視点

65 「技術承継」 2005年11月25日 …… 200
66 「世界の壁」 2006年2月24日 …… 202
67 「人材も選択の時代」 2006年8月18日 …… 204

CONTENTS

68 「ベテランの味」 2006年10月20日 206
69 「冷たい役人と役員」 2007年6月8日 208
70 「本当に人が宝か？」 2007年9月21日 210
71 「インターナルクレーム」 2007年9月28日 212
72 「不機嫌な職場」 2008年4月25日 214
73 「プロを育てる」 2009年3月13日 216
74 「インターナルロス」 2010年6月4日 218
75 「石の上には何年？」 2010年10月1日 220
76 「生き生きと働ける職場か」 2012年8月10日 222
77 「誉める文化を持つ」 2012年9月21日 224

Chapter 4 ―F&B 視点―

78 「世界規模の目線」 2004年6月4日 228
79 「世界が認める『和』」 2004年10月8日 230

80 「料理長も戦え！」 2005年12月16日 …… 232
81 「トゥール・ダルジャンの財産」 2006年8月25日 …… 234
82 「30分待ち」 2007年4月13日 …… 236
83 「理想の朝食」 2010年5月21日 …… 238
84 「コルクからスクリューキャップへ」 2011年8月12日 …… 240
85 「料理と音楽」 2012年6月15日 …… 242
86 「熱いものは熱く」 2012年6月22日 …… 244
87 「想像を超えるということ」 2012年10月5日 …… 246
88 「アイアンシェフ再び」 2012年12月21日 …… 248
89 「世界で二番目においしい国」 2014年5月9日 …… 250
90 「世界は遠くない」 2014年10月24日 …… 252
91 「復活の狼煙《のろし》」 2014年11月28日 …… 254
92 「おいしくて、身〝心〟健康」 2015年4月10日 …… 256
93 「料飲ビジネスの原点」 2015年9月11日 …… 258

CONTENTS

Chapter 5 —他ジャンル視点—

94 「隣国とのコミュニケーション」 2005年5月27日 …… 262
95 「オーストラリアに学ぶ」 2005年6月24日 …… 264
96 「最後の晩餐」 2005年7月8日 …… 266
97 「女将の心」 2005年10月14日 …… 268
98 「ホテルにはドラマが詰まっている」 2006年1月27日 …… 270
99 「自答」 2006年2月10日 …… 272
100 「あいまいなサービス料」 2006年11月17日 …… 274
101 「フォーマルなレストラン」 2008年7月4日 …… 276
102 「コルベール委員会」 2008年10月17日 …… 278
103 「オーラのある人」 2010年5月28日 …… 280
104 「様変わり」 2010年11月12日 …… 282
105 「夏のクレーム」 2011年8月19日 …… 284

106「トップの決断」2015年7月10日……286
107「ベストコンディション」2015年7月24日……288

Chapter 6 ―愛読書からのサゼスチョン―

108「健康と安全」2005年2月11日……292
109「サービスの心」2005年11月4日……294
110「名選手＝名監督」2006年5月19日……296
111「上客を失うサービス」2007年9月14日……298
112「日本の労働生産性」2008年1月18日……300
113「財務諸表は語る」2010年7月2日……302
114「9割の人は英語不要」2011年10月28日……304
115「ほめるな、叱るな、教えるな」2014年10月10日……306
116「リミタシオン　オリジナール」2014年12月12日……308
117「その情報は本当か」2015年3月27日……310

CONTENTS

Chapter 7 —時局—

118 「攻める営業」 2004年11月12日 …… 314
119 「平和という絶対条件」 2005年1月21日 …… 316
120 「Advocate」 2005年7月22日 …… 318
121 「米国産牛肉を問う」 2005年10月21日 …… 320
122 「五感で味わう日本」 2006年5月5日 …… 322
123 「全面禁煙化へ」 2006年8月4日 …… 324
124 「リーダーとしての覚悟」 2007年11月2日 …… 326
125 「ライズ・オブ・ジャパン」 2007年11月23日 …… 328
126 「デジタルとアナログ」 2012年10月12日 …… 330
127 「誰のためのホテルを創るのか」 2013年4月19日 …… 332
128 「倍返し」 2013年9月13日 …… 334
129 「リスクテイカー」 2015年5月29日 …… 336

130 「自動車が無料になる日」 2015年6月19日 …… 338
131 「実体験に勝るものなし」 2015年8月21日 …… 340

Chapter 8 ―先見性―

132 「ヘルシーライフ」 2004年3月5日 …… 344
133 「マカオ最新事情」 2005年9月23日 …… 346
134 「プロとは」 2007年1月12日 …… 348
135 「遊び心」 2007年5月18日 …… 350
136 「英語漬け」 2007年8月24日 …… 352
137 「日本のこころを、今、世界へ」 2007年12月7日 …… 354
138 「日本食のようなもの」 2008年1月25日 …… 356
139 「プロフェッショナリズム＝お金」 2008年5月9日 …… 358
140 「観光立国へ」 2008年9月19日 …… 360
141 「チェンジ」 2008年11月21日 …… 362

CONTENTS

142 「地域密着」 2009年1月16日 …… 364
143 「The power of Chinese」 2009年2月20日 …… 366
144 「定年制」 2009年4月24日 …… 368
145 「今こそチャンス」 2009年7月17日 …… 370
146 「オンコール」 2009年12月4日 …… 372
147 「世界の富裕層に日本を売り込む」 2010年7月9日 …… 374
148 「Let's change」 2010年7月23日 …… 376
149 「ロボットの方がマシ」 2013年5月3日 …… 378
150 「未来を見据える」 2014年6月27日 …… 380

Chapter 9 —特別—

151 「ありがとう 太田土之助」 2004年9月17日 …… 384
152 「橋本保雄氏の教え」 2006年9月8日 …… 388
153 「さよなら東京ヒルトン」 2006年12月8日 …… 390

154 「創業精神」 2007年2月2日 …… 392
155 「ホテリエオールジャパン」 2007年11月9日 …… 394
156 「伝説のギャルソン『徹くん』」 2008年2月15日 …… 396
157 「熱いものを熱く」 2008年5月2日 …… 398
158 「ホテルでチャリティーを」 2008年10月10日 …… 400
159 「61番目のシャングリ・ラ」 2009年4月3日 …… 402
160 「人生の師匠は？」 2010年8月13日 …… 404
161 「ピンチのときこそ」 2010年9月24日 …… 406
162 「勝負師の教え」 2011年1月28日 …… 408
163 「プロは磨く」 2011年3月18日 …… 410
164 「歌舞伎町のジャンヌ・ダルク」 2011年8月5日 …… 412
165 「マイクの願い」 2011年9月23日 …… 414
166 「次世代へつなぐ」 2011年11月18日 …… 416
167 「日本人ってすごい」 2012年2月10日 …… 418

CONTENTS

168 「知識武装した賢い消費者」 2012年4月6日……420
169 「罪な空席」 2012年5月18日……422
170 「経営と運営の在り方」 2012年7月20日……424
171 「真のホテリエ」 2013年6月7日……426
172 「プロフェッショナル」 2015年5月8日……428
173 「『日本らしさ』で戦え」 2015年9月25日……430
174 「言論の自由は保証されていますか？」 2015年10月9日……432
あとがき……434

PHOTO　林 正
DESIGN　平賀 伸夫

SPECIAL CONTRIBUTION

|特別寄稿|

本邦大学初の――
観光学科長回顧録
――ホテルを中心に…

野田一夫
（日本総合研究所会長）

観光学科長回顧録

野田一夫
（日本総合研究所会長）

はじめに

私が90年の人生を振り返り、「…ホテルを日常的に利用する身になったのは、中年過ぎ…」と書き出すと、読者の多くは恐らく、「この人は地方育ちで、家庭も豊かでなかった…」と推察なさるだろうが、それは誤解だ。私の父親は日本の航空技術者の草分けで、私の生まれたころは三菱航空機製作所の要職にあり、名古屋の同社社宅に生まれ育った私は、小学時代には地元で、一応〝坊ちゃん〟として遇せられていた。そして、父親を心から尊敬していた私は、「大人になったら、お父さんのような航空技師に…」と志す元気一杯の〝航空少年〟だった。当時すでに名古屋にも幾つかホテルはあって、私も両親に連れられて何回か行った記憶はあるものの、あの時代、ホテルは所詮〝女子どもの行く所〟ではなかったのだ。

SPECIAL CONTRIBUTION | 特別寄稿

航空技師の夢破れての大学教授人生

生まれた時代も悪かった。幼いころすでに、陸軍軍人のテロが何回か起こった。小学時代に勃発した日中戦争は、中学生のころには陸軍が戦争を拡大した末に戦線は膠着状態になっていた感があったが、その状態でわが国指導者は、さらに独・伊両国と組んで米・英に宣戦布告。…陸・海軍とも奇襲戦略で緒戦は優勢だったが、私が旧制高校理科に入学したころには早くも敗色濃厚。…やがて本土にまで連日連夜の空襲がつづいて主要都市や工場がほぼ完全に破壊し尽され、国民の戦意まで尽きた末の〝終戦〟。…父親は当然失業した上に、大学の航空学科も廃止されて、私は訳の分らぬまま〝文科〟に転じたが、敗戦直後の東大生のころは、〝国民総意気消沈〟の時代的雰囲気の中で、上野の〝アメ横〟の元気さだけが目立つ時代だった。

他方、文系の講義の多くはその内容も話法も聞くに堪えなかったから、〝理系出身〟の〝弱み〟を〝強み〟に転じた私は、講義中に予想外の奇問を発しては多くの教授から疎んぜられたものだが、その中で、その私を「面白い」と思ってくださったただ一人の教授がおられたのだ。しかも卒業に当たり私は、(恐らくはその教授の強い推薦で)思いがけず(相当な奨学金つきの)大学院特別研究生の推薦を受けた。相談した父は乗り気で、「ノダカズオらしい大学教授になれ！」と励まされた私は、それをお受けした。…が、やがて職場となった東大研究室の物理的にも心理的にも暗い雰囲気に辟易《へきえき》した私は、3年で特研生の辞退を申し出、例の教授の推薦で、新設の立教大学社会学部講師として、社会人としての人生をスタートした。

立教大学講師として最初に講義をしたときの印象を、私はかつてこう書いた。『…蔦の葉の絡まる赤煉瓦の校舎、青い芝生、チャペルから聞こえてくる妙なる歌声、誰もが美しく輝いて見えた女子学生…。荒れ放題だったキャンパスに全く〝女っけ〟の無かった東大とは何から何まで対照的だった。…立教の学生は東大の学生に比べてずっと若々しく、都会的で、礼儀までわきまえているように感じさせられた。そのせいか、こちらも気分が乗り、冗談も交えながら終始滑らかな口調で講義を終えた。…研究室へ戻り、窓越しに見える遅咲きの桜に見とれながら、「教師という職業は自分に向いているようだ」と、暫し幸福感に浸ったあの日が懐かしい』（拙著『悔しかったら、歳を取れ！』、幻冬舎ゲーテビジネス新書）と。

立教へ赴任したことでの最大の幸運は、妻となる女子学生にめぐり会ったことだ。「大学教師が教え子の女子学生と…」と勘ぐられるおそれもあろうが、彼女は私のゼミの学生が連れてきた女子学生で、教え子ではなかったが、なぜか最初からお互いに気が合った。当時母はいまだ健在だったが、年老いた父の面倒をみるので忙しく、私もいつしか30歳を超えていたので、彼女の卒業を待って結婚した。当時の東京にもまともなホテルは幾つもなく、私は結婚式には庭園の美しい高輪プリンスホテルを、関西への新婚旅行では京都都ホテルと奈良ホテルを選んだ。二人にとってこれが、名のあるホテルに泊まった最初だったが、幸い3男2女に恵まれた結婚60年の記念に、私たちはやがて二人での同じ旅を楽しみにしている。

立教大学・MIT・コーネル大学

さて、立教学内の事情がかなり分かり始めたころ、正規の教科目ではない『ホテル講座』と称するものが開設されていて、「取得単位」にはならないが、「将来ホテルへの就職を希望する学生と、講座内容に関心を抱く卒業生の間に根強い人気がある」と聞き、「さすがは、都会的学風の立教らしい」と思ったものだ。…その後「学内ではその講座を〃学科〃に昇格させようと申請したが、文部省から却下された」とも聞き、「何で、一私学が希望することを、国家権力が許さないのか…」と疑問を感じたものだが、やがて自分が同じ案件で文部省と対する身になろうとは、夢にも思わなかった。…それから数年後の秋、すでに助教授に昇格していた私に、突然ＭＩＴ（マサチューセッツ工科大学）から招聘《しょうへい》状が届いたのだ。

『企業経営の国際比較』という長期プロジェクトへの参加を条件とする1年間の招聘で、条件は（当時1ドル《ドル》360円の固定レートの時代だったから、円換算で）首をかしげるような高額、しかもワイフ同伴の場合にはその航空運賃まで先方負担という好条件だった。（当時は、ＭＩＴはおろか米国のどの大学にも友人がいなかった）私は、「誰が、僕を…？」と首をひねって、すぐ頭に浮かんだのがピーター・ドラッカーの笑顔だった。その数年前私が監訳した彼の『現代の経営』（原題はThe Practice of Management）が爆発的に売れたために、ある団体が「ドラッカー・セミナー」を開催して大盛況を博したものだが、そのセミナーの司会者を頼まれて初めて彼に会って意気投合したことが縁となり、友情が生まれていたからだ。

もちろんＭＩＴの招請に応じた私は翌夏妻と渡米したが、フェローとして働きはじめて間もないころ、私の自宅に立教の総長から長文の手紙が届いた。「…ホテル経営の分野で世界的に有名なコーネル大学を訪ね、Ｍ教授からその教育の実情を聞き、関連施設を見学し、できるだけ多くの資料を入手し、それを郵送して欲しい」という内容だった。…だが、私は既にＭＩＴで働く身、しかもＮＹ州北部にあるコーネル大のあるイサカは、車で（その仕事を済ませて）日帰りできる距離圏内とは思えなかった。自由の利く週末は先方も休みだからその依頼を断ろうとした私だったが、（〝立教〟出身で新婚後間もなかった）ワイフの強い勧めには抗しきれず、Ｍ教授に電話してアポをとり、私は休暇を取って不承不承出かけた。

米国に住んでから初の長距離ドライブだったが、何事もなくイサカへ着き、〝世界三大キャンパス〟の一つとして名高い美しく広大なキャンパスに圧倒されながらホテル学部にたどり着いたのだが、まず、学内に建つホテルの瀟洒《しょうしゃ》な佇まいに接して一驚させられた。その後Ｍ教授をはじめ、同教授からが紹介された数名の教授から同大学独自の教育方針と現状について懇切丁寧な説明を受けた上学内を案内され、たくさんの資料もいただいて無事目的を達し、深夜ようやく帰宅した。今回想してみて、例の学内ホテルが「学生の実習の場でもあり、その経験が卒業後の彼らにとっては何よりな教育…」と聞かされ、「大学教育にまで、米国の誇る〝プラグマティズム〟が徹底されているのか」と感銘を受けた〝あの日〟が懐かしい。

立教大学に日本初の「観光学科」を設立

結局ＭＩＴには2年滞在したが、帰国し立教に行くと、あいさつに伺った総長から、滞米中のコーネル訪問に対する労いと共に「何としてでも、ホテル系学科設立を…」との決意を改めて感じた。…やがて、社会学部で〃ホテル系学科〃新設が決議され、新参助教授の私がその推進役を命ぜられたものだ。私には文部省とは生まれて初めての接触になるわけだが、先任者との話し合いから、「〃学会のない学科〃では、申請再却下の可能性大」と私は判断した。そこで早速六本木の日本学術会議本部に赴き、分厚い「学会名簿」を借りて丹念にそのページをめくっていると、突然〃日本観光学会〃という名称が現れたのだ。…その瞬間、私は、「意味はよくは分からないが、〃観光〃、これで行こう！」と、迷うことなく決断した。

開設までの苦労談は一切省くとして、観光学科は１９６７年秋文部省により予想したよりスムーズに認可された。これに先立ち63年には格調高い「観光基本法」が制定され、翌年春には「海外観光旅行の自由化」で日本人の海外観光旅行熱が盛り上がっていた上に、秋には東京オリンピックの成功で〃観光〃に対する国民的関心が一段と高まったのだが、観光学科に対する学内外の反応は意外だった。学内からは、「観光学科なんて、入学志願

者（数）はカンコ（閑古）鳥よ…」などと言う陰湿な声が人づてに私の耳にも入ってくる一方、（どうして知ったのか）産業界の親しい友人からは、「経営学者として大活躍しているノダ君には、〃観光〃学科長なんて不似合いだよ…」と〃友情ある忠告〃を受ける身にもなったものだ。

しかし、…そういう声には一切心動かされることなく、私は関係者と一丸となって新学科開設とその後の運営の準備に追われた。…そして翌年（１９６８年）春、いよいよ入試の受付が始まった。毎日祈るような気持ちで入学志願者数の推移に目を凝らしたものだ。が…なんと、新設の観光学科の志願者数は初日から予想外に伸び続け、遂に締切日には実に16・1倍、当時17あった学科中最高の倍率を達成したではないか…。うれしかった。関係者一同で高らかに万歳を叫んだあの日が、今も懐かしい。その年の4月、初々しい観光学科第一回生に何を話したかは残念ながら忘れたが、私のことだから、「日本初の学科の学生として誇りを抱いて学び、卒業後は成長産業のたくましい推進者たれ！」と、大声でハッパをかけたことだろう。

さて、その意味を深く検討もせず学科名を〃観光〃とし、学科設置責任者のみか初代学科長まで引き受けた私だったが、…学科長になってまず、卒業生の就職先を案じ始めた。「志望者は、卒業後の職業を意識して我が学科を選択する…」と思案しつつまず頭に浮かんだのは〝ホテル〟だったが、オリンピックで東京の都心ホテルが一躍脚光を浴びたものの、「米国のように、全国的な一大産業になるには、・・・」と直ぐに確信は持てなかった。何たる偶然か正に同じころ、太田土之助氏は私とは全く異なる観点に立ちながら全く同じことに思いを巡らし、結果として本誌の前身となる隔週週刊誌「ホテルレストラン」の発刊を決断されたのであろう。改めて同氏の決断に感銘し、本誌と私との因縁の深さに感じ入る次第だ。

「観光学科設置は早すぎたか？・・・」の思い

実は、観光学科長としての6年間私には絶えず「この学科設立は、いささか時代を先駆し過ぎたのでは・・・」という思いがあった。前大戦でわが国は、軍人・軍属数百万人の戦死者と数十万人の都市被爆死者に加え、主要都市と主要工業生産設備のほとんどを荒廃させた後に無条件件降伏（1945年）という悲惨な目にあったが、正にその直後に起こった〝冷戦〟に恵まれた占領政策下での経済復興期の4年後、〝民主国家〟として独立を果たした。しかも、その翌年に勃発した朝鮮戦争を契機とする経済成長によりわが国は、55年には「もはや戦後ではない」経済水準を達成し、その後9年間での実に3回目となったブームを謳歌する中で東京オリンピックまで開催し、翌年にはGNP世界第二位の先進国にのし上がった。

ただ、経済水準上昇は国民生活の水準から内容までを変化させて行ったが、生活水準の変化に比し〝意識〟の変化は遅行的だった。GNP世界二位になったからといって、日本古来の価値観とそれに基づく制度や慣習は、米国民はもとより先進ヨーロッパ諸国民に一気に近づいたわけではなかった。その典型的具体例は、〝観光〟に深くかかわる英語leisureの訳語＝〝余暇〟のはかない運命に集約されていた。当時すでに欧米諸国では当然だった週休2日制すら60年代の日本では未だしだった。70年代に入り、経済成長に伴う国民の社会生活の変化に対応すべく経済企画庁と経済産業省内に「余暇開発室」が設置され、先進国への視察団派遣とか専門家による会議も重ねられ，〝余暇〟がやっと一時国家的課題にもなりかけた。

ところが、折悪しくその直後の1973年秋に石油危機が勃発するや、物価上昇・国際収支赤字化・経済成長率激減により、〝世界の奇跡〟とまで称賛されてきた戦後日本の高度成長も終焉。その途端〝余暇〟は、国家的課題どころか国民生活上の関心でもなくなった。ただし、この危機は日本のみでなく、石油生産国以外のすべての国の経済に打撃を与えたものだが、それらの国々の中でこの打撃に対する日本の政・官・民一体となった対応は抜群に効を奏し、１９７９年秋第二次石油危機を克服した時点では、沈静した物価・(高度成長期に比すれば低いながら）安定した成長率・黒字基調の経常収支といった実績から、日本は米国と西ドイツと共に、世界経済を新しい繁栄へけん引する〝三台の機関車〟中の一台という世界的評価を得た。

明けて80年代の日本は、石油危機対策としての産業構造・経営管理両面の合理化の成果を基礎に世界最強の輸出国となった。他方米国は、レーガン大統領の異例の景気振興策が国内需要を拡大させたから、日米両国間の貿易不均衡が深刻な政治問題化した。それが主因となった米国財政の急速な悪化が世界経済を決定的に不安定させた結果、その対策を協議するため、１９８５年ニューヨークのプラザホテルで米・独・英・仏・日5カ国の蔵相と中央銀行総裁による会議が開催された。だが、その合意に基づき以後日本政府が実施した経済・金融政策がやがてあの〝バブル〟の導火線になろうとは、誰も予想はできなかった。バブル時代、多くのホテルやレストランが、余儀なくまたは進んで、〝狂乱の場〟を提供したものだ。

バブル、第二の敗戦、小泉・安倍内閣時代の観光政策の復活

「1986年末から2001年初めまでの4年強の期間のあのおぞましい〝バブル〟こそは、戦後日本の最も惨めな時期だった」…と私が記せば、多くの疑問と反論が寄せられるだろうか？　だが実はそれが、還暦間近でバブルを体験した私の実感だ。私がまだ青年だったころの敗戦直後の日本人は、極度の貧困の中にあっても、〝慎ましさ〟という美徳と〝希望〟という精神力を失わずに懸命に生きた。だが、あのバブルの4年間の主役だった日本人には、〝貪欲〟という悪徳と〝無神経〟と名づけるべき人間性しか感じられなかった。彼らがカネに任せて大都会のどんな贅沢《ぜいたく》なホテル、どんな風光明美なホテルに泊まりまくろうと、そんな連中に対し〝観光〟という高雅な言葉を与えることは、私には絶対できないことだった。

バブルによる醜く深い精神的傷跡の故に、その後の日本人は、後世「第二の敗戦」とか「失われた十年」と呼ぶことになった戦後最悪の時代を送ることになる。この期間祖国は、4政党から順繰りに9人の総理が入れ替わり、政・官・民一体の努力にもかかわらず、バブル期の負の遺産＝不良債権の処理は解決されないまま悪性の〝デフレ〟が経済を低迷させた一方、社会全体の重苦しい雰囲気を象徴するかのように、オウム真理教事件（1995

年）とか酒鬼薔薇聖斗事件（1997年）に象徴される史上空前の猟奇犯罪まで頻発した。こうした経済・社会的状況の中では、人々の多くは〝観光〟という名にふさわしい時を過ごす気になるはずはなく、結果的に日本の〝観光〟は、90年代を通じ事実上「真冬の時代」の中にあった。

だが、21世紀開幕と共に誕生した小泉政権は、まず「聖域なき構造改革」をスローガンに掲げ、デフレの根因である不良債権処理に積極的に取り組む政策を打ち出すとともに、経済活性化を目指す斬新な政策を次々に実施したが、その一つが観光(産業)の強化だった。

2003年に一方では「観光立国懇談会」の開催、他方では〝観光〟担当官庁設置から始まった観光政策は、首相退任後の「観光立国推進基本法」の成立と「観光庁」設立という実りをもたらした。その主な狙いが外貨獲得にあったとはいえ、この一連の政策は必然的に〝観光〟産業のみか学校教育にも大きな刺激を与え、国内観光需要の急増が、観光関連産業各社の活動を活性化したのみか、大学や専門学校でも、〝観光〟の名を冠する学部・学科が急増した。

小泉首相退陣後の自民党3薄命内閣＋民主党珍妙内閣の6年間で日本社会には再び無気力感が深まったが、2012年末に別人のごとくよみがえった安倍氏が再び政権を握る

や、雌伏期間中にブレーンと練りつづけたと思しき積極的経済政策を〝アベノミクス〟と称して華々しく打ち出したから、政策効果は未だしのころから、日本社会には再び〝活気〟がみなぎりはじめた。アベノミクスの主眼である経済成長との関連で〝観光〟政策も重視され、特に、財界との密接な連携による外人観光客＝外貨の確保を目的とした一連の施策は，好運にも恵まれて早々と効を奏し、２０１５年度には当初目標より5年早く２０００万人をほぼ達成した。他方この期間、観光業界における大学と専門学校との〝人気格差〟もますます拡大していった。

おわりに

それかあらぬか、最近ある案件で私のオフィスを訪れた観光庁の一課長が何気なく漏らした一言、「…ここ数年観光系専門学校はさらに増加し、入試倍率も就職率も依然高いのですが、大学のそれらが全く対照的なことを私共は懸念しており、近く何らかの方法で善後措置を各大学に求めたいと考えておりますが…」が、私の胸を刺した。それを聞いたとき私は、観光系大学への間接的批判が自分自身に向けられているかのような気にさえなった。半世紀前〝日本の大学初の観光学科長〟となりながら、わずか数年もするうちには、実は私の心中の〝自信〟はすでに揺らぎ、逆に「日本の大学では、〝観光〟さえも結局は〝観念論〟に収斂《しゅうれん》して行かざるをえないのか？」という諦《あきら》めすら急速に高まって行っていたのだった。

一方では、入学する学生の期待と大学側が用意できる（教員・教科内容・教育能力などの）教育体制のギャップ、他方では、（学生を教育する）大学側の体質と（卒業生を受け容れる）企業側の期待とのミスマッチ…。すでに私が初代観光学科長として散々苦労したあのころから早くも40余年が経過した今、遥かに巨大化した観光産業の要求を、大学はどうやって満たすことができるのだろうか？…。いや、これは多分、〝観光〟に関してのみつぶやかれる嘆きではないだろう。半世紀以上も昔のＭＩＴ時代に、私は日米大学の〝経営体質〟の差を実感させられ、帰国後はあらゆる機会に日本の大学の不条理な経営体質の非を批判しつづけただけでなく、改革にあらゆる努力を傾けたが、残念にも、その努力は空しかった。

…と言って嘆くだけでは、情けない〝敗北主義〟に終わる。今や大産業になろうとしている観光産業の担い手である各社には、即戦力である人材と共に、広い視野と高度な専門知識を具備した人材が当然求められているはずだ。そうした人材が単に〝学歴〟だけで生み出されるわけでは絶対ないとはいえ、いやしくも〝大学〟と名乗る以上、観光系大学はそうした理念を単に掲げるだけでなく、そうした理念に基づいた教育を徹底して実施し、そうした理念を確実に身につけたたくましい人材をこそ、自信を持って業界に送り出すべきだ。そんなことは「言うは易く、行なうは難い」ことは、私自身が経験している。「…だが、今こそ…」という希《ねが》いを込めて、以下私は矢嶋敏郎氏との対談をさせていただくのだ。乞うご期待！

完

Profile

野田 一夫

Kazuo Noda

1927 年 6月、愛知県生まれ。52 年東京大学社会学科卒（産業社会学）、～ 55 年同大学同大学院特別研究生（企業経営論）。55 年立教大学に赴任し、65 年教授、89 年退任。この間 60 ～ 62 年ＭＩＴ、また 75 年ハーバード大学フェローとして企業経営の国際比較研究に従事。89 ～ 95 年多摩大学初代学長、97 ～2001 年（県立）宮城大学初代学長。事業構想大学院大学初代学長を歴任。現在（財）日本総合研究所会長、多摩大学名誉学長など。企業経営論、大学論などで著書・論文多数。ピーター・ドラッガーの日本への紹介者としても知られている。最新刊は『悔しかったら、歳を取れ！ ―わが反骨人生―』（幻冬社ゲーテビジネス新書）。

SPECIAL TALK

特別対談

序列社会の錯覚から脱却すれば、志を抱いた学生と観光業界のハッピーなマッチングが実現する

一般財団法人 日本総合研究所 会長
多摩大学 名誉学長

野田一夫氏

×

一般社団法人 日本旅行業協会
広報室長

矢嶋敏朗氏

大学の観光学科を卒業しても、観光業界に就職できない――――。教育の現場とビジネスの現場の間に広がってしまった矛盾を修正するための挑戦は、観光にかかわる教育者、経営者に課せられた大きな使命と言えるだろう。観光業の未来を支える人材の育成を考えたとき、日本の観光学科、観光業界のどこに問題点があるのだろうか。そしてその解決に向けた取り組みは、どのような姿勢でなされるべきなのか。本来的な観光について教育とビジネス、両方の側面からあるべき形を見続けてきた野田一夫氏と矢嶋敏朗氏が、お互いの持論に基づく提言を熱く語り合った。

大学に必要なのは抽象論ではなく現場を十分知った上での教育

野田　この対談の前文とも言える私の一文ではあえて記述を省きましたが、日本では大学の新設のみか、既設の大学による学部・学科の新設に関しても、文科省による「大学設置基準」に基づく複雑な審査をパスすることが前提となります。日本の大学では初めてとなっ

SPECIAL TALK | 特別対談

た立教大学の「観光学科」設立に当たって、初代学科長候補者として生まれて初めてその形式的に実に複雑な審査を経験した私は、この現実に大きな疑問を感じました。

大学の学部・学科は慣習的に〝理系〟と〝文系〟に分けられていますが、文系では〝法律〟・〝経済〟両分野に関しては学問分野としての歴史的蓄積が大きく、結果として大学設置基準に対応しやすい社会的諸条件が一応整っています。ところが、〝観光〟の分野ではそれが整っていなかったことが、かえって学科設置には役立ったような気がします。

ところが、開学後の時の経過につれ、個々の教員や多くの学生との接触を通してわが学科の教育の実態が分かり始めるとともに、学科長としての私の心の中には、「わが学科の卒業生は、果たして採用者側の期待に応えられるだろうか？」という不安が急速に広がって行ったものです。

具体的に言えば、観光学科の卒業生の多くは、当然観光業界大手各社への就職を希望していたはずでしたが、「わが学科の学生が在学中に身につけた知識は、果たしてホテル・旅館業界や旅行業界大手各社側にとって、諸大学の法・経系学部卒業生に比し何が魅力的なのか？」と自問してみて、自信が持てなくなったのです。学者育ちの教員の多くは、観光業の実態に特に通じていなかった上に、豊かな観光の経験の持ち主でもなく、業界育ちの教員の多くも、その知識や経験が時代にかなうとは言いがたいと感じたからです。

矢嶋　実学出身で観光を教えている先生の場合、経営者としての武勇伝を講義で語る方がいらっしゃいます。ただしそれは10年から30年程前のお話が中心で、毎年状況が大きく変化していく今の時代の実態とはかけ離れた内容になってしまうことが多いようです。

また、企業のビジネスの現場からそのまま入ってくるため、講義に必要なコマ数（15回）をこな　させるだけの内容を持ち合わせていないという問題もあります。コマを埋めるために毎回違う元の部下をゲストスピーカーに呼ぶケースも珍しくありません。一方、アカデミックフィールド出身の先生は、旅行業の最新動向や課題をほとんど理解されていない・・・。実務家教員とアカデミック教員との連携不足。そして、うまくバランスの取れた先生が十分に確保できていないことが、日本の大学の観光学科における課題だと思います。

観光業界は観光学科の卒業生を率先して採用するべきだが・・・

野田　日本の大学で正規の教員になるためには、何よりも学術論文や博士号といったものが求められますが、ビジネスの現場で働く人々には学術論文を書いている時間などありませんから、教えたくても大学教員としての諸条件といった制度的な制約もあると思います。実際のビジネスの現場で仕事をしてきた方は、日常の体験を通じてさまざまなことを身につけています。その体験は非常に貴重なものですが、体験を持っている人は学生と接することができない。つまり学生と接しているのは、抽象論によって講義をする先生がほとんどになってしまっているわけです。

おそらく観光学科に入学するのは、将来は観光分野の仕事に進みたいという明確な志を持った若者が多いはずです。それなのに入学後は現場と関係ない抽象的な講義ばかりを受けて、期待はずれに終わってしまうことが多いというのは実に残念な話です。

矢嶋　入学前のアンケートからも、旅行業界に就職したいから観光学科を受験する人たちが多いことが分かっています。

野田　ところが数字を見てみると、観光学科を卒業しても観光業界に入れないケースが予想外に多いので、せっかく観光の仕事を志して入学しても観光業界で働くことができないとなれば、結果的に観光学科に入学してくる学生は減るだけでなく、やがて入学生の質も次第に落ちてきてしまう。ほかの学部には入れないけれど、観光だったら入れるから受験しようとなれば、情けない話です。

その意味で観光業界は、観光学科を卒業した人間を率先して採用するという姿勢を持って頂きたいと思います。そして大学側は、観光業界が求める人材を育成するための教育を当然実施すべきです。総じて学問は程度の差こそあれ抽象的なものですが、観光論における抽象というのは本来具象があって初めて教育効果があるものであり、単なる抽象論は無意味というより危険ですらあるのです。したがって、やはり観光の講義は抽象論ではなく、もっと現実に即した内容を目指すべきだと考えます。

観光学科がニートを生み出している現実から目を背けてはいけない

矢嶋 大学の観光学科からインターンシップを受け入れたところ、学生が旅行業についてあまりにも何も知らないことに驚いたことがあります。そこで大学側にもう少し専門的な教育をしていただけるようにお願いしたところ、翌年からその大学からインターンシップ生が送られてくることはありませんでした。
そこで私は大学の観光学科で何を教えているのかを知るために、観光教育系の学会のインターンシップに関する分科会に参加してみました。20名ほどの分科会なのですが皆さん大学の先生で、私だけが産業界からの参加でした。そこで最初に言われたのが、「矢嶋さんは何を書かれましたか？」でした。私はサラリーマンですから、論文を書いているはずはありません。

悔しかったので、先生方が何を教えているのかを知るために、産業界出身の教員が多くいる東洋大学の大学院で観光を学び、観光系学会に所属し、アカデミックの世界がどうなっているのかを見てきました。アカデミックの世界の人たちと接するためには論理的な思考が必要でしょうし、先生方が重視する論文を自分も書けるようになろうと考えたのです。

2年間学んでみた結果、私もこの人たちと同じ教員になれるという自信が持てるようになり、アカデミックの世界に大きく足を踏み入れたわけです。

野田　「観光とは何か」といった抽象論よりも、浴びるほど観光をしてきた人の話を聞いた方が、観光業界を志す学生にとってはずっと役に立つと思います。具象のない人間による観光論ほど、わびしいものはありません。

人間にとって意欲はとても大切です。意欲を持って観光の勉強をしようと受験する若者は、自分は将来、旅行業やホテル業に就職したいと思っているはずです。ところが観光業界の企業側は、教育の効果が期待できない観光系の学生よりも、法律系や経済系から採用した方が無難だと考えている。そうしたミスマッチが起こってしまっていることに、観光学科を日本ではじめて創った私としては大きな不安を感じています。

矢嶋　観光を学んできたはずなのに就職試験時に、観光に関する知識がなければ、この学生は何のために観光学科に入学したのかと観光業界の採用担当者は思うでしょう。企業側が期待する以上のものを学んでおいてもらわなければ、観光学科の学生を採用するメリットが見えないという事実もあると思います。学生自身にも責任はあるのですが、そのこと以上に観光を教えられる先生がいないことの方が大きな問題です。

実際、法学部、経済学部のしっかりした先生のゼミを受けた学生の方が、採用面接時に気の利いたことを言うんです。観光学科には光るものを持つ先生が少ないため、全体的に学生もまったりしてしまうという傾向が見られます。

さらに観光学科は新設校が多く、学生募集に苦戦して「基礎学力不足」の問題がありま す。ずっとアカデミックの世界でやってきた先生の場合は特に、そうした学生を導く術を持っていません。

勉強嫌いな学生が地元の観光関連産業に夢を持って入学しても、たとえば大学の先生が

「地方のホテルや旅館に就職するなんて危ない」などとネガティブなアドバイスをすれば、その学生はどこに就職先を求めればいいのかわからなくなってしまいます。そういう若者の多くが結果的にどうなるかというと、新卒で入社した会社を「ミスマッチ」と考えて辞め、ニートになってしまうのです。大学の観光学科が結果としてニートをたくさん生み出してしまっているという悲しい現実にも、目を向ける必要があると思います。

学生をしっかりと導くことのできる先生がたくさんいれば、個々の学生の光るところを見つけ出して、能力を伸ばしてあげることができるはずです。たとえば地方のホテルや旅館で自然に囲まれゆったりと仕事をする生活に向いている学生もいるはずで、そういった志向を持つ人間は将来にわたり地域貢献の役割を果たしていけるかもしれません。可能性を広げるような教育も求められていると考えています。

「国の光を観せる」ための仕組みを創っていける人材の育成を考える

野田　私は長い間、大学教授をやってきましたが、矢嶋さんの方がずっと教育的ですね。感激しました。

矢嶋　もともと私自身が勉強嫌いだったということが大きいのではないでしょうか。馬鹿にされながらも、「観光に関しては負けたくない」と勉強を始めたことで見えてきたことがあります。

私自身も人を相手にする仕事が好きですから、朝から晩まで本当に頑張っているサービス業の人たちにはみんなハッピーになってもらいたいし、彼らが世の中からリスペクトされる存在になってもらいたいのです。そういった社会を創るためにも、私は教員になりたいと考えるようになったのです。自分一人で取り組んでいても限界がありますから…。

野田　私が観光学科を創ったのは観光行政がまだなかった時代で、だからこそ誰もが言いたいことが言えたわけです。ところが今は観光庁という〝権威ある機関〟ができたため〝観光〟には、一応〝公式〟見解が重みを持つようになった気がしますね…。

矢嶋　観光庁も予算の9割以上がインバウンド獲得のために組まれていて、しかもその内容はと言えば、一時的に外国人を日本に呼び込むためのインフラづくりに充てられています。それは経済効果中心のやり方ですよね。

観光というのは「国の光を観せる」が語源であり、日本に来てくださった外国人に向けて、日本人の勤勉さ、日本の安全性、日本の文化を伝えて、それをきっかけに日本と仲よくしてもらおうとする取り組みのはずです。そういう関係が生まれて初めて日本と貿易をしよう、将来自分の子どもを日本に連れてこようと海外の人々に思ってもらえるわけです。外国人にお金だけを落としてもらえばいいという発想では、せっかく来日した外国人に悪い印象を与える結果に終わってしまう可能性もあります。観光の本質を考えずに、インバウンドの数の拡大ばかりを考えている今の日本の方向性には疑問を感じています。

国の光を観せるための仕組みを創っていける人材とはどういう人物像なのかを考えて、その育成に向けた教育をしていかなければならないのです。

野田　矢嶋さんには〝独自〟の教育理念があり、そして旅行業に対する誇りと愛情もあります。観光の先生には、本来そういう方が向いているのだとつくづく思いますね…。

本来の観光を理解して仕事をする人たちを少しずつ増やしていきたい

野田　観光学部や観光学科の学生は、もともと、卒業後は観光業界で働きたいはずですから、彼らの志を遂げさせてあげられないことは、言うなれば反社会的な行為だと言ってしまってもいいのではないでしょうか。親御さんをはじめ、その学生にかかわる多くの人間の期待を裏切っているのですから。

こうした現実をどのようにして変えていけばいいのか、それは簡単な道のりではなく、すぐさま全面的に変えるというのは、国の力、官の力をもってしても容易ではありません。しかし、一番いい方法は、たとえ一つでもいいから成功モデルを作ることではないでしょうか。

矢嶋　私はこれまでインターンシップの受け入れを通じて、旅行をはじめ観光業界に入ってくる教え子を少しずつ育て、理解者を増やしていく取り組みを続けてきました。観光庁も厳しい予算ながら協力してくださいます。そこから将来的には、もっと力のあるモデルケースを創っていければと考えています。

現在の私の仕事は業界団体の広報です。その職務の中で旅行業を目指す学生と旅行会社の人たちを集めて就職セミナーを実施したところ、私の思いを理解してくれる新聞記者が取材して記事を掲載してくれました。そうした記事は一部のステークホルダーが読んでくれますし、新聞の影響力はやはり大きなものがあります。

こうした活動を通じて、観光に関する大学教育がどうあるべきかについての考え方を広げていくことができれば、やがてビジネスとして協力してくれる人も現れるかもしれません。観光庁をはじめ、文部科学省や経済産業省には制度的な面でもっと協力をお願いしていただきたいと思います。実際、文部科学省の中央教育審議会において、「実践的な職業教育を行う高等教育機関」について審議され、また国の政策会議「未来投資に向けた官民対話」でも取り上げられており、これらの実現に大きな期待をしています。もちろんこれからも、野田先生のお力をお借りしたいと思います。

大それたことは考えていませんが、観光業界に進む人たちを10人、20人と少しずつ輩出していくことで、現場における草の根の活動を広めていくことが大切だと思っています。

「ありがとう」に支えられた現場力が世界に向けて日本をアッピールする

野田　このところ、観光庁の〝審議会〟は「観光業各社への欧米型最新マネジメントの導入」を求め、首相官邸での〝未来投資に向けた官民対話〟は「主要国立大学に観光マネジメント学部設置」を求めるなど、中央の政・官・産・学エリートの観光業への要望は膨らむばかりですが、長く観光業の〝現実〟に接してきた私からすると、上記の要望は共に、無意識的に観光業を何となく見下した〝空しい観念論〟に思えて、不愉快にさえ感じますね…。

矢嶋　日本の観光業は日本の歴史や文化や社会制度がつくり上げた〝おもてなし〟や〝心遣い〟など日本独特の精神的伝統に立脚しています。したがって、とくに日本では、現場の接客担当者から経営者に至るまでEQ＝情感指数が低いと、観光業での成功は厳しいのではないでしょうか。逆にIQ＝知能指数の高さは、時に失敗の原因にさえなりがちです。IQが高いことは、必ずしも「他人の気持ちを推し量れる能力が高い」ことではありませんからね…。

野田　なるほど、観光業こそ中央の政・官・産・学界エリートには一番不向きな分野ですね（笑）。閣議とか政府の委員会なんかに列席する面々は何かにつけ、ホテルやレストランで一般庶民よりも更に気を配られる人たちですから、そういうサービスを受けるのが当然だと思い込み、サービスをする人たちの置かれている立場とか気持ちといったものへの

SPECIAL TALK　特別対談

思いやりが特に乏しくなりがちだ、と言っていいでしょう。よくよく反省していただきたいものですね・・・（笑）。

矢嶋　世界どこの国にも言えますが、とくに日本では、成功しているホテル・旅館業で働く現場の人々は、客からの「ありがとう」という言葉に喜びと誇りを抱いて頑張っていると思います。

そういう人たちは日本には幸いにもまだ大勢いるようですが、一般的傾向として、私もそうであったように、学生の頃から勉強が嫌いだったという妙な共通性もあるようです（笑）。

ですから、日本の観光業や各種対人サービス業が、「学歴の高さより、人柄の良さを重視する産業」としての方針を実現すれば、顧客の満足度を高めることによって確実に各社の事業の発展を下支えするのみか、若い頃のちょっとしたボタンのかけ違いで不当な人生を歩むことになる人々を減少させ、それによって「日本社会をどれだけ明るくできるだろうか」といったことまで考えていただきたいものです。

野田　全く同感です。観光業を中心にＥＱを重視するような産業がどんどん発達すれば、

「偏差値で学校が決まる」、「学歴で社会的地位が決まる」といった不条理な社会的現実から多くの日本人が脱却でき、もっと多くの人々が、他人を楽しくさせる〝天職〟の発揮によって、自らも幸福な人生を送れる社会が実現するでしょう。矢嶋さんのお話を伺っていて、僕の心の片隅に長く、何となくくすぶっていた〝観光産業への期待〟がやっと明確化しました。本当に有難うございました。

矢嶋　私こそ有難うございました、日本の観光業界各社の経営者の方々が自らの経営に自信を保持されながらも、常に成功した国内外各社の事例から学び取る謙虚さを忘れず、観光系大学の先生方とも積極的に交流され、それによって、観光業界の明日を担う人材の輩出に協力されることを心から祈ります。

Profile

矢嶋 敏朗

Toshiro Yajima

1987年㈱日本旅行入社。団体営業、ツアー企画、運輸機関・テーマパークとの契約制度策定や品質管理、カード会社との新規事業、イベント会社および広告会社担当を経て2011年から広報室長。新入社員教育やインターンシップ受入出向も長年担当。インターン受入の多くの学生が旅行関連産業で活躍中。広報時は、テレビ出演を得意とし、コメンテーター等出演300回超。また、若手記者の先生（相談役）も勤め、記者との関係（人脈）は深い。15年1月、主要旅行会社約1200社で構成する、一般社団法人「日本旅行業協会（JATA）」広報室長に出向、旅行業の存在価値などを内外に配信している。

また、働きながら、東洋大学院国際地域学部国際観光学専攻を修了。主な研究テーマは、「産学連携による観光人材育成」。14年には、東洋大学とJATAによる、経済産業省「サービス経営人材育成事業」を獲得、現在も推進を担当。主な著書「旅行業概論」（同友館）、「復興ツーリズム：観光学からのメッセージ」（同文館出版）＜各共著＞。日本国際観光学会理事、総合観光学会理事。東洋大学国際地域学部国際観光学科非常勤講師。

FROM THE PUBLISHER

1

経営視点

1 教育

私、太田進もこの会社に入って20年が経過した。ご存じのとおり太田家は、祖父は高知でレストラン経営、父は帝国ホテルや神戸オリエンタルホテルで仕事をした経験があり、私も15歳から米国やスイスのホテル・レストランで修業を積んだ。

「現場体験を持つパブリッシャー」として、業界には強い愛情と思いがあると自負している。その気持ちが強いからこそ、また、海外で多くのホスピタリティー界の巨匠と会う機会を経て、この日本がいま体感している危機感や矛盾を強く感じ、われわれの使命を遂行するために数々の厳しい状況・問題を乗り越えていくべく、経営陣の強いリーダーシップ、体質改善をサポートしていきたい。

問題は会社のリーダーがどう考えて動くかである。今までやってきたことが簡単には通用しない環境になっていること。スピードが求められていること。頭の中では十分に理解しているのだろうが、「行動を起こすときだ」と言ってもなかなか現実は違う。

世界で活躍しているホスピタリティー関連企業は、ごまかしやうそ、不透明を排除している。しかしながら、依然としてわが国のホテル・レストラン企業にはそこへのアタックが終わっていない。「なぜ、やらないのか」と聞くと、「いろいろとあってね」とか「しがらみがどうだ」など、理にかなっていないストーリーがあちこちで展開されている。

いまだにホテルやレストランへ行っても、ビッグスマイルでゲストを迎え入れているところは少ない。残念だが、それどころかプロ意識に欠け、目も下を向いている始末。

世間が悪い？　冗談ではない。悪いのはその施設の責任者、すなわち社長でありオーナーなのだ。「笑顔の提供」という、タダでできることもできない企業に、果たして今後この厳しい競争を戦い抜くことができるのだろうか。

われわれはある意味では「人材のレベル競争をしている」と言える。今後、**日本のホスピタリティー産業界で生き残る企業は、戦えるタレントを持った人材を引きつける魅力、ブランド力。そして、面接でタレントを見分けるスキルがあり、入社した人間を伸ばすことができるノウハウやトレーニング法を研究している企業である。**

世界と戦えるホスピタリティー精神をわが国日本は持っているはずである。サッカーW杯と同じように、世界のトップクラスに入るために何をすべきか。世界のトップレベルと戦う場を多く持ち、時には負け、そこから学ぶという姿勢が必要だ。

このビジネスで一番大切なのは「抱えている人」である。その人たちがゲストを満足させ、それが売り上げ、利益につながるのである。会社として、今後どのような教育をして世界と戦える商品・人材をつくればよいか。皆さんとともに考えて、学んでいきたい。

2004.1.9 掲載

2

「本当の〝価値組〟」

1960年代、羽田から海外旅行へ行く際に飛行機に乗るとスチュワーデスの皆さんはとても上品で、インテリジェンスがあったように記憶している。70年代に国際線が成田に移り、ジャンボジェットによる大量輸送時代になると、だんだんと必要に応じてその数も増えて、昔抱いたあこがれ、つまりスチュワーデスになれるのは特別なタレントや、あるいは外交官の娘など特別な家庭環境を持った人だけなのだという存在感もなくなった。これは、例えばスーツや靴でもカスタムメイドのものがブランドとなり大量生産され、世界中どこでも同じタイプのものが買えるようになって、便利になったがありがたみが薄れたという現象と同じだろう。

ブランド戦略の代表であるエルメスは「どうしたら価格を上げられるか」を考えている。ホテルでも、マーケットリーダーは常にもう一歩踏み込んで上を狙うために「どのようにしたらゲストが喜ぶか」という学習と研究を怠らない。だから、良いアイデアには二つの結果がある。世間に受けたがあまり儲《もう》からなかったものと、受けて儲かったものだ。

ホテル・レストランの数も激増し、あそこに行かないと食べられないもの、受けられないサービスという、特別で個性のあるものが少なくなり、人々は感動しなくなってきた。

また、感動させることが困難になってきている。お中元やお歳暮でアイデアに困るということは、いかに人々が〝もの〟では感動しなくなってきているという証拠ではないだろうか。もう一歩踏み込むことが必要なのだ。

先日、「西川りゅうじんさんを囲む会」があったが、そこで彼は「日本でバブル期にカウントした年収2千万円以上の人々の数は、現在ではその3倍に増えた。はじけた後はとにかく安いものが売れたが、ここへきてそれほどでもなくなってきている。やはり個人を感動させてくれるもののレベルが変わり、相変わらず価値あるものに対してはお金を投資する動きがある」、また「勝ち組というくくりから、本物の〝価値〟を売る〝価値組〟にならないといけない」とも言っていたが、まさにそのとおりである。

自分がまずゲストの目線になって、自分の商品・サービスを冷静に見ること。その分野で考えられる類似商品を知ること。体験することも大切だが、カラオケボックスと携帯電話が学生市場を争っていたように、ホテルもレストランも同業とだけ戦っている時代ではないのだ。**全方向に情報のアンテナを張り、人間心理学を研究し、未来を予測するという、ある意味では今までより高度な感性を必要とする**のかもしれない。情熱もゲストに負けてほしくないし、価値あるものを提供して勝負してほしいと願う。

2004. 2. 6 掲載

3

「新しい総支配人像」

星の数ほどある競争相手を出し抜くには、「対象相手のマーケットを絞り込め」とホテルでもレストランでも長いこと言われている。イールドマネジメントはホテルより先に航空会社で導入されたのだが、その根本に「数多い初めての客を追うコストより、すでに利用したリピーターの満足度を上げ、彼らを囲い込む方が効率が良い」ということがあった。本誌に「人的資本と戦略上の利点」を特別寄稿しているコーネル大学ホテル経営学部のトーマス・P・カレン教授も、「大きな影響力を持っている数少ない顧客と小さな影響力しか与えない数多い顧客とでは、大きな影響力すなわち売り上げの大きな部分をこちらの少ない顧客が創造している」と述べている。

顧客志向を勉強すると、すべての客は同等ではないことが分かる。全員を満足させようと努力することは当たり前だが、現実は大きな影響力を持った少ない客に時間と労力を注ぐことになっている。500室以上のホテルの支配人があるとき「すべてのゲストにパーソナルサービスを」と言ったが、それが不可能であることを知りながら聞くのはつらかった。それがうそだからではない。言っている本人が、パーソナルサービスが本当にどういうものなのか分からず、だれを対象にビジネスをしているのかも分かっていないからだ。

どのように顧客を満足させるつもりなのだろう。

結果は、自分の会社の数字を見れば分かると思うが、顧客満足度はどうだろう。実際に顧客との接点を持っているのはドアマンや、予約や問い合わせを電話で受けるスタッフなわけで、その支配人がたとえ世界的に有名な人でも、これからはそのスピリットをうまくスタッフに伝えて行く技を持っていないと、支配人としてはやっていけない時代になったと認識するべきだろう。今まで以上に複雑でより困難な環境に対応できるマネジメント力やタレントのある支配人は、今後ますます獲得が困難になる。同時に自信のある支配人はもっと環境がよくなる可能性も出てきた。

今、世界との戦いができる日本のホテル・レストランはどれくらいあるだろうか。**世界で戦えるレベルにするには、教育に投資する企業が勝つだろう**。一人一人が経営に参加し、自分で学び改善し、生涯学習をし、前に進むことができる人材を多くつくったところが頭一つ、二つ抜け出るだろう。種々のランキングで一位を取ってあぐらをかいていたら、こつこつと人材のレベルを上げる努力をしているところに最終的に抜かれてしまう。人が企画し、人がゲストを迎え入れ、人が電話を取るのだ。「ホスピタリティービジネスのアセットはまさに人だ」と頭では理解しているのだろうが、実際はまだまだ世界を勉強する必要があると思う。いま求められるのは、技術的な知識よりアナリスト的な精神や問題解決の専門家であり、コーディネーター的支配人なのだろう。

2004. 8. 20 掲載

4

給料泥棒

アテネ・オリンピックの日本勢の活躍には目を見張るものがある。とても誇らしく、うれしい活躍だ。筆者も、学生時代に水泳チームに所属し、その記録を0・1秒縮めるために血の出るような練習をしないととても世界では戦えないことを十二分に理解しているので、涙が出てくる。練習をしないで結果を出すことは、スポーツの世界では難しい。ホテルやレストランの世界選手権があったら、皆さんはどのような練習をするのだろう。毎日結果を求められているのだから、毎日トレーニングが必要なのは理解できるはずだ。

教育と学習はスポーツでいう「練習」なのだから、徹底的に納得がいくようにやらないと、結果(数字)は出ない。スタッフに現場で問題に直面したとき、「どのように解決しているか」と聞くと、「現場の対応は限られていて、あとは上司に言っているが」とお手上げ状態だ。ということは、上司や経営陣がどれくらい効果的なプログラムを作り、学習し、改善しているのかがポイントになる。高いレベルの練習をさせて結果を出させるのが監督の仕事なら、監督は勝てるための戦略をきちんと練っていないとまずい。そして、それを現実に実行するのはスタッフなのだから、その教育に時間を割かなくてはならない。「給料をたくさん取るなら、それに見合った仕事をしてくれ」と現場は常に心の中で思っている。自分たちの仕事環境をよくし、戦える知識や武器を与え、さらに改善し前に進む軍団をリードするのは、ある意味スポーツと同じだろう。

世界に名前を売るのがオリンピックなら、同じようにたくさんのマーケット・ターゲットにブランド名やサービス内容のすごさを知ってもらうのも日々の仕事だ。その内容が良ければリピーターは増える。リピーターをまったく意識していないのかと思わせるようなサービスを平気でやっているところがあるが、それは明日からまた同じような問題にぶつかり、同じようなテーマで会議をし、時間と労力を費やし、結果が出ず、よい人材が辞めていく組織であり、大抵、給料泥棒が存在している。

一番仕事をしなくてはいけないのはリーダーであり、経営陣なのだ。それも量ではなく、質を求められている。今後をしっかりと考え、目標と現在の状況を理解させていないと、人間、特にサービス関連の人間はつぶれてしまう。プロ店長を派遣する人材育成のプロで、最近東証マザーズに上場した㈱リンクワンが真っ先にスタッフにやらせることは、5年、10年後の人生プランを書かせることだ。人生プランがしっかりとできている人は、サービスの中身が濃いことが多い。これは、自分の将来が明確だからだろう。**リーダーが自分の目標を定め、チームのゴールを設定し、それに到達するために必要なものをそろえ、戦えるチームをつくることが、何よりもまず必要なことだろう。**

2004.9.3 掲載

5

「すべてはあなた次第」

いつもホテルやレストランでゲストとして、「もったいない。もう少しうまい営業をすればプラスアルファの売り上げが上がるだろうに」という場面がある。仕事柄、こちらはいつも「どんな営業魂を見せてくれるのだろうか」、「どれだけゲストを気分よくさせ、うまいビジネスをしているのだろうか」と興味津々だ。「せっかくの機会だから、もう少し突っ込んだ営業をして少しでも売り上げに貢献したらどうだ」という見方をしているものだから、もったいないと思うような機会損失に出合ったり、気付くことが多い。

現場のスタッフに聞くと、いつも売り上げを伸ばすためにさまざまなことを考えてはいるのだが、どうもその瞬間になるとできるときとそうでないときがあり、自分で機会損失をしていることを理解しているという人もいる。しかし、中にはとんでもない人もいて、「面倒くさいからやらない」というのだ。同じようにこの話を彼らの上司に聞くと、もっともらしく話をし、売り上げアップの努力はしていると口では言う。

これがホテルやレストランにとってプラスアルファの売り上げになるという話でも、それは話で終わってしまい、実行に移らないことが多い。オーナーにも同じように「このような売り上げアップの機会損失をどう思うか」と聞くと、否定はしないが検討すると言う。

多くの場合、オーナーが現場のことをよく理解していないから、これから新しいことにチャレンジすると伝えても、現場が反対したり、同じようにもっともらしい言い訳を並べられて、結局、機会を損失することになる。やはりオペレーターとオーナーの役割の違いと、思考の違いを感じる。しっかりと役割を分けて行動することが大切なのではないかと思う。

常に新しいことにチャレンジして、さらなる利益を追求することは当たり前のことで、「面倒くさい」では済まされない。オーナーから現場のスタッフまでやることは毎日いくらでもある。しかし、それらをやらない自分を一番よく知っているのも自分自身のはずだ。

われわれは利益を追求しなくてはいけないということを忘れてはならない。日本語で「サービス」は、下手をすると違う意味にもとらえられているが、「サービス業」というビジネスをしているのだから、ボランティア精神で「人に尽くすのが大好きです」では意味がない。人を喜ばせて儲けることができる人材を探しているのだから、大基本はビジネスセンスがあるかどうかということだ。

ビジネスセンスとは、コンピューターとは違い、遊び心があり、相手の気持ちを読むことができ、必要とされているものを瞬間的に判断し、行動することが要求される。**儲かる話をしっかりと煮詰めて、人のまねではなく、あなたらしいアレンジや味付けをして、それを使いこなせることが大切だ。**やるか、やらないかは、あなた次第。

2005. 4. 15 掲載

6

スピード×3乗

楽天の会長兼社長である三木谷浩史氏と初めて会ったのは、確かまだ上場前だった。銀座のある店で会ったのだが、ワインを飲みながら「ホテルのビジネスはよく分からないが、そのうち何かできるかもしれませんね」と話し合ったのを覚えている。

最近の楽天トラベルの動きは活発だ。ホテル業界の客室予約担当ならだれもが知っている「旅の窓口」を323億円で2003年9月に日立造船から買収し、中国や韓国でも同じようなサイトを運営している。アジアから世界を相手にしたトラベルサイトになる可能性だってある。いまや楽天トラベルを無視するホテルの客室営業はいないだろう。

少し前までは考えもしなかったことが起きるのが今の世界である。ホテル・レストランにいるわれわれは、外の世界で何が起こっているかを知り、事業にとって必要な改善をするべきだが、意外とそのスピードが遅い。この先も何が起きるか分からないが、柔軟性を持つことや自分をしっかりと磨いておかないと世の中から取り残されることになる。

先日、三木谷社長に再び会う機会があった。その際に見かけた、楽天の社内の至る所に張られていたポスターに書いていることが、われわれのホスピタリティー産業にとても似ているというか、同じような志を持っていると確信した。そのポスターには次のようなことが書かれていた。

世界一のインターネット企業を目指す　一．常に改善、常に前進　二．プロフェッショナルリズムの徹底　三．仮説―実行―検証―仕組化　四．顧客満足の最大化　五．スピード、スピード、スピード

世界一のホテル・レストランを目指している経営者は何人いるだろうか。目指すポイントが高ければ高いほど、毎日たくさんやることがあるはずだ。常に改善をし、昨日までは良かったことでも今日から変えなくてはならないこともある。プロとそうでない人の違いをどれくらい意識し、本当のプロとしての位置付けができているのだろうか。「私は飲食のプロです」と言うのなら、まずしっかりと数字で見せていただきたいものだ。

そして、ビジネスでは常に世の中の流れを読み、仮説をつくり、実行し、検証して新しい仕組みを考えることが大切なのだが、仮説をつくる前の情報収集はとても大事だ。顧客を喜ばせるのがこのビジネスでは当たり前だが、「**どのようにして最大のインパクトを与えることができるか**」を考えるのはまた違った意味で重要だ。口でそう言う経営者は多いが、結果はゲストが判断し、数字に表れることになる。

いつも思うが、どこへ行ってもすぐにやるという姿勢が足りない。スピードの遅さはある意味、命取りになる。だからリーダーの敏速な判断は、今の時代、とても大切だと思う。

2005.4.22 掲載

7

「リゾートから学ぶ」

マウナケアビーチホテルはロックフェラーJr.が膨大な資金を投資してつくった、１９６５年開業の素晴らしいリゾートホテルで、太田土之助が訪れたのがその3年後の１９６８年だったと記憶している。彼は、それから30数年間にわたって毎年クリスマスと新年の２５０泊以上をそこで過ごし、恐らく生涯の中でも最も愛した場所の一つだったと思う。「ここに来て毎朝ビーチでジョギングをして、プールサイドで本を読み英気を養う。また来年も良い仕事をしてここに戻って来るぞ」という心境だったようだ。

久しぶりに訪れたマウナケアビーチホテル。よくこんな素晴らしいものを40年も前に建てたものだとつくづく思う。計算しつくされたホテル設計、設備、そして動線。今アメリカ本土の投資家グループが何としても買いたいと思うのは当然だと思った。

リゾートに行くといつもビーチやプールサイドでのサービスについて考えてきた。これも10年以上も前になるが、マウイ島にフォーシーズンズホテルがオープンした際に、プールサイドにいると、ウエートレスが「エビアン？　エビアン？」と弁当でも売るような声掛けで歩いていたので、「何なのか」と聞いたら、「暑いので、エビアンウオーターのスプレーをおかけする」というのだ。その数分後、ウエーターが「冷たいお水はいかがですか」

と、これもサービスで出していた。カクテルが売れなくて困るのではと思うが、素晴らしいサービスだ。さらには「おしぼり、おしぼり」と先ほどのウエートレスがまたやって来た。ここまでやるかとびっくりしたのを覚えているが、これがサービスの進化なのだろう。

今回、ハワイ島の帰りに泊まったカハラ・マンダリンオリエンタルの総支配人から、プールサイドの新しいカバナ（テントのついたビーチチェア）のコンセプトの話を聞いた。新たにプールサイドに設置するカバナは、パソコンもプールサイドでできるようにジャックがあり、テレビ画面もつけて、映画やビデオも見られるようなプライバシー重視の仕組みになっていて、これは世界初だと豪語していた。

そう言えば、現在最も〝いけている〟ファーストクラスを持つドバイのエミレーツ航空のファーストクラスは、個室のような空間が味わえる。スペースたっぷりの席も素晴らしいが、横のスライド式ドアを閉めると完璧な個室状態になる。上を見上げると星が見えるようなデザインで、オンデマンドビデオが見られるテレビ画面は横１ｍはあるだろうか。自分専用のミニバーが付いている素晴らしい空間だ。

マーケットの目線が変わるとともに、サービスする側の発想もどんどん変わるということをビーチでも学ぶことができる。リゾートホテル、またプールを持っているホテルの皆さん、今年の夏はどんな発想でほかとの差別化をしますか。

2005.6.3 掲載

8

「真のヒューマンビジネス」

私が海外のホテルやレストランの現場にいたころ、この時期は年の締めくくりでいろいろと忙しく、繁盛しているレストランなどでは大みそかの晩は一年で最もチップを稼げる日なのでわくわくしたことを覚えている。どのようなテーブル配置をし、どのように顧客の皆さんに喜んでもらえるかなど、いろいろと考えたものだ。

今年も国内のホテル・レストランではさまざまなカウントダウンイベントや特別ディナーが行なわれるだろう。そして、それを支えるのはお金を出す経営者やプランする企画のスタッフだけでなく、実際に当日現場でゲストをもてなす料理人やサービススタッフの気持ちと腕にかかっている。ホテル・レストランの現場の人間にとっては、日曜日も祝日も大みそかもない。もともとこの仕事はプロ意識が高くないとできない。思考回路の違う人間にはまず無理だ。好きでもないゲストから自分が決めたことでもないルールに文句をつけられ、毎日起きる問題を笑顔でクリアしていくのが仕事だから、はっきり言ってレベルの低い人間にはできない仕事だと私は思っている。

ほかの国に行けば「ありがとう」と意思表示をしてくれるゲストがいるし、それをチップ（お金）という明確な形で伝えてくれる人もいるからよいが、残念ながらわが国のゲストは現場のスタッフにとても冷たい。現場にはそれをやったことのある人にしか分からない「何か」があり、やっていない人には伝わらない「何か」をお互いに大切にし、尊敬し合う空気がある。それは特別なものであり、何年たってもこの「気持ち」は未経験者にはうわべでしか分からないだろう。

人を楽しませることができる技を心得ているプロは人間的に広く、深いものがある。だから部下に対しても、厳しいだけでなく思いやりがあるはずだ。今のホテルやレストランの現場の人間関係は、チームとして考えると昔とは違い、冷たいものさえ感じることがあり、これは残念である。成功している現場のスタッフは元気がよく、毎日文句だけを言われているスタッフの目は死んでいるようだ。そして、プライドもなく、ビジネスを戦略的に考えずただ仕事をこなしているだけにさえ見える。

現場未経験の上司は、そういう特別な日に顔を出すなり、思いやりのある言葉をかけるなり、現場であなたの代わりに頑張っている、または一緒に戦っているスタッフのことを思いやってほしい。「人が大切」と口では言うが、態度に表れていないから伝わっていないのだろう。**スタッフがハッピーならゲストもハッピーにできるはずだ**と世界のトップレストランで聞いてはきたが、まだまだ国内のホテル・レストランではそれを感じ取ることができないのは、まだ人を人としてきちんと接していない証拠だろうと思う。

2005.11.18 掲載

9

「天才スタッフを離すな」

ホテルやレストランで「あの人は一体何者だろう」と思ってしまうような不思議で素晴らしい人材に出会ったことがあるだろうか。この世界にいる人ならば、当然何度かはあるはずだろう。彼らの本来の職種はウエーターや料理人なので、その肩書から先入観でとらえてしまうと、ただのウエーターや料理人と変わらない。しかし、こういうタイプの人は、時には友人として会話したり、時には相談相手になったりとゲストの心をとらえ、本来の仕事を〝超える〟働きを見せてくれる。そして、何より気持ち良くさせてくれるので、どちらかと言えばエンターテイナーであり、「一体彼らは何を売っているのだろう」と驚きを感じてしまう。それは顧客側が、その人のたくさんある引き出しから「今日は何が出てくるのだろうか」と感動への期待をしている証拠である。

そういうゲストは、そこへ行って魔法にかけられるのを楽しみとしているようにさえ思える。ゲストに「楽しい時間」というマジックをかけることが可能なマジシャンのような天才サービススタッフに出会い、素晴らしい時間を過ごせるならば、買うつもりがなかったものを買ったとしても満足なのだ。

「彼らは何を売っているのだろう」という問いに対する答えは、少なくともそこで扱っている料理やワインという商品＝モノではないと思う。そこで扱う商品がどこよりも優れていること、個性的だったり、こだわりがあったり、競争相手に負けないものであるというのは基本的に大切であるが、もっと大切なのは食事が終わって帰る際に、「ここに来てお金を使って、本当に楽しかった、また来たい、だれかを連れてきたい、ぜひ人に伝えたい」という価値のある思い出や、良い気分になれたという「気持ち」を売っているのだ。

通常、その空間でその気持ちや感覚をクリエートするのは、顧客との接点の多い現場の人間であるが、こういう特別な人たちの「喜び」とは何なのか、逆に考えてみることが、経営者には必要だ。彼らは個性的な天才営業ができるので「売り上げを上げてくれるから、それに見合ったお金を与えておけば彼らは幸せだろう」と思っている人は、もう少し本人たちと話し合ってもらいたい。

今日もまた一人、皆さんにとって大事なスタッフが問題を抱えているのに全く気が付かない上司がいる。そもそも、現場で起きている「本当の問題」が露呈しないように隠蔽《いんぺい》している中間管理職を信じきっているリーダーにも、問題がある。サービス業は顧客を意識しなければならないということと、その顧客が商品を買ったり、**お金を使うのは、そのような素晴らしい人が現場で顧客に好印象を与えたり、気持ち良くさせていることが大きく影響している**ことを再度考え直すことをお勧めしたい。辞めてしまってからでは遅いのだ。

2006. 3. 10 掲載

10

「ワールドカップから学ぶもの」

世の中にはさまざまな学習環境がある。その中でプロスポーツの世界がビジネスの世界とオーバーラップする機会が多い。スポーツとビジネスの構造が似ているという考え方である。ドイツで開催された今回のサッカーのワールドカップは、ディフェンス型のチームであるイタリアが有終の美を飾ったが、世界レベルの高いスキルと、何より強く戦う気持ちを持った選手たちを見ることで、多くを学ぶことができた。

戦う際に立てるプランからきている「戦略」という言葉。スポーツも戦争と同じく、しっかりとプランを立ててその戦略に基づいて戦うわけだが、なかなかプランどおりにはいかない。だからこそワクワクさせられるのであろう。ビジネスの世界でも「戦略」を立てる際は、市場の流れ、相手と自分の関係、自分の能力、スキル、感情などを考慮するだろうが、世の中やスポーツと同じく「一寸先が読めない」。そのため、それまでの動きや流れが変わってしまうことが現実にある。そこが、奥が深く面白いところなのだ。だから、戦略とは少し先を「読む力」であるが、状況が変わってたとえその戦略が的外れになったとしても、柔軟に方向を変えて戦えるチームこそが勝利を収めるのだろう。

監督すなわちリーダーや経営者に必要なことも、今回たくさん学ぶことができた。「素人が何を」と思われるかもしれないが、監督が現場を知らないことの怖さ、熱いフィールドの上に立って戦うのとサイドラインで立っているのとでは同じようで実は違う。それはスポーツでもビジネスでも共通する。監督は、戦っている選手の気持ちに本当になれているか。選手の能力を最大限に引き出せるようなテーマを与えているか。指示などのタイミングはそれで良かったのかなど、監督・コーチだって常にそれらを考えることで戦っている。だから負けたら、当然選手だけの責任ではない。ビジネスの世界で言えば、営業成績が上がらない、利益が出ないのは本人だけの問題なのかということである。

私はレベルの低いサービスに直面した際に、その当事者に文句を言うのを最近控えるようになった。なぜならそれは、その当事者に**ビジネスを教えていない監督＝支配人やオーナーに問題があり、その人間を表に堂々と出しているのは、会社＝チーム全体に責任があるのではないか**と強く感じるようになったからである。

チームの状態やレベルによって、できること、できないことがあるから、常に勝利を目指すのが正しいとも限らない。そこで負けたとしても、そこから学ぶことで後のためになる負けと無駄な負けがあるように、戦略は状況によって変化する。そして、その時々の状況の変化に柔軟に対応することができるチームこそが勝利をつかむということを、今回多く学ぶことができた。そして何より大切なのは、ゲームを楽しむことにほかならない。

2006.7.21 掲載

11

「クーデターの火種」

先日、タイの陸軍がクーデターを起こしたが、クーデターはいつ、どのようにやるかというタイミングがその成否の鍵を握る。今回はタクシン首相がニューヨークに滞在中にタイ国内で起きたが、このクーデターに関するニュースを見ていて、ホテル業界でこれに近いことがあったことを思い出した。1995年に英国で起きたグラナダグループ（英国のコングロマリット）によるトラスト・ハウス・フォルテ（THF）の買収劇である。

チャールズ・フォルテとロッコ・フォルテが、二代にわたって築き上げたTHFは、最盛期には940軒のホテルと600軒のレストランを運営。従業員数は4万人を超え、純利益が1億3千万ポンドもあった。代表的なホテルとして「ハイドパークホテル（現・マンダリン・オリエンタル・ハイドパーク・ロンドン）」、「ジョルジュサンク（現・フォーシーズンズジョルジュサンク パリ）」、「ホテル プラザ アテネ パリ」や「グロブナー ハウス」などを所有していた。このフォルテ王国は、非情な買収攻勢で成長をしてきたことでも有名だが、同じことをやられてしまったのだ。私はちょうどその際に、ロンドンの「グロブナー ハウス」に出張で滞在していたので、このときのことをよく覚えている。

当日の午前中、当時代表のロッコ・フォルテがハンティングでロンドンを離れていることを知っていたグラナダ側は、一気に株の買収を開始した。彼がロンドンに戻ってきて陣頭指揮を執るころには、4割近くの株式が買われていたのではないだろうか。それから数カ月後、THFは完全にグラナダグループの傘下になっていた。しかし、フォルテを買い取ったグラナダは、その後さらに米国のコンパスグループに買われてホテル事業は解体された。恐ろしい結果もあるものだと記憶している。

世の中には、ちょっとしたすきに不意を突かれて、いろいろと攻められることがあるから油断ならない。しかし、クーデターを起こす方にも、仕掛けられる方にもそれなりの理由があるのは間違いない。周りから見ると突然起こったように見えるクーデターも、実はその火種が以前からくすぶっていたはずなのだ。

しかし、実際にはオーナーやマネジメントは現場を見ず、スタッフたちからのレポートにしか目を通していないことが多い。このレポートがくせ者で、膨大なレポートの提出が最近のホテルマネジメントの障害となっている場合もあるようだ。「以前に比べて、提出するレポートの量が大幅に増えた」と、現場から続々と悲鳴が聞こえてくる。レポートも確かに大切だが、レポートの作成に膨大な時間を費やすよりも、少しでも**現場のスタッフがゲストの顔色を見られる環境づくりを、オーナーやマネジメントは行なうべきである。**

2006.10.13 掲載

12

「機会損失」

優秀な店長と何も考えていない店長＝どこにでもいると思うが、病気に例えるとそれはがんのようなもの。一人だけならまだしも、それが店中まん延すると恐ろしい結末を迎える。がんは早期に摘出することが大切であり、摘出しなければ経営者の知らないところで悪化するのだ。

先日、銀座のコリドー街にあるレストランで末期的とも言うべきサービスを受けた。そのレストランの2階の個室を借りて、ゲストスピーカーとして多摩大学の野田一夫名誉学長をお呼びして行なわれた小さな勉強会に参加したのだが、参加者は各界の二世経営者たち20数名。店側にとっては重要な宴席であるはずで、どんな趣旨でだれが来るのか当然分かっていたはずだ。集まったメンバーの会社の年間総売り上げは4千億円を軽く超えるだろう。レストランにとってはここで印象をよくして、次につなげる最高のチャンスと普通は考えると思うのだが、まったく何も考えていないサービスに驚いた。

最初の突き出しは、それが何であるかも分からないようなもの。次に出てきたスープは冷め切っており、冷めたスープと表現するより、〝冷たいスープ〟と表現する方が正しい。しかも北京ダックに至っては、右も左も分からない一番の新人が担当。その手際から素人でも新人だと分かるほどだったのだが、この大事な宴会を新人に一人で対応させていたのには、もう開いた口がふさがらない。北京ダックは温かいうちにすぐ出すもので、スピードと温度管理が最も重要な一皿。それを一人の新人が23皿も一度に並べて、苦戦しながら40分もかけて作れば、取り分けができたころには冷たくなり、われわれの前に出されたころには味もなくなっていたのも当然だ。

だれがどんな理由でこの店に今晩来るのか。相手のことをもっと戦略的に考えるのはオーナー経営者のいる店では当たり前だ。この店の店長は残念ながらあいさつにも来ず、大きなチャンスを逃したのは非常にもったいない。恐らく、いや120%言い切れるが、ここで一緒に食べた20数名の経営者たちは、二度とここへは訪れないだろう。下手をすると、同じくたくさんあるチェーン店にも足を向けないだろう。こんな大きな痛手であればオーナー経営者ならすぐにアクションを起こすだろうが、多くの店を展開する恐竜のような会社のリーダーは、このような話を指摘しても「そんなことも起きるさ」または「困ったもんだ」と見過ごすのである。これが現実である。

店の中には**次のビジネスにつなげられる予感のするものと、そうでないものとが混在している。店の代表になるということは、それをかぎ分けるセンスが求められるのだ。**

2007.2.9掲載

13

「ホテルの価値」

バブルがはじけて数年たった後だろうか。国内外の金融関係と不動産関係から「国内のホテルを買収したい」または「売却希望のホテルの情報を教えてほしい」と、毎日のように声がかかっていた。政府系の金融機関も含めて数百の関係者が出入りしただろう。彼らと一緒に数件の物件を見に行ったが、そのときに一番感じたのがそのホテルを取得した後、どのようにしたら再生または次のオーナーへの出口戦略が立てられるかということだ。

物件を見に行った際に驚いたのは「なんと無計画なホテルが多かったか」という事実である。個人のわがままや、「故郷に錦を飾る」という理由でもホテルが建てられていた時代。マーケット調査もなくホテルを建てたところや、企業間の付き合い、節税など、今では考えられないような理由で、バブル期にホテルが無計画で建っていたのだ。通常ホテルを計画する際に行なうリサーチなどの事前準備が、まったく欠けているケースも多く、実際にかかわる方々から「これでは必ず壁に当たるだろう」というコメントがささやかれていた物件も数多くあった。ホテル業界が構造的な問題を山積していることを痛感させられた。

そういったホテルを買い取って再生に取り組み、結果を出せているところはリノベーションに成功している。リノベーションの際に重要なのは、通常ホテルを開業する際に関係各位で、相談されたであろうホテルのコンセプト。それを踏まえて、このホテルをどういうホテルにしたいか。バジェットタイプなのか、地域密着型なのか、高級路線で行くのかなど、どのマーケットをどのように狙うのか。それぞれの「ホテルのあるべき姿」ということを、本誌編集委員の桐明幸弘氏が弊社新刊・週刊ホテルレストラン別冊『必ず成功するホテルリノベーション』ＰＡＲＴ２の中で語っている。本来はこのしっかりとした狙いやあるべき姿があり、それを追求し続けることが重要である。だからこそ、足りない部分や、古くなった部分を改装するのである。

改装にもいろいろとあり、数年で出口を見たい投資ファンドは短期間勝負。改装によって「短期のキャッシュフローが上がればそれでハッピー」というものから、これから何年も市場で支持されるホテルとして、長期的視野に立って改装するのか。オーナーの決断ありきではあるが、それにはプロの徹底的なリサーチと、最終的にそれでどれくらいの売り上げがどの部門で増えるというシナリオが必要である。**シナリオなき改装はたとえ瞬間風速を記録しても、まず長続きしない**。

あるべき姿と費用対効果のバランス、それによってどの部門の利益率がどう変わるのか。ホテルの価値というものがあるとすれば、それはそのホテルの将来性と、どれくらい稼げるのかという部分であろう。

2007.7.27 掲載

14

「てっぺん」

　ホテルやレストランの人事担当者に共通する悩みは、「採用したい」「期待が持てる」有望な人材が少ないことだ。新入社員の入社後に「将来の夢」や「計画」を聞いて、そのレベルの低さにがっかりすることも少なくないようだ。われわれの業界に限ったことではないが、厳しいことの連続のこの業界では、将来の夢や計画がないと長くは続かないだろう。

　弊社の社員が先日参加したセミナー「夢を語ろう会」では、「てっぺん」という居酒屋の創業者である大嶋啓介氏がゲストスピーカーだったのだが、その講演でかなりエネルギーをもらったようだ。日本一の居酒屋を毎年決めて、居酒屋に勤める若者を元気にしよう！　という目的でスタートしたものである。この居酒屋甲子園の初代理事長を務めた大嶋氏が経営する「てっぺん」は全国から観客が訪れる「本気の朝礼」でも有名だ。

　お店の理念は「大人が変われば子供が変わる、子供が変われば未来が変わる」というもの。「今の子供たちは元気がない。夢を与えれば元気になる。それには大人が夢を持たねばならぬ」と続くが、今の人事部が求める、元気や夢があふれる子供を増やすためには、まず大人が夢を持ち、語り、実行しなければならない。「てっぺん」で働くスタッフは、皆生き生きと一生懸命働いており、その姿を見て自分も働きたいという希望者が次々にやって来るそうだ。だから、求人広告を一度も流したことがないという。

　そして「てっぺん」で行なわれている「本気の朝礼」。「だれか本気でスピーチしたい人いますか」と問いかけると、まずもれなく全員が手を挙げる。スタッフの一人を指名すると、指名されたスタッフが「私は親に感謝します！　実は自分には父親がいません、そのことを気にしていたのですが、ここに入って自分の夢に向かっている姿を見ていた母から『あなたを見ていると幸せだ』と言われました！　自分を見守ってくれる母に対して心から感謝したいと思います。以上!!」と元気よく大声を張り上げる。この朝礼の目的は全員の本気度をマックスに上げて、店中に熱気が立ちこめる中、自分の夢を皆の前で宣言する。そして、それを有言実行し、日本一のチームを作るという、はつらつとしたものだ。それに対して、ホテルやレストランの朝礼では一体どんなことが語り合われているのだろうか。「てっぺん」の店内ではネガティブな言葉は一切禁止だ。どんなことでもプラスに持っていくというのは、問題が起きた際に役に立つ。問題を問題として逃げるのではなく「どう立ち向かうか」考える姿勢が整うからだ。その他にも「てっぺん」では参考になることをさまざま実行しているが、それぞれは**何も特別なことではない。しかし、それが実行できるかどうか。そして、それをやり遂げるリーダーが存在しているかどうかが重要なのだ。**

それができれば皆さんのホテルやレストランも日本一になれるはずである。

2007.8.10 掲載

15

「常連客を守る」

以前に勤めていた海外のレストランには、たくさんのＶＩＰが来店するため、そのＶＩＰへの対応をいろいろと見ることができた。そのレストランには、ジョン・トラボルタやポール・ニューマンなどの映画俳優から、ロナルド・レーガン大統領までも来るのだが、彼らの警備担当からのリクエストのほとんどが「普通のお客さまのように扱ってほしい」というものだった。さすがに大統領クラスとなると、近くのテーブルに覆面のＳＰが座り、キッチンを通って裏から逃げるルートを確認するなど、到着前の細かい指示や提案はあった。しかし、実際に本人が到着してからは、日本でよく見るような物々しさは感じられなかった。トップである大統領自身が、警備などは控えめにするよう指示しているからであろう。以前、故・高円宮さまと一緒に民間の家で食事をした際にもお聞きしたことがあるが、彼も「なるべく警備は質素にしてくれ」とお願いするようだ。

その話をある友人としていたのだが、彼がロンドンの名門ホテル「コノート」に滞在していたときのこと。彼はそのホテルの常連客なので、ＧＭが彼にレストランであいさつした。その際に「今日のランチはうるさくなかったか。大丈夫か」と、何か変わったことがなかったか確認をしているようだった。「どうしてか」聞くと、「実はフィリップ殿下を囲むランチの会を、同じホテル内の宴会場でやっているのだが、警備などのせいで、ほかのゲストに彼がいることが極力分からないようにしている」とのことだった。その友人は年中そのホテルに泊まっているから、ホテル側が大切にするべきゲストは、たまに来るＶＩＰより、彼のようによく来る常連であることは間違いない。ほかのゲストに最も配慮した結果が、あいさつの際の確認となったのである。

以前にＪＡＬの客室乗務員が機内アナウンスで、「本日は、国土交通大臣が搭乗されております。最初に降りていただくため、しばらくお待ちください」と放送し、それを聞いた乗客たちが「パブリックサーバントのくせに、先に降りるとは」と大ブーイングが起きたことがあった。まずはホテルやレストラン側は、ＶＩＰ本人とその周りで警護している人たちに、周囲に配慮するような意識を持たせることが必要である。その一方で、「常連客をしっかりと守る」という姿勢が大切だろう。

「ＶＩＰが大切で、ほかはそうでもない」といわんばかりの行動は好ましくない。そんな行動に対して、ゲストから「おれとたまにくるＶＩＰ、どちらが大事だ」と聞かれたら、どう答えるのだろうか。ゲストもゲストとしてのリスペクトが必要だが、その対応一つをとっても、ホテルやレストランのゲストに対する姿勢が感じられる。今後はＶＩＰを扱う際、ほかのゲストのことをもう少し配慮してもらいたいものだ。

2008. 2. 8 掲載

16

「お店のカラー」

レストランにはその店の「カラー」が存在すると思う。その店が本来持っている「ノリ」とか「カラー」をまったく感じさせない店にいると、オーナーの気持ちになって「どういうタイプの顧客に対して、アピールできる店なのだろうか」と、よく考える。その答えが見つからないレストランは、あまり長続きしていないようだ。その結果からすると、その店のカラーがある方が、店にとっては良いと言えるだろう。

その店のカラーには、オペレーションスタッフの気持ちや考え方が出るし、そこにいる司令塔＝リーダーなどの気持ちや考え方が色濃く出ることもあるだろう。場合によっては、オーナーの人間性まで読めることもある。スタッフの元気度、仕草、応答の際に使う言葉や動きなどを総合して、店のカラーが形成されると思うが、「あなたはこれが好きですか、嫌いですか、何とも思いませんか」とそれぞれに対して評価するのは、案外難しい。自分にとって「心地良い」とか、「好きだな」と感じるものが、必ずしも他人にとってそうであるとは限らないからだ。人によって、皆それぞれ好みが異なるから奥が深い。

その店に来る客全員が同じように感じているかどうかはさておき、長年店をやっていると何となくそのカラーになじむ、またはそれを求める人が集まる。その結果、ゲストのカラーも店のカラーを形成する要素となっている。皆さんが店に入って感じる「心地良さ」、それを感じさせるのがスタッフの動きや応対であることは多いが、それ以上に客層だったりすることも多いはずだ。リピーターを重視する店では、客層が多くのタイプに分かれたり、コロコロ変わったりするということはほとんどない。一定の客層がリピーターとなっており、彼らがカラーを形成しているのだろう。

レストランとして、自分たちのカラーを表現することを意識したことがあるだろうか。

そういう店には、常連客がついていることが多い。そういう意識を持ってはおらず、意図したわけでもないのに自然と同じようなタイプの客が集まる店もある。そういう店は、自然とカラーが表現されている、言い換えれば〝筋が通っている〟と言えるかもしれない。

さて、先日読んだ本にこんなことが書いてあった。「予約がいつ入るか分からないお客さまを待ちながら、放っておくと悪くなる食材を買い続け、スタッフをトレーニングして待つ。金もうけとしては大きなリスクを負いながらも細々と続ける理由は、このビジネスが相当好きか、『おいしい』と言ってもらえることが生きがいだからか」

競争の激しい時代にあって、レストランを続けていくには相当の覚悟が必要だろう。しかし、万人に受けるレストランを目指して、結果的にはカラーが見えないレストランになってしまうケースが多いように思う。あなたの店のカラーはどんな色になっていますか。

2008.3.14 掲載

17

「上司はいつも見られている」

おかげさまで私のところには業界内外から、たくさんの情報が送られてくる。ホスピタリティー業界への面白いものや新しいものの提案だったり、内部告発だったりと、その情報の内容は実にさまざまだ。以下は、ある都内のサービスアパートメントにリブインしている総支配人のことをスタッフが書いたメールである。ちなみに、この方は外国の方だ。

「xxxさんを含め、皆で同僚の結婚式に昨夜出席してきたのですが、xxx氏の下で働く者として彼はやはり尊敬できません。宴会ではお酒を飲んでうるさいし、ハウスキーピングの子の話だと、しばしば違う女性を自分の部屋に招き入れているそう。しかも、『PLAYBOY』のDVDがいつも散乱しているらしいです。彼、奥さまは普段海外にいるのですが、奥さまがいらっしゃると結婚指輪をはめて、帰るとはずすのを、スタッフは皆分かっています。こうやって言うだけですっきりしちゃう私は、どうかと思いますが」

とにかくスタッフは上司のことをよく観察しているということが、お分かりいただけるだろうか。もしこれが本当の話なら、ここの運営はこれで大丈夫なのかと心配になってくる。それは、この総支配人の運営能力を問題にしているのではない。尊敬されていない上司の言葉を、部下はきちんと聞くことができるのだろうか、そんな組織が、果たして機能するのだろうかという点が気がかりなのである。

一方、話のレベルはまったく異なるが、フランス・パリの名店「ル・グラン・ヴェフール」のシェフであるギィ・マルタン氏の著書『シェフの哲学』（白水社）の冒頭部分にこんなくだりがある。『「誰かを食事に招くということは、その人が自分の家にいる間、その幸福を引き受けるということだ」とブリア・サヴァランは書いている。つまりシェフは本来、まずは食卓を囲む顧客に満足してもらえているかどうかを気にかけるべきであり、それなしにはカレームやエスコフィエ（フランス料理の伝説の師範たち）伝来の料理がどうこういっても始まらないということだ』

料理をおいしく作れる前に、お客さまへの感謝の気持ちや配慮、リスペクトがあるかどうか、それが大切だとギィ・マルタン氏は述べている。素晴らしいシェフである前に、素晴らしい人間になる努力が必要であるという意味と、私は受け取った。

総支配人、店長、総料理長、マネジャー、呼び方はいろいろあると思うが、人の上に立ち、人とかかわるビジネスを続けるには、まずスタッフとそして何よりゲストと信頼関係を築くことが大切であろう。それなくして、ホテルもレストランもない。

スタッフは上司のことをよく見ている。スタッフだけではなく、ゲストもまたしかり。**あなたの言動は、常に誰かに見られている**ということを意識したものとなっていますか。

2008.4.11 掲載

18

「タイムリミット」

皆さまの周囲にも、こんなタイプのリーダーが存在しているのではないだろうか。それは、どんなときでも「誰よりも楽しそうに仕事をしている元気なリーダー」。仕事の量・質そして生き方までも、「とても自分とはレベルが違いかなわないなあ」という人だ。

先日、おそらく誰よりも仕事をしていると自負する、ある会社のリーダーに久し振りに会う機会があった。彼いわく、「時間が何よりも大切だ。この時期、さまざまな会合でほかのリーダーたちが『環境が厳しいね』『利益が出ないね』と傷のなめあいをしているが、そんなところで同じように嘆いていても何もよくならない。攻めて攻めて攻め続けることだ」。彼は待たない、いつも考え抜いて攻めている。だからこそ、こんな時期でも売り上げも利益も下がらないし、下がったとしてもどこで取り戻すかある程度計算している。決してあきらめないし、力を緩めるようなこともしない。これがまさに勝つ極意だと教えてくれた。

そういうタイプのリーダーに話を聞くと、彼らは人生のタイムリミットも設定していることが多い。いつまでもその組織で、またはその企画を永遠に続けていこうとは考えておらず、どこかで次のステップまたは次のプロジェクトへという目標がしっかりと定まっている。自らの人生の予定表がしっかり出来上がっているのだ。

また、ある知り合いの経営者などはもっと極端だ。自分の人生を「大体いくつで死ぬ」と仮定した上で、着々と目標に向けて進んでいる。タイムリミットがあるからこそ、毎年やらなくてはならないことが明確になるし、未来予想図をきちんと描けるのだろう。彼の自分自身のプロジェクトへのこだわりは、半端ではないと感じる。

1年というのは人によってはあっという間に過ぎてしまう。1年間を振り返ってみて「もう1年か。早いね」というコメントはよく聞くが、そこでその1年間を振り返り、何と何を達成し、何ができなかったかを分析できている人は、意外と少ないと思う。

若くして命にかかわるような病気をするなど、「残された時間があとわずか」と、はっきり分かった人の話を、テレビや本などでよく見かける。その度に、「この人たちのように残された時間を意識して行動できるか」と自問してみる。しかし、少しでも自分をそこに重ねて、同じ心境で考えて行動をしてみることで、「明日はない」とか「今日を生きる」という意味が理解できるのではないだろうか。

確かに、世の中は何かを成功させるということに困難が伴う時代かもしれない。しかし、それぞれが人生の上においてやること、やりたいこと、やらなくてはならないことはたくさんあるはず。今もう一度、自分自身の人生の過ごし方、ある意味終わり方も考え、その上で**「今は何ができるか。何をするべきなのか」**。私自身もその答えを探し続けていきたい。

2008.6.20 掲載

19

「皿洗い」

自分は学業がとても苦手だったから、学生時代はかなり肩身の狭い思いをしていた。だからかもしれないが、16歳で初めて米国のレストランで皿洗いのアルバイトをした際にプライド＝自信を持てたことは、自分にとって大きかった。いまでも皿洗いは誰よりも上手にこなせると自負しており、お客さまが家に来た際にも積極的にお皿を洗う。苦手意識もまったくないし、人がやるよりも自分がやった方がうまくできると思っているぐらいだ。

レストランでは経営者から店長、料理人、ウエーターや皿洗い、そして掃除の係りまですべてがそれなりに〝必要な〟仕事として成り立っている。もちろんどんな会社でもそれぞれがやっている仕事は、それなりに重要だからやらせているのであって、いらない仕事であればやる必要はない。裏を返せばどんな仕事であってもプライドを持ってやる方が「こんな仕事をやらされている」と思ってやるよりはベターである。

オテル・ドゥ・ミクニの三國清三シェフは、その昔、帝国ホテルで鍋を洗っている際に「誰よりもうまく早く目立つように洗ってみよう」と努力した結果、故・村上信夫料理長の目に留まりスイス行きが決まった。人の上に立つような方は、普通の人が嫌がる仕事や、あまり重要でないと決めつけている仕事を、三國シェフのように見事に楽しくこなす人が多い。「どうせやるなら楽しく、プライドを持って誰よりもうまくやってみよう」と、自分にとっての課題を設定して臨むことが大切だということをわれわれに教えてくれる。

人はどうしてもその人の生い立ちや通った学校、持っているタイトル・肩書きに気を取られてしまう。しかし、どんな仕事でもその人がプライドを持ってやっているのであれば、その仕事に携わったことのない人は、何も言う資格はないのかもしれない。その人にはその人なりの考え方があるのだから、他人がどうこう言うものではない。

そういうアンダーレイバーと言われている仕事は、リーダーや社内の人の言動を、意外に冷静に見られるポジションであったりする。その会社の問題や改善すべき点を、新人やアルバイトに聞いてみると、とてもよく理解していたりすることがあるのはその証左であると言えよう。彼らは会社に長年属しているわけではないから、変なサラリーマン意識がない。そのため「なぜ、この組織はこんな無駄をしているのだろうか」とか、「なぜあのような考え方を持った人がリーダーなのだろうか」ということを単純にズバズバ指摘できる。そして、その半分以上は状況を見事に言い当てていることが多い。

上や下ではなく、**それぞれがそれぞれの役割をこなすのが組織であるはずだ**。組織全体を再度、いろいろな立場から見て、誰一人無駄な仕事をしていないかどうか、経営者は考えてみる必要がある。

2008. 8. 1 掲載

20

「プレッシャーかサポートか」

シンガポールの友人からこんな話を聞いた。その話とは、同じホテルチェーンの仲間から、そしてホテルのスタッフから信頼され、尊敬されているGMに関することだ。バンコクの有名ホテルに勤めるそのGMが、ある日、昨年から代わったオーナーに急に呼ばれて数字その他の報告をした。その際にオーナーからの数字に関する質問に、いくつか即答できなかった。すると、同日の午後にそのGMは職を失った。オーナーいわく「数字を把握していないGMはいらない」。これは、会社内全体に与える影響、そのGMと地域のコミュニティーとの関係、ゲストとの関係も考慮していない行動である。

ホテルのオーナーの立場からすれば、ホテルのGMには事業所内の数字を全部把握していてもらいたいだろうし、数字が下がっていたとすれば、どのような対策を考えているか聞きたいだろう。それは至極当然である。しかし、オーナーが運営にまで口出しするのであれば、それなりの覚悟も必要だ。こんなケースを聞くたびに、このような無知なオーナーがいるホテルでは、良い人材がすべて抜け、イエスマンだけが残り、数年後には確実に業績は悪化するだろうと思う。

数字を上げるために何をしなくてはならないか、まずは、目の前のゲストを満足させることである。紙の上の数字をいじるだけでは何も変わらない。その覚悟なくして、ホテルを所有するという発想そのものが悲しい。ゲストを満足させるには、現場のスタッフがゲストのことを常に考えて行動しない限り不可能なのは言うまでもない。しかし、そのスタッフに意味のないプレッシャーをかけている無知なオーナーの数々の言動を見ていると、まともなホテルオペレーションを維持することすら難しくなっているのかもしれない。ゲストを満足させる前にやることが多過ぎるのでは、ゲストに目線がいくはずもない。

数字オンリーの目線になってしまい、「どんなことをしてでも数字を上げればよい」という風潮はとても危険だ。瞬間的に追い風が吹き、バランスシート上だけはよくなったと見えても、一方で自分たちの一番肝心なアセットである「人材」をつぶし、お金を使ってくれる「ゲスト」を失っていることに気付いていない。そんな数字は長続きしない。

オーナーが数字を上げたいのであれば、しっかりと運営の勉強をして「何が大切であるか」を知った上で、さまざまな〝サポート〟をするか、現場を本当に理解している人間をオーナーサイドに置くか、経験豊富なコンサルタントを雇う方がよいのではないだろうか。

短期での結果を求めることは、それなりに理解できるが、ホテルで大もうけすることなど考えない方がよいとお勧めしたい。**利益を出すことはもちろん重要だが、そのためにゲストやスタッフに犠牲を強いるようなホテルを、あなたは利用したいと思うだろうか。**

2008. 9. 12 掲載

21

「常識が通じない時代」

大蔵省時代に〝ミスター円〟と呼ばれていた榊原英資氏（現・早稲田大学教授）に会う機会があった。榊原氏から、来年以降の景気について「長く深く厳しい時代に突入したから、向こう3年日本は大変だ」「米国の金融システムが崩壊しており、想像を超える不景気な時代、過去に体験したことのない世界に入っていくことを覚悟するように」と言われた。

また、サービスステーション（SS）＝いわゆるガソリンスタンドの業界大手のトップによると、この先3年間ぐらいで国内のSSが4割なくなるだろうという。ガソリンスタンドだけではなく銀行や病院など、多くの事業が不景気でその継続が困難となっており、それに対応すべく競合同士の統合が相次いでいる。そんな中、収益の厳しいところはさらに減少していく傾向にあるのではないか。そうなるとこの先、「生き残るだけではなく、存在価値をどうやって生み出すか」がポイントになる。

確かにガソリンだけ売っていては、かなり厳しいと思うのだが、その名の通り「サービス」に「ホスピタリティー」がプラスされると、よりパワフルになるのではないだろうか。既にそれに気が付いて、その準備をしているところもあると聞く。数年後には、ホスピタリティーあふれるサービスを提供しているスタンド、具体的には利用者の名前や車種を覚えているスタッフがいるスタンドや、前回どんなサービスを行なったかを覚えていて、状況に合わせて顧客ニーズに合ったものを勧めているようなスタンドが生き残るだろう。欧米などではコンビニとガソリンスタンドが一つのパッケージになっているところも多く、その場所にあったものを考えてみることも必要だろう。

狙ったマーケットにとって魅力的なところで、時間を費やす価値のあるものを提供することができれば、ニーズは高まる。寄るだけのスタンドから、違ったニーズにも対応できるスタンドという発想に変わる時代が来たのだ。コンビニも、小売店から、郵便機能や銀行の一部機能など、サービスを提供する場所へと変わってきているのも参考になるだろう。

先日、これから日本初の新しいホテル事業を計画している経営者に会う機会があった。このオーナーが考えていることもまた新しい発想で、ホテルに泊まる際に支払う料金の一部を、アジアやそのほか貧しい地域の子供たちに役立てるという構想だそうだ。

このように、もっと多くの人に歓迎される、そして必要とされる発想を盛り込み、ホスピタリティーを磨き、何度も顧客のコメントに耳を傾け、努力することが大切な時代になった。**よりキメの細かい対応がクローズアップされる時代になったのだ。**柔軟性のない発想では、今後やってくる厳しい経営環境を乗り越えることはできないし、「ホテルやレストランは、こうあるべき」という固定観念にとらわれていては、前に進むことはできない。

2008.12.19 掲載

22

「生命の木」

「立ち直るまでに時間はかかりますが、私どもはレンガ一つに至るまで過去の輝きに勝るような再建をする所存です」。これは先日インドのムンバイで起きたテロに巻き込まれたホテル「タージ マハール パレス&タワー、ムンバイ」のオーナーで、タタ・グループの会長ラタン・タタ氏の言葉である。

このホテルのCEOであるレイモンド・ビクソンは、私の長年の知り合いであり、私が知るたくさんの世界のホテリエの中でも、貴重なホテリエの一人である。初めて出会ったのは20年以上前、彼がNYにあるホテル「ザ・マーク(the Mark NY)」に勤めていたころだった。彼は最終的に「ザ・マーク」の副社長兼総支配人にまでなった。

「タージ ホテル」のオーナーであるタタ氏は、近年世界展開するホテルがインドにも進出しており、それらに対抗するためには、ホテリエとしてグローバルな感覚と実績を持った人間にリーダーになってもらう必要があると考え、レイモンドに白羽の矢を立てたのだ。その後、レイモンドが加わってから、「タージ ホテル」はNYにある名門ホテル「ピエール」や、サンフランシスコにある「コンプトン プレイス」などを買収してタージの傘下にするなど、インド国外での展開を順調に進めていたが、その矢先のテロ事件である。

レイモンドとタタ氏は、テロから24日後の昨年12月21日、営業を再開した「タージマハール パレス&タワー」でテロの被害者への哀悼の意を表した。タタ会長は「今日は非常に感動的な日です。警察や防衛当局のみならず、ホテルスタッフの勇敢な働き、献身的な行為にまつわる話をたくさん聞きました。彼らの素晴らしい精神を引き継ぎ、その高い志を新たな目標として掲げます」と語った。そして、ホテルの5階には「生命の木」と名付けられた追悼碑を作り、そこには31人の純真で勇敢な被害者の名前が刻まれ、生きた証しとして後世へと受け継がれていくようにした。

今回の事件でタージはホテルの再建のみならず、インド全土で被害にあった方々とその遺族並びにホテル復興へ寄付を願い出る人の声に応え「タージ パブリック ウェルフェア トラスト（タージ公共福祉財団）」を設立。この財団はテロ攻撃のような暴力行為、または自然災害の被害者や遺族にも迅速な援助が行き届くようにするためのもので、海外からも寄付が受けられるよう政府にも要請している。

何があってもゲストを、スタッフを、そしてホテルを守っていくという精神。この精神こそ、全世界のホテルオーナーのみならず、ホテルビジネスに携わるすべての人がしっかりと持つべきである。それがあればどんな困難な出来事も、必ず乗り越えられるということを、レイモンドをはじめとするこのホテルの人々はわれわれに教えてくれる。

2009. 1.23 掲載

23

「現場百回」

先日、代表が代わった都内のホテルのホテル内テナントに行った際、「新しい代表はあいさつに来られましたか」と聞いたところ、「まだ来ていませんよ」とのことだった。引き継ぎなどで忙しいとは思うが、売り上げを上げるどころか維持することすら非常に厳しい時代、ホテル内テナントだって賃料を支払ってくれているはず。彼らはホテルを利用するゲストと同じく「お客さま」であり、場合によってはホテルのレストランや宴会の利用を勧めてくれるパートナーでもある。厳しい時代だからこそお客さまへのおもてなしだけでなく、ホテル内のテナントも含め、パートナー企業への対応をよく考えてみるべきだ。

パートナーという言葉には、ホテルに出入りするタクシーやバスの運転士の方たちも当然含まれる。彼らにホテルに対してよい印象を持ってもらうことは非常に重要である。なぜなら情報のあふれる時代だからこそ、ホテルに間接的にかかわっている方たちの持つ印象が口コミとして、利用客のホテルに対する印象に非常に大きな影響を与えているからだ。

ヨコハマ グランド インターコンチネンタル ホテルの元総支配人の田中勝氏が以前、「総支配人はMBAが大切」と言っていた。MBAとは、M＝マネジメント、B＝バイウオーキング、A＝アラウンドの頭文字。つまり、ホテルの現場で何が起きているかについて、すべて知るためには、自らが動き、顧客目線で感じなければならないということだ。

自分が在籍していた永田町時代の東京ヒルトンの総支配人であったリチャード・ハンデル氏は「後ろを振り向けばそこに彼が立っていた」と伝説になるくらい、ホテル館内を細かく視察することに時間を割いていた。夜遅くまでコツコツと働くスタッフに対して温かい声をかけたり、日曜日の晩などにもたまに顔を出して、ねぎらいの言葉をかけたりといったその繊細な動きを彼から学んだヒルトン出身のホテリエも多い。

シドニーのリージェントの総支配人を以前に務めていたステファン・ルイス氏は、チェックインやチェックアウトの時間帯には必ずフロント周りに出て、多くのゲストと会話することを心掛けていた。その会話の中から滞在中に起こった問題や欠けているサービス、また何の目的でそのゲストが滞在しているのかを把握し、滞在中のプラスアルファのサービスに役立てるなどしていた。トップがゲストの「顔色」をうかがって各部署に指示を与え、よりスムースなサービスができるようにというのが彼の考えだった。しかし、昨今の総支配人はオーナーへのレポートを書いたりするのに忙しく、現場に下りてこないようだ。

現場に興味がない総支配人がいるホテルに限って、サービスレベルが低かったりする。刑事ドラマに出てくる〝現場百回〟ではないが、**現場にすべての答えがある**。総支配人が現場を見て回る回数と、サービスレベルや業績が比例すると言っても過言ではないだろう。

2009. 9.18 掲載

24

「ルールは誰のため？」

「ルールは破られるためにある」と、子どものころの自分は豪語していたことがあるが、ルールを破ることが目的ではなく、結果としてルールを無意識にまたは仕方なく破ってきたものだ。その度に痛い目にあったり、家族に迷惑をかけて反省するのだが、人に迷惑をかけないルール破りもあることを理解していただきたい。特にホスピタリティーの世界では「ゲストを守るため」、または「ゲストのため」に、そういう行為が必要なときがある。

さすがに大人になってくると、簡単にルールを破るわけにはいかないが、結構な大人でもさまざまな場面でルール破りをしている人を見かける。「ここでは携帯電話禁止です」と言われても使う人はいるし、プールサイドなどで、大声で叫んでいる子どもに対して、同行している大人または親が本来注意すべきであるが、その親に対して誰も文句を言わない。いつからホテルやレストランのスタッフが、ほかのゲストを守るためにそういう迷惑行為に対して注意しなくなってしまったのだろうか。

人に迷惑をかけないルール破りは存在する。学校で習う算数では1＋1＝2。これはルール通りだ。しかし特にビジネス上では、必ずしも1＋1＝2にならない。例えば、八百屋さんで少々状態の悪い100円のリンゴを二つ常連に買っていただく際、150円にすることなどよくあることだ。確かに決まりやルールには反しているかもしれないが、それが次のビジネスにつながったり、人間関係や信頼を得ることになったりする。

　ルールと言えば先日の日経新聞に、富士通のコンピューター事業を育てた小林大祐さんの会長時代の言葉が引用されていた。「規則をたくさん作って楽ができるのは上の者です。規則通りやれと言っていれば、考えずに済みますから」と。ほとんどの場合その組織の管理をしやすくするためなので、実はゲストのためになっていないことが多い。責任を取るのが嫌だから、また「会社としてはそういう規則があります」と言い逃れをするためにあるのではないかと思ってしまうこともある。

　経営陣、管理者はそれなりの「対価」をもらっているからこそ、誰よりも汗をかき、苦労するのは、ある意味当たり前のこと。毎日生身の人間を相手にするこのホスピタリティービジネスの世界で、楽な仕事などあるのであれば、どこに存在するのか聞いてみたい。またそれを「大変だ」と思うのであれば、今すぐ仕事を変えた方がよいかもしれない。

　生身の人間相手のビジネスの世界では、毎日がゼロからのスタートだから、昨日決めたルールが今日守れない事態に遭遇するかもしれない。その際に「ルールですから」と逃げるのか、しっかりと受け止めてルール外で対応するのか。大人の判断をするのは実に難しい。しかし相手が喜ぶのであれば、**まずゲストに喜ばれることを最優先してもらいたい。**

2009.10.9 掲載

25

「継続する責任」

先日、長いこと通っている銀座の焼き鳥屋に行ったら、一番お気に入りの焼き方のオヤジが退職していた。同じものをこれだけ長く食べてくると、さすがに焼く人が変わったその微妙な違いが分かる。まずいわけではないが、やはり何かが少し違う。それは、寂しさがそう感じさせているのかもしれない。

ワインの味について、安いものと100万円以上するような高価なものの違いが分かるか、などという話がよくあるが、本当に味を知っている人は実は少ない。あるとき、世界最高のソムリエの一人が、目の前でグラスに注いだ赤ワインをブラインドで飲んだときのこと。周りの人間は、「確実に彼が行ったことがない土地のワインなので、当たらないだろう」と言っていた。ここで言う〝当てる〟とは、グレープの品種や、だいたいの年代ではない。どこのワイナリーが造ったワインか、という高いレベルの問題である。しかし、彼は見事、土質や風味からその隣のワイナリーを言い当てたが、これは非常にまれな例であろう。

彼いわく、「近くにボトルもないという状態で、グラスの中のワインだけを言い当てることは簡単ではない」とのこと。自分の持っている過去の記憶とデータだけで絞り込むことは、彼のレベルでも容易ではなく、ヒントでもない限り通常は当たらないようだ。

しかし、好きで何度も何度も食べているものであれば、誰でも違いが何となくでも分かると思う。真剣にそこの料理なり素材を愛して訪れている顧客からすれば、料理法やシェフが変われば、古くから来ているゲストには影響が大なり小なりあるものだ。

以前、ゼットンの稲本健一社長は、彼が苦渋の選択で閉店した店の前に、記念日で久しぶりに来ていたゲストの寂しそうな顔を見て、一度開けた店は二度と閉めたくないと思ったそうだ。ホテルで結婚式を挙げたカップルや、そのホテルやレストランに特別な深い思い出のある人たちにとって、思い出や記憶は尊いものであり、想像以上に深いものがある。伝統あるものを簡単に変えてしまったり、店を閉めたり、そこに長年いるたくさんの顧客を持っている人を配置換えしてしまうことは本当によく考えて決めなければならない。

一方で、「老舗とは」というテーマに対して、本誌でもおなじみの服部幸應先生が、「不二家のショートケーキなど、老舗の何十年も変わらない味というのは、実はその時代に合わせた微調整、改善を繰り返してきているから守られているんだ」とおっしゃっていた。**守るべきところはしっかり守り、変えるべきところは変える**。そのバランスこそが、何十年も営業を続ける老舗となる秘訣なのだろう。

ホテルやレストランには、一度オープンしたら、顧客のためにも営業を継続する責任が伴う。その責任を果たすための努力を、常に怠ってはならない。

2009.11.13 掲載

26

「世界で戦う」

バンクーバーで行なわれた冬季オリンピックの話題で持ちきりだった2月。一つ一つのシーンに、感動と涙があった。自らをアスリートの思いと重ね合わせて、モチベーションアップにつなげた方も多いのではないだろうか。

いつもオリンピックや世界大会を見ていて感じるのが、世界におけるトップレベルと日本の中でのトップレベルの差である。サッカーでも日本一と言われている有能な選手を選抜し世界大会へと向かうのだが、簡単には勝たせてくれない。つまり、世界という舞台に立ったときにそれが通用するかどうか、なのだ。

もちろん、勝てなかった勝負には、アスリートそれぞれの理由と解釈がある。ほんのわずかな差で残念ながらメダルに届かなかったという言い訳もあるだろうし、種目によっては世界のトップ10に入りさえすればとりあえず十分だろうという解釈もある。もちろん結果としてのメダルの数ではなく、プロセスの評価もしなければいけない。しかし、私たちが心しておかなければいけないのは、他国にも同様にレベルの高い選手たちがいて、それぞれ熾烈《しれつ》な戦いがあり、その並み居る競合を勝ち抜き選ばれるためには、想像を超えるレベルにまで達しないといけないということだ。

先日の日経新聞で、コア部門のトップの座にリーマン・ブラザーズ出身の外国人を受け入れた野村證券の話があった。２００９年の投資銀行業務の手数料ランキングでは、１位はＪＰモルガン、以下二位からゴールドマン・サックス、メリルリンチ、モルガンスタンレー、シティグループと続き、野村證券は10位。国内では圧倒的なシェアを誇ってきた野村だが、世界の壁は高い。さらに、ここで興味深かったのは、野村の課長のコメントだ。「どうしてリーマンの連中があんな高給をもらうのかと思っていた」と言うその課長は、ロンドンで働くリーマン出身社員から送られてくる金融商品のアイデアが書かれた大量のメールを読んで、ショックを受けた。彼いわく、「実力が違いすぎる。われわれは世界のレベルを知らない井の中の蛙《かわず》だった」と。

皆さんは日々、目標に向かい、結果を出そうと戦っていることだろう。そのときに、世界規模で見て、競合がどんなレベルの仕事をしているのかをよく知ることが大事だと思う。他国のことは参考にならない、自分とは土俵が違う、などとは思わず、**どうして自分たちは世界レベルの土俵に立てないのか、どうやったら世界から認知されるレベルに到達できるのか**、といったように高い視野で考え直してみることも良いのではないだろうか。

オリンピックや世界大会が教えてくれるのは、グローバルでの戦いだ。ここは一丁世界と勝負してみるくらいの気概を持ち、高い目線で戦えるチーム作りをしてはどうだろうか。

2010.3.12 掲載

27

ES、ES、ES

随分前の話だが、ある有名ホテルの優秀なレストランマネジャーが、突然ホテルの駐車場の担当に配属されていた。あれほどの人がなぜこんな場所にいるのだろうかと疑問に思った。そこで、そのホテルのさまざまなスタッフを直接知っている筆者は、現場や本人へのヒアリングの末、なぜ彼がそこに配置されたのかを知ることになる。この会社は長年多大な貢献をしてきた人を、こんな形でいとも簡単に追いやるのかと残念に思った。

あれから何年かたったが、残念なことにまだその悪い習慣は変わっていないようだ。至るところで同じような人事の配置替えを目撃する。これはホスピタリティー業界に限ったことではないが、ホテルにとって、いや、ゲストにとって効果的かと聞かれると恐らくそうではない。

ホスピタリティービジネスの現場では、日夜大変な戦いが繰り広げられている。ゲストとのリレーションはもちろんのこと、ゲストからは見えない裏の戦いの方がスタッフにとってはストレスフルであり、大変な戦いだということを再度指摘しておかねばならない。

マネジメントと現場の間に流れる冷めた空気、あらゆるストレス、緊張感は、「次世代を育てねば」という多くのトップの発言とは裏腹であり、悩ましい問題である。

最近、ホテルやレストランで働く若いスタッフと話をする機会があり、いろいろと本音を聞いてみたが、驚くほど冷静に今の問題をとらえていた。そして、その現実が彼らを鼓舞し、「魅力あるビジネスにしないといけない」「誰もがハッピーになれるホテル・レストランを作りたい」といった熱い思いへとつながっているようであった。

サービス残業は当たり前という過酷な労働条件の中、若くして円形脱毛症やうつ病になる人も存在している。シフトは本人たちの希望など聞き入れぬまま組まれ、やっと決まったシフトも土壇場で変更になるため予定など立たない。それがホスピタリティーだと言われればそうとも言えるかもしれないが、それを超える問題が出てきていることにマネジメントは気付いているだろうか。

ゲストへのもてなし、ホスピタリティーが大事だということは誰もが理解しているが、ES＝スタッフへの配慮こそが最も大事だと考えるべきである。実際、周りを見回すと、口先だけではなくそれを実行しているところには良い結果が出ている。これは決して甘やかすとか、ルーズにするということではなく、厳しさの中にも思いやりはないのか、という現場を知らないマネジメントへの忠告である。簡単なことだが、土曜日曜祭日に現場に出てみたら、どれ程ゲストの応対が大変かが分かるはずだ。自分の仲間、同志にすら配慮できないボスがどうやってゲストをハッピーにして、結果を出すことできるのだろうか。

2010. 4. 2 掲載

28

「二項対立」

「世界一になる理由は何かあるんでしょうか？　２位じゃ駄目なんでしょうか？」

民主党の蓮舫参議院議員が事業仕分けの最中に発したこのコメントは、各方面で物議を呼んだ。もろもろの事情によってこのコメントは良くも悪くも取れるのだが、プロゴルファーの宮里藍選手はどのように受け取ったのだろうか。

宮里選手は、米国へ渡って最初の４年間で90試合以上に参戦し、ツアーで一度だけ優勝している。アメリカのツアーに参戦して最も彼女を悩ませたのが、パワーと体の作りの違いだそうだ。どんなにいいショットがでても、ドライバーショットの飛距離では確実にほかの選手に負けてしまう。この格差はあまりにも大きく、ノイローゼになるほど悩んだそうだ。飛距離が伸びないと勝てないと思い込んでいろいろと手を尽くすのだが、結局はほかのショットまで駄目になり、精神的にもボロボロになってしまったという。

最終的に彼女が選択したのは、ドライバーで一番になることではなく、それ以降のショットで、より「正確に」いい位置にボールを持っていくことだ。それができれば勝てると確信し、誰よりも正確なショットを打つことだけに集中し練習したようだ。結果、今年のツアーでは開幕から２連勝し、すでに４回優勝をしている。周りに自分より優れた人がいるからといって、絶対に勝てないとは限らない。

宮里選手がこのブレークスルーを実現できたのは、ある意味「二項対立」という考え方を理解した結果かもしれない。ゴルフというスポーツの可能性を俯瞰《ふかん》したからこそ、「距離とアプローチ」という論理的な思考が生まれたとも想像できる300ヤードも10ヤードも同じワンストロークであるという考え方に立てば、体力的なハンディがあっても力量を競えるアプローチやパットに磨きをかけるという考え方は正しいと言えるだろう。

ホスピタリティーのビジネスでも、この「二項対立」ということは起こりうる。そのときにどれだけ論理的思考で諸問題に対処していくかということを示唆しているように思える。売り上げや収益と、ホスピタリティーのどちらを優先すべきか、という自問自答こそが「二項対立」の構造である。ホテルやレストランの経営において、売り上げや利益率、集客数など、特に数字の上で過去の方が現在より優れている場合、どうしてもあのころの業績が良かった、という後ろ向きな考え方をしてしまうところもある。しかし、これからどうするか、あきらめずに知恵を絞り、**どうやったら一番でなくても勝てるか、幸せになれるかが大事なのだ**。戦いに一度や二度敗れたからといって後ろ向きになる必要など全くない。むしろそこから自分の強みを学び、生かせば勝てるということを宮里選手は教えてくれたのだと思う。

2010.7.16 掲載

29

顧客目線の施設確認

もう20年以上前のことになる。パリでホテル・ド・クリヨンのエルヴェ・ウードレ総支配人と会う機会に恵まれた。言うまでもなくオテル・ド・クリヨンはホテル・プラザ・アテネ、ホテル・ル・ブリストル、ホテル・リッツと並ぶパリの4大ホテルの一つだ。

その誇り高きホテル・ド・クリヨンの総支配人に34歳で就任したのがウードレ総支配人だった。彼と話をしていて、総支配人自身がすべての客室に実際に泊まって施設をチェックしているという話をしていて、驚いた記憶がある。

コンコルド広場に面したホテル・ド・クリヨンは、もともとクリヨン伯爵が使用していた邸宅がそのままホテルとして使われているという建物。こうした邸宅の場合、2階が主賓室という構造を持つので、ホテルもそれを継承している。クリヨンは全147室のホテルで、今の考え方であれば当然最上階が最上級の客室になりそうだが、ここでは2階が最上級となる。それより上層階はもとはクリヨン家に仕えた料理人やバトラーたちの使用人部屋だからである。また、同じ2階でも、大きなスイートのすぐ隣にはベビーシッターなどの世話人が使うための小さな部屋が設置されており、客室のグレードは隣であっても大きく異なる。ゆえにこうしたホテルのルームミックスは大変複雑なのである。

ウードレ総支配人はこの複雑なストラクチャーのホテルを理解し、また**日々のチェックのために実際に自分が泊まることを実践**していた。なぜなら、昼間のルームチェックだけでは見逃すポイントがあったり、実際に湯船に浸かってみないと見えてこないアングルがあったりするからだ。風呂に入ってみて初めて見えるシンクの裏側もある。そのほかにもベッドに寝てみて初めて聞こえる音とか、ファンをまわして数分後にならないと感じられない振動とか、泊まらないと分からないことは多々ある。

日本のホテル・旅館の経営者で、自分の施設に実際に泊まってみたり、あるいはスタッフに積極的に泊まらせてみて、こういう顧客目線から施設確認をしている人はいるのだろうか。

筆者は客室やスパのシャワーの水の流れが悪かったりすると、自身もとても嫌な気分になるし、次のゲストのためにも良くないと感じるのでホテルの方に伝えるようにしているが、もし事前にスタッフがその部屋を顧客目線で利用していれば防げたことかもしれない。

誰かに指摘されないと露呈しない手落ちというものをゲストに発見されてしまうのは恥ずかしいことである。ウードレ総支配人のようにとまでは言わないが、顧客目線のチェックを今一度されることをお勧めしたい。

2011. 2. 18 掲載

30

「新フォーメーション」

サッカー日本代表はアルベルト・ザッケローニ監督の指示で新しいフォーメーションに取り組んでいる。当然慣れないことだからうまく行かないことも多々であるが、挑戦することに意義があると思う。トライ&エラーをすることで選手たちがそこから「学ぶこと」が最も重要だからだ。

チャレンジすることで攻めのバリエーションが増え、あらゆる敵に対応できる。これはホテルレストランにおけるゲストとのやりとりも同じだろう。準備してこそ「ここだ!」という大事な場面でゴールにつながる。

今回の震災でも日ごろから火災や地震の際の避難訓練を積んできた所とあまりやっていない所では差がついた。震災後はマーケットが激変し、今までのやり方が通用しない場面が多々出てきていると聞くが、その割には組織のフォーメーションを変えてみるなど、新しいことにトライしてみようという意見が少ないので驚く。

ユニクロの柳井正社長は「会社組織はいったん出来上がってしまうと今度はそれを維持するために仕事をしているように見えることがある。しかしそれは錯覚であり、変化を求めず安定を求めることになるので良くない。ある人から『ユニクロはあまりにも流動的でコロコロと人が変わるので組織がないように見える』と言われたことがあるが、それは誤解だ」と言っている。つまり、これだけ市場が変わる中にあって同じやり方を続ける方がむしろおかしいと彼は言っているのである。

これはホテルやレストランのことだけではないが、ゲストからみて「これは失敗だろう」という企画や、決まり（くだらないルール）がよくある。それを認識して、改善するか、あるいは続行をやめるかという判断はリーダーやマネジメントの役割であり、現場からはなかなかそういう本音レベルの声は上がりにくい。

現場の人たちは、このやり方、あるいはこの企画は明らかに失敗だと思っていても、現実的には「やるしかない」と妥協して推進していることがある。彼らに「本当はどうなの？」と本音を聞くと、「これは個人的には全く市場心理から外れた企画であると思っているが、会社の決定だから仕方なくやっています」ということが多い。これでは、運が良ければうまく行き、悪ければうまく行かないという結果になってしまう。

利益があがらない、ということはどこかで間違いが起きている証拠だ。リーダーは問題がどこにあるかをいち早く発見し、新たなフォーメーションを組まなければならない。

間違いなく環境は変化している。であれば、企業のフォーメーションも変わって当然。では、どう変えるか。ヒントは〝現場の本音〟にあるだろう。

2011.6.24掲載

31

「スピード勝負」

今から15年くらい前になるだろうか、グローバルホテルカンパニーのリーダーたちが一斉に若返った時期があった。ヒルトンやハイアット、スターウッドなどのトップはそれまでよりも10歳くらいは若返ったので、下にいるホテルの総支配人クラスもぐっと平均年齢が下がった。この時に、30代後半から40代前半で総支配人を作ろうという動きが加速し、そのためのプログラムが組まれた。これによって世界展開を加速できたということもあるだろうし、シングルのマネジメントを世界各国へ数年ごとに異動させることがコスト的にも可能になった。「経験が足りないのでは？」という意見より、むしろ好意的な意見が多かったのを記憶している。

その10年後くらいに国内トップクラスのホテルでも世代交代と言うべきか、社長や総支配人の年齢がぐっと若返った。帝国ホテルの定保英弥総支配人やホテルオークラの荻田敏宏社長がよい例だろう。

カルチュア・コンビニエンス・クラブの元COOでIndigo Blue社長の柴田励司氏がメルマガでこんなことを書いていた。

「（2004年頃に日本企業の社長と欧米企業のCEOの年齢比較をした件で）当時、日本企業の社長がだいたい55歳〜64歳に分布するのに対して、欧米企業のＣＥＯは45歳から54歳。十年のＧＡＰがありました。年齢で物事を判断するのは本意ではありませんが、この10年の差が企業の意思決定のスピード、質に影響を与えていると直感しました。45歳か54歳というと知力、気力、体力共に充実している時です。ビジネスパーソンとしては脂が乗っている時期です。この時分であれば、仮に失敗してもリカバリーする時間があります。

しかし、これ10年後となると話が違ってきます。ここをなんとかしたい、この思いから「40代でＣＥＯをつくる」というプログラムを開発・提案してきました。マーサーという米国系のコンサルティング会社で社長をしていた時のことです。（これが「柴田塾」の原型です）」

日本企業の意思決定のスピードは欧米に比べて遅い方だと言われている。それと年齢が関連しているとは言い切れないが、これだけ世の中の環境、特にビジネスシーンでの市場心理やマーケットの環境が激変する中にあっては、**確実にこれからの戦いには今まで以上の体力とスピードが必要である**。決してこれまでのリーダーに退場してもらいたいと言っているのではないが、後ろに下がって今まで築いた経験と知力でその次の世代をサポートしていただけたら人は育つのではないだろうか。

2011.7.1 掲載

32

「旗振り役」を探せ！

昨年末にホテルのブライダル担当の方々と会う機会が多くあった。

その中でよく話題になったのが、いわゆるハウス系ウエディング会社との競争のこと。一時期とは随分と様子が変わってきているという。というのは消費者側からのコメントの中にハウス系は営業面でものすごく押しが強く、それが悪いイメージにつながることがあるというのだ。

ハウス系はブライダルの成約を取るためにあらゆるリソースを集中しているので徹底的に地元のホテルや競争相手を研究し、そこに勝つための強みを出してくる。対抗するホテルは、さまざまな社内外のしがらみがあり、顧客本位という本来のコンセプトを具現化できずに苦戦しているところが多いようだ。

ホテル側の問題はどこにあるかと聞くと、ほとんどの方が「ホテル全体の武器を使って総合力で勝負できていない」と言う。

〝総合力〟を発揮するにはホテルが一丸となって「ブライダルの収益をあげていこう！」という姿勢を出すこと。そして各部門がこれについて連携すること。それにはトップの声が重要だ。

ブライダルだけではない。日本のホテル業界は、今や世界、とりわけ東アジア諸国と競わなければならない。例えば海外からのビジネス客、観光客のさらなる誘致もそうだろう。地域内での正々堂々とした競争は必要だと思うが、まずそのデスティネーションに来てもらうために、地域のホテルが協力できることを考えなければならない。

以前、大分の湯布院にある旅館同士がお互いに顧客に対して自分のところだけでなく、隣近所の旅館もきちんとお勧めするなど、さまざまな協力態勢作りに注力したことでデスティネーションとしての湯布院を全国区に押し上げることに成功した。

今はいわゆる「旗振り役がいない」という事情があるようだ。その昔は各地にいた名士、情熱を持って皆をまとめるリーダーが不在だと聞く。地元の皆が「あの人が旗を振るならついていけるかも」という人物を探して、コンセプトを明確化し、それを世界に発信するべきだと思う。

今年はコラボーレション、共存がキーワードになる。今後は自分たちだけでというより、**上手に企業同士が協力するシナジー効果をストーリー化するべきだ**と強く感じる。

すべては最終的にみんながハッピーになれるように、お互いに協力できるところをしっかりやるということだと思うが、いかがだろうか。

2012.1.13 掲載

33

「砕ける経験」

「当たって砕けろ」というフレーズ、いつ、誰が、どのように使ったのかは覚えていないが、最近〝砕ける〟ほど強く当たる人は少なくなったような気がする。もっと言えば、砕ける前に、そもそも何かに当たっていくほどの元気やガッツを持っている人がいなくなってしまったのではないだろうか。

『世界一の庭師の仕事術』（WAVE出版）という本を書いたランドスケープアーティストの石原和幸氏は若いときに「長崎で一番の花屋になりたい」という思いで、無許可で開いた路上花屋からスタートした。

一度は失敗して数億円の借金を抱えるようになったが、その後イギリスの英国国立園芸協会が開く世界最大の庭と花のコンテスト「チェルシー・フラワーショー」に挑戦して見事ゴールドメダルを獲得する。

数々の場面で挫折を体験した石原氏だが、一度もあきらめるということをしなかった、本の中でも「失敗することも大事な人生の経験である」と言い切る。大変なときこそ自分の原点を思い出し、花屋をスタートした際の自分のモチベーションは何だったのかと自問する。そして、**その答えは「お客さまの喜ぶ笑顔が見たい」だった**のである。

ホスピタリティーあふれ、モチベーションの高い彼のストーリーはまさにドラマを超えるドラマと言える。彼のジェットコースターのような人生と、その中で決してぶれない本質、つまり「お客さまの笑顔がみたい」という思いは読者にも勇気を与えてくれるだろう。

本の中でこんなくだりがある。

「すべては自分からノックすることです。誰かの紹介がないから会えないとか、（中略）自分で勝手に理由づけをして動きださないことは往々にしてあるものです。でも、そんなときこそ正面突破で、会いたい人に自分からアポを入れていくのです。（中略）その人の話が聞けるだけでも、世界が変わります。会いたいと思ったら、今すぐ電話をしないといけません。明日にはまた、気持ちは変わってしまうものですから。思いついたら、すぐ行動です」

経営者やリーダーには「思いついたらすぐ行動！」というタイプが多い。しかし、サービスの現場でも、お客さまの依頼に対して「ＮＯ」という前に、まず相手の立場になって動く。それから社内や上司をどう口説くか考える。

こんな行動パターンをする人は良い結果を生みやすいと思うがいかがだろう。失敗や非難を恐れるあまり、当たるべきところへ当たらない行動パターンになっていないだろうか。砕けるのも、経験である。

2012.3.2掲載

34

「再度、現場主義」

「後ろを振り返ると、よくＧＭがそこに立っていた」というのはヒルトンのリチャード・ハンデル総支配人の下で育った方々、例えば中村裕氏やチャールズ・ベスフォード氏がよく話してくれたことだ。そうした「現場主義」のリーダーの下で育ったリーダーは、やはり自分も同じように動くので、ホテルやレストランの中身を自らが体感して理解し、今、何が問題で目の前の事象が起きているのかを知っているから、解決法にたどり着くスピードも早い。

昨今、投資家や株主対策で忙しいのか、現場にやって来ないリーダーが増えたのではないだろうか。問題解決のヒントは現場にある。というのはこの業界のセオリーだと思うが、いかがだろう。

先日、三重県の志摩観光ホテルで開催された「宮崎英男の夕べ」にご招待いただいた。ご存じ高橋忠之前料理長のあとを継いで「志摩料理」の発展と進化に取り組んでいる宮崎英男グランシェフの45年に及ぶ集大成の一夜であり、大変素晴らしいものだった。

同ホテル総支配人である野口眞司氏も料飲出身のＧＭであり、宴席の間タキシードを着て、自らテーブルを回り、参加された２５０人全員のゲストと会話をしていたのを見てうれしく思った。現在どこのホテルでも料飲施設には頭を悩ませており、こういう機会にゲストの意見を直接聞くというのは最高のタイミングである。

また、その後京都駅前にある京都センチュリーホテルの稲地利彦代表取締役に会うことができたのだが、昨年の7月に就任以来、それまで厳しい状況が続いていたホテルを短期間で黒字化し、ブライダルに関してはものすごく勢いがついてきているようだ。彼と話をするとやはり現場主義を徹底されていることが分かる。

稲地氏自身、「問題も答えもすべて現場にあります」と言い切っていたし、自らがさまざまな部署に出向いてハッパをかけているようだ。「こうしろ」とは指示せず、どうやったら気付くか、を考えて声がけをしているという。

アメリカでビジネスをした経験を元に新しいホテル経営のモデルを作ろうと挑戦をしていて、その取り組みもほかとの差別化が明確なものばかり。やりたいことのリストも膨大で聞いているとワクワクしてきた。

こういう発想はオフィスに座っていても出てこないと思われるものばかりだった。海外、国内、**どこでも面白いアイデアのネタがあればフットワークよく出向き、現場を歩くことで導き出させる**ものが多い。やはり、現場にこそ問題と答えがあるのだ。

2012.6.8 掲載

35

「チャレンジ！」

今年に入り、すでに100人近くのホテルやレストラン、ブライダルの経営者の皆さまにお会いしただろうか。皆さまそれぞれ戦略があり、このアベノミクスに乗って今までの落ち込みを払しょくしようという元気で前向きな話が多かった。

あるホテル会社では海外へ進出していこうという話もあったし、某ブライダル系企業では調理・マーケティング・営業を一つの組織内で行なうのではなく、別会社の3社がそれぞれの強みを生かして取り組むという、面白い試みをしようというところもあった。

また、チャレンジというのはこれまでと違うことをやるわけなので、当然反発が起きていたり起きそうなものもあった。

某ホテルでは今年行なわれる予定のレストラン改装に伴い、女性シェフを採用したいという話を聞いた。おそらくPR効果も狙っての話だと思うが、これまでそんなことをやっていなかったのだから当然社内からは反発も起こるであろう（一般企業からしたら「何を今さら？」と言われてしまうかもしれないが）。

また、全国にホテルを展開するあるチェーンではブライダルデスクのマネジメントを一本化し、そこで成約までのプロセスを行なうという決定をしたそうだ。こちらも各ホテルの宴会支配人からは反対の声もあったようなので、当初は反発や混乱でマイナス効果も出るかもしれない。しかし、現状のままで良くないのであればそういうチャレンジがなければ何も変わらないわけで、最終的にはプラスの結果となることを期待したい。

そして、よく聞いたのがホテルのＦＢ関連で、レストランの改装だけでなく、コンセプトそのものを変えようという話だ。ランチはそこそこ入るが、ディナータイムはさっぱりというのはもう聞きなれてしまったほどよく聞く話で、改装のタイミングにあわせてコンセプトを含め根本から変えようということなのであろう。

ただ、本来のコンセプトチェンジというのはそのコンセプトの下でやるべきことを徹底的にやりきった結果、どうしても成果につながらずにコンセプトを変えるというものだと思うが、これまでを見ているとそういうところばかりでもないような気もするので、表面的な変化で終わらないように願うばかりである。

いずれにしても、これまであまりにも元気な話が少なかったのも事実。そういう意味ではさまざまなチャレンジ、新しい試みをするというのは素晴らしいことであるし、そのチャレンジを途中であきらめることなくどんどん押し進めていただきたい。そして、**われわれはそれを業界の〝ピッチに立つサポーター〟として最大限応援をするつもりである。**

2013. 2. 15 掲載

36

「敵を知るだけではない」

もう10年以上前だろうか、スウェーデンにあるOverlookという会社が開発した「ベンチマーク」というシステム（ヨーロッパの主要ホテルから稼働率やADRなどの数字をデイリーで集めて各ホテルに提供するという仕組みで、自社の数字と競合、もしくは同じようなカテゴリーのホテルと比較することができる）を知り、非常に興味を持ち、日本でもこれを導入できないかと彼らにコンタクトして日本でセミナーを開催したことがある。

しかし、残念ながら当時の日本は自社の数字を表に出すという習慣がほとんどなく、なかなかホテルオーナーや総支配人の皆さまの理解を得られなかったというのを記憶している。最近ではインターナショナルホテルチェーンの進出やSTRグローバルのような企業の努力もあり、そういった習慣が徐々に浸透し始めているようだが、世界と比較をするとまだまだ十分とは言えないだろう。

前記の数字のように外部の企業がデータを提供してくれるものであれば良いのだが、宴会やブライダル料理のプレゼンテーションなどのように、自ら意識してリサーチに行かなくてはならないものに関してはさらに大きく遅れていると感じている。以前にも書いたが、ホテルの方とお話をしていても他社や周辺ホテルのことをまったく把握していないのだなと驚かされることも少なくない。

あなたのホテルでは競合調査や市場・トレンドのリサーチを行なっているだろうか。自社でヒットプランがあったとしても慢心している暇はない。競合はそれを把握し、それにより磨きをかけたプランを提供していたり、もっと素晴らしいビジネスモデルを展開していたりするかもしれないのだ。

データや情報があると、自社の置かれる状況も把握できるし、自分たちの競合セグメントではどのような動きが出ているのかを知ることもできるので、重要な情報である。しかし、リーダーたちはそれで満足してもらっては困る。本当に大切なのは、これらの情報をもとに、リーダーたちがどのような決断を下し、行動に移していくかである。

自分たちの数字が悪いのであれば何が原因であるかを突き止め、改善策を考え、行動に移していかなくてはならないし、競合が魅力的な商品・サービスを提供しているのであれば、さらにその上を行く商品・サービスを開発し、提供できるようにしなくてはならない。

有名な孫子の言葉を引用するまでもなく、競合や市場を知ることはこの厳しいマーケットで戦っていく上での基本である。

そしてリーダーたちは、それをもとにさらなる上を目指し、新たな決断をしていただきたい。

2013.4.5 掲載

37

「世間知らず」

先日ある老舗ホテルのホテリエと最近のホテル業界について話をする機会があったのだが、話をしていてもどうも知らないことが多い。そこで、普段どんな方法で情報収集をしているのか尋ねると、一般人と同じくメディアだったりSNSだったりと、ごく普通のリソースだという。今話題のホテルやレストラン、最近開業した商業施設などに行ったのかと聞くと、「なかなか時間がなくて」と笑っていた。

一方で、業績の良い某ホテルの総支配人と話をすると、彼はいつも「昨晩はどこでご飯を食べていろいろと新しいプレゼンテーションを学んだ」とか、「先週はうわさの商業施設を視察してきてこう感じた」とか、新しくできた近くのホテルにも滞在し、さまざまな分析をしていたりと、とにかくよく外に出て観察し、学んできている。

ホスピタリティーのビジネスにおいてはサービスを提供する側がゲストのニーズを知ることは大事であると誰もが理解していることだろう。にもかかわらず忙しいなどと言って自分のホテルから外の世界に出ず、世間知らずになっているホテリエは少なくない。

新しくできるホテルはもちろんのこと、商業施設やはやっている店、メディアで注目されているファッション、トレンド、文化、アート、音楽さまざまな動きなど、テレビや雑誌くらいのネタも知らない人がいて、どうやってゲストが欲しがるものを考えることができるのだろうか。片や、精力的に動き、自ら体感し、学び、まねをし、改善し、最終的には自分のものにしている人もいる。

外へ出ないホテリエと、出て動くホテリエとでは、圧倒的に差が出る。持っている情報量とその質。そして当然、業績や評価にも。

しっかりと自分たちが想定したゲストが何を求めているかを理解し、提供することができないと、これからもっと激しくなる競争の中では負けてしまうのは当然だ。

忘れてはいけないことは、**ゲストは常にさまざまな施設を利用し、さまざまな視点でそれを良い、悪い、と判断をし、評価をしている**ということだ。彼らがこういうふうにして欲しいとか、あそこのようにならないのかなどとコメントをしてもらえたとしても、外の世界を知らなければ言っていることすら理解できない。当然、改善もできない。

忙しいから行くことができないというのは言い訳でしかない。

やる、やらないは皆さま自身がそれぞれ決めれば良いことだが、役に立つ情報を得るためには、実体験が必要だ。散々クレームを受けてから直すのではあまりにも遅すぎる。外に出て多くを学び、自らを省みて、ゲストから指摘を受ける前に改善していくくらいの姿勢であって欲しいものだ。

2013.6.21 掲載

「攻めていますか」

皆さまは今、どれくらい新しいことへのチャレンジやイノベーションに取り組んでいる＝攻めているだろうか。

時代が変化していく中で、確かに守るべき伝統というのもあるのかもしれないが、さまざまな試行錯誤や検討の結果「やはりこのやり方でいこう」というのと、ただ盲目的に「伝統を守って」ではわけが違う。

常にチャレンジやイノベーションを要求される環境にいると、「もっと良い方法があるのではないか」と日々の仕事に対しても感性が敏感になり、提供しているサービスのクオリティーや目の前のお客さまの表情を細かに気にかけるようになる。

以前こちらで紹介をさせていただいたケンピンスキーホテルズのＣＥＯであるレト氏は、各ホテルの総支配人に対してどのくらいイノベーションを考え実行しているか、定期的にレポートをさせているという。

同グループのヨルダン　アカバで総支配人を務める江上氏は、そのために毎月１００くらいのアイデアをスタッフから集め、検討し、その中のいくつかを実行しては検証を行なっているそうだ。その結果、「フロントシステムからプリントアウトする際の音がうるさいのでは」と音をさえぎるためのカバーを開発したり、「ロビー清掃のスタッフが持つごみ袋の見た目をきれいにした方が良いのでは」と各ホテルがオリジナリティーを出したごみ袋やケースを開発したりと、さまざまな気付きとアイデアが生まれてくる。

将棋の羽生善治氏の著書『決断力』でも氏はこう語っている。「勝負の世界では『これでよし』と消極的な姿勢になることが一番怖い。組織や企業でも同じだろうが常に前進を目ざさないと、そこでストップし、後退が始まってしまう」。

また、氏が七冠を達成した際に尊敬する米長邦雄氏から釣った鯛をたとえに言われた言葉「じっと見ていてもすぐには何も変わりません。しかし、間違いなく腐ります。どうしてか？時の経過が状況を変えてしまうからです。だから今は最善だけど、それは今の時点であって、今はすでに過去なのです」は彼の胸の中に深く刻まれているという。

どの世界も同じである。われわれの世界にも想像を超える数のホテルやレストラン、ブライダル施設があり、中には日々新しいアイデアを生み出し、チャレンジしているところもある。仮に今自社が安泰だとしても、それはすでに過去の結果であり、守りに入ればいずれ負けてしまうだろう。

あらためて聞きたい。「今、あなたは攻めていますか」

2013.7.12 掲載

39

「そのメモはどうなるのか」

最近、幸運にも経済産業省副大臣、千葉県知事、京都府副知事などにたて続けにお目にかかる機会を得た。彼らとは観光関連の話をすることが多いのだがそのときに気付いたのが、この人たちはともかく、周りにいる人たちがやたらとメモを取っていることだ。

そんなときに偶然、本誌でもおなじみの柴田励司さんの本『遊んでいても結果を出す人、真面目にやっても結果の出ない人』(成美堂出版)を読んでいたらこんな文があった。

「『ちゃんとメモを取りなさい』という教えを受けてそれを実行している人たちがいる。相手の話を耳で聞いているだけでなく、その内容をしっかりと手で書き残しなさい。とりわけ、上司が部下に話をしていることをメモしないと、たしなめる上司もいる。

しかし、それが本当に仕事の役に立っているだろうか。むしろ妨げになっているのではないか。ある有名な企業に呼ばれて社内で選ばれた優秀な人たちとセッションをした際にも一生懸命メモを取っているのでノートを覗いてみると、みんなきれいに整理されたメモ書きになっている。

さすがエリート達である。ところがこちらは彼らの顔や表情を見渡しながら話しているのにさっぱり向こうは私の方を向いてくれてない。しかし彼らが本当に私の話を理解しているのか。といえば実はそうでないことも多い。

結局メモを取ることに満足をしていて仕事ができることとは違う。日本で最も優秀な人間の集団と言われている人たちでも同じだったりする」メモを一生懸命丁寧にしても、理解していない、仕事として生かされない。

皆さまのホテルやレストランではどうだろうか。今日の会議、朝礼で話された大事な話は、どれだけ実行に移されているだろうか。メモをするのは良いことかもしれないが、メモに残すだけでは困る。実行する気が本当にあるのか、そちらの方が大事なのだ。

過去に何度も体験をしてきたが、ホテル関連のセミナーなどでは良い話がたくさんされても、それを一生懸命メモしている人は数多く見てきたが、実際に参考にして実行したという話を聞くことは非常に少ない。

メモを取る、こんなアイデアを聞きました、素晴らしい話でした、というのは良い。しかしポイントは、それを参考に明日から生かせるのか、**そのネタを検証して実行レベルに持って行けるのか、いつまでにそれをやるのかという点であり**、それは最終的にはそのユニットのリーダーが決められるかどうかである。

さあ、今日あなたがしたメモ、あなたの目の前でされたメモ、それは最後どうなっているのか。見直してみてはいかがだろうか。

2013.8.23 掲載

40

「トップの覚悟」

以前ある食通の評論家と「ミシュランの3ツ星店よりも、1ツ星、2ツ星で上を目指して頑張っているお店の方が面白い」(フランス国内の星付きレストランの話)という話で盛り上がったことがある。さらに上を目指して頑張っている店というのは発展途上であり、上を目指しさまざまなチャレンジをするなど、店に緊張感があり気合が入っているように感じるせいだろう。

開業したばかりのホテルやホテルビジネスをはじめたばかりの人間も同じで、危ういところも多いがその分伸びしろがあり、一生懸命な分将来に対する期待も大きくなってくる。

創業時のザ・リッツ・カールトンも同じであった。私が初めて同社を訪れたのは1980年代。当時はまだ全米に8軒のみ展開しているころであったが、当時の社長以下の幹部たちはそのほとんどがハイアットからの移籍組で、彼らがよく「ハイアットでできなかったこと、やりたいと思っていたことを徹底的に話し合ってさまざまな取り組みをしている」と言っていた。

最近、ニューヨークやロンドンで話題のホテルの一つ『Ace Hotel』もそうだ。その創業者の多くはスターウッドの『W』にかかわっていたメンバーで「『W』でやりきれなかったこと、そこで学んで得たことをさらに進化させる」という姿勢でつくったコンセプトが多くの地域でうけているという。

多くのホテルやレストランは、創業時は大きな野望と熱い思いを持って独自のカラーをつくり上げる。そこにはものすごいエネルギーが働いていて、うまくいくとあっという間に人気ブランドとして世界にその名を轟かせる。

そして世界中から出店のオファーが殺到し、どんどん店舗を増やしていく。ビジネスモデルを確立しながら50軒、１００軒と増えていくのだが、時間がたつと、創業メンバーがいなくなったり、またはその精神が失われたりし、当初のものと別物になっていることとすらある。

創業の思い、姿勢を失うことなく企業を続けていくことは容易ではない。市場やトレンドの変化、メンバーも変わっていく。しかし、最終的にそのホテルやレストランをつくるのは人である。そこにいる人の思いや姿勢、生き方がそのまま出る世界なのだ。時には過ちも犯すし問題だって発生する。しかし、**最後はそこにいる人が本気でどうしたいと思っているかが大切である**とつくづく感じる。そしてそれをつくるのは、誰でもないトップである。順調なときも、嵐のときも、それを乗り越えてゴールに向けて進んでいけるか、それはトップの思いにかかっている。トップには、それだけの強い思いと覚悟が必要なのである。

2013.11.15 掲載

41

ピカピカの店

先日、辻調グループ代表である辻芳樹氏の著書『和食の知られざる世界』（新潮社）を読む機会があった。

昨年ユネスコの無形文化遺産に登録をされた和食であるが、日本人が想像する以上に世界では和食がブームだそうで、この3年間で世界の日本食レストランの数は2倍近くに増えているという。

和食が世界で注目され広がっていく一方で、まだ和食というものの本質まで適切に発信をできておらず、日本の外で展開している和食レストランの中には日本人の考える和食とはかけ離れた料理が提供されているという現実もあるようだ。

日本の武道である柔道の中心地がフランスのパリに移ってしまったようなことも当然危惧されることであり、継続的な文化の継承と発展のために、それぞれが日本の食文化の未来をどのようにデザインしていくかということについて考え、役割を担っていく必要があるはずだと書いてある。

「和食」そのものに対する考え方は実にさまざまな立場があるが、店＝レストランを作る考え方は、ホテルも街場も同じだと思う。同書に「料理は総合芸術」という見出しと共にこんなくだりがあった。

「料理は全て同時進行だ。掃除の仕方、表方のサービスの態度。そういうものを見れば、その店でどの程度の料理が味わえるか、私には感じられる。逆に言えば、どこかに欠陥がある店の料理には期待はできないということだ。店のしつらえから女将さんの物腰、料理に使われる器のレベルまで、トータルなものが料理だ。だからいい店は店構えもそれなりのものになる」

飲食店のトップレベルを追求する姿勢はホテルでも同じ。これまで世界中の数多くのホテルを見てきたが、ヨーロッパの名門ホテルなど私が良いホテルだと感じるホテルはメンテナンスが行き届いていて愛情が感じられるくらい施設を大切にしており、そういうホテルは当然ゲストも大切に扱ってくれる。アジアで言えばバンコクのオリエンタルホテルは、80年代から30年間通っていたが、いつ行ってもロビーの大理石や窓などピカピカに磨いてあった。

ホテルのオーナーやマネジメントの姿勢がそのままホテルの隅々に現れる。辻氏が書いていたように、行き届いた店に行くと料理に期待をするのと同じで、ピカピカのホテルに行くと私もワクワクする。ホテルマネジメントの皆さまには、ぜひ自らのホテルがピカピカであるか、戦う準備をする中で確認をしていただきたいと思う。

2014.1.24 掲載

42

負け戦《いくさ》

直木賞作家である深田祐介氏に私が中学生のころお会いしたことがある。当時は日本航空のロンドン支店駐在員をなさっていて、私は父と3人でお会いした。深田氏は当時の日本人にしては珍しくイギリスのスーツをきれいに着こなし、食事の際の会話も幅が広く、とても素晴らしい方だと感じたことを強く記憶している。

その深田氏が、当時大阪・阿倍野の辻調理師専門学校の校長だった辻静雄氏の著書『ヨーロッパ一等旅行』（1977年 新潮社刊）のあとがきとして寄せたエッセイを拝読する機会があった。

「辻氏と対談した折、氏は『負け戦《いくさ》を知らない料理屋は駄目だ』と言った。

他所《よそ》の料理屋に行って、そこの名物料理を食べて、『こいつは参った』と言わば平然と戦《いくさ》に負けて、そこで自分の負けた料理に改めて好奇心を燃やすような主人がいなくては、料理の向上はおろか、商売そのものも落ち目になってしまう、というのである。

この本の執筆動機になった、『吉兆』主人の湯木貞一氏など、この『負け戦いくさ』の名人で、多くのほかの老舗《しにせ》が凋落《ちょうらく》してゆくなかで、いよいよ地位を高めているのは、その負け戦ぶりがみごとだからだ、と氏はいう。

しかし『負け戦の名人』は、実は辻氏その人ではないか、という気がする。氏がダイナミックで、なお且つイキイキとはために映るのは、おもうに『連戦連敗』の人生を送ってきたからではないか。（中略）料理、音楽、語学、いずれも「負ける」のには才能が要るのである。才能に恵まれた人のみが『連戦連敗』の名将になれるのである。」

私は以前から、ホテルやレストランの人たちがほかのレストランに〝勉強〟に行ってきた話を聞くと、「あれはダメだ、うちの方が良い」というような〝粗探し〟になっているケースがよくあり、それは勉強になっていないと書いてきたが、まさにこのことである。

視察に行き、自分たちより劣っているところを見るのではなく、自分たちができていないことを見て悔しがること、何かを感じること、つまり「負けた」と認めることで、自分たちの成長につながる。

そしてリーダー自身がそれを実践することが重要だ。リーダーが現場の忙しさに忙殺されていてはいけないし、視察に行ってほかの粗探しばかりをしていてはいけない。

隣にあるホテルやレストラン、世界のホテルやレストラン、今はやって気付き気づき、そして現場のスタッフたちに伝えること。これらもリーダーの大切な仕事の一つなのである。

2014.5.16 掲載

43

「売れる理由」

よく自分でも同じ世界でビジネスを展開しているのに、ほかのホテルやレストランの商品やサービスを「あんなモノが売れる理由が分からない」と悪口を言う人間がいる。

価値観や目線、感覚の違いによる指摘は素人だって誰にでもできることであり、同じホテルやレストランの経営者が、自分のところを差し置いて文句を言っているのを見ると「なぜそこから学ぶのではなく批判ばかりなのか」と冷ややかな感じで見てしまう。

先日、作家の中谷彰宏さんの著書『一流の人が言わない50のこと』(日本実業出版)の中にも左記のように書いてあった。

「大切なのは、それが売れている理由を考えることです。理由もなく売れるモノはないのです。よそのヒット商品には表層的な分析をしがちです。東京ディズニーランドが大人気なのも、『だってディズニーランドだもん』で終わりです。それなら、ほかの世界のディズニーランドは、どうしてダメなのか。東京ディズニーランドだけが、なんでこんなに稼いでいるのか。そんなことは考えません。厳しい日本のお客様に合うようにアレジされたから、生き残っているのです。スターバックスもしかりです。(中略)

売れているところは、すべて厳しい戦いをして、細かい工夫を積み重ねています。『ディ

ズニーランドだから売れる』とか『スターバックスだから売れる』ということは、ありえません。（中略）

宝塚もジャニーズも劇団四季も、売れるためにはとてつもない工夫を積み重ねています。それを分析して研究すれば良いのです。

二流の人は、分析をせずに、感覚評価をします。『感覚評論』と『分析』とは違います。分析には善悪も、ねたみ・やっかみも伴いません。

うまくいっているものは、きちんと分析をしてマネします。その時に、表層のマネだけではなく、本質を見抜きます。本質を見抜くために、実体験が大切なのです」

マネジメントが表層的な分析しかできていなければ、その視点はほかのスタッフたちにも感染してしまう。**マネジメントは本質を見抜くために表層的な分析や人の言ったことの受け売りなどせず、まずは自ら体験をし、分析をすることが重要である。**

そして、良いと思えばどんどんマネをすれば良い。しかしそれは結局オリジナルと同じものにはならない。なぜなら最終的にそれを形にして届けるのはそこで働く〝人〟だからである。

その人や組織の個性が必ずそこには反映され、そこが差別化のポイントとなる。だからこそマネジメントは〝人〟を磨くことも怠ってはならないのである。

2014.6.20 掲載

FROM THE PUBLISHER

2

マーケティング視点

44

「ブランドホテル」

イタリアのミラノに新しいタイプのホテルが誕生した。「ブルガリホテルミラノ」である。マリオットが運営を担当し、ホテル内の基本コンセプト、デザインはブルガリ社のデザインチームが手掛ける。

オーストラリアには亡くなった世界的なイタリアのデザイナー、ジャンニ・ベルサーチのデザイン・コンセプトが導入されたホテルがあり、中近東ではジョルジオ・アルマーニがデザインするホテルが建設中と聞いている。また、ブルガリホテルは次にインドネシア・バリ島に開業することも決まっているそうだ。フィレンツェではサルバトーレ・フェラガモの一族が経営・運営しているホテルがあり、ドイツにはカール・ラガーフェルドがデザインしたホテルもある。世界中のまだわれわれが知らないところで、ファッションブランドとのコラボレーションプロジェクトがあちこちで計画・企画されているようだ。

ほとんどのホテリエは「ブランドの強さは理解できるが、実際にだれが運営するかということがポイントで、それはそんなに簡単なものではないだろう」と言う。しかし、日本人などはブランドが最も好きな国民で、ルイ・ヴィトンやエルメスといったブランドがもし真剣に参入してくることになれば、安心はしていられないだろう。ちなみに、10年前にエルメスのドゥマ社長夫人に会った際に、エルメスとしてはその時点ではホテル参入はあり得ないと言っていたが、時間とともに何がどのように起きて実現するかは未知である。

成功するかどうかということがポイントではない。ニーズの変化に応じて新しくゲストを取り込むにはどうしたらよいのかを考える時期だということである。また、海外からくる世界ホテルチェーンと何が違うのかをよく研究することが大事で、同じ発想で勝負するのではなく、どんな商品でだれを喜ばせてビジネスを展開するのか、またそれは今の市場に通用するのかというポイントだと思う。

新しいホテルコンセプトやデザインは、別のところから生まれるケースが多くなるだろう。都内でレストランを経営しているオーナー社長に、株式の公開をした後の戦略の中に「機会があればホテルをやってもよい」という人は少なくない。また、彼らはすでにつかんでいるかなりのゲストから考えると、マーケットに影響があることは間違いないとも思われる。

そういうタイプのホテルに引かれるマーケットは、「サービス重視」でいろいろとわがままを聞いてくれるホテルを求めている。そして、**デザインにはある程度の「セクシーさ」、限りなくおしゃれな住居に近いデザイン、自分の「ライフスタイルに合ったホテル」を探している**。キーワードとして「日本らしさ」が求められるのではないか。

2004. 5.21 掲載

45

「選食」

東京・銀座にある「黄金乃舌」という店をご存じだろうか。

この店は、今後飲食業を経営していく上でだれもが真剣に考えなくてはならない「環境問題」や「食育」を感じさせてくれる。メニューを拝見しているだけでいろいろと学ぶことができたり、素材を作っている人たちや、漁師の思い、また、そのパッションを感じることができるレストランなのだ。

この店の経営者である㈱フードスコープの今井浩司代表取締役社長は、１９９７年に東京・恵比寿の焼き鳥屋「えびす今井屋總本店」からスタートした。彼の勝負するポイントは「プロでもなかなか手に入らないような食材を使うこと」であった。作っている人や毎日その素材を見ている人にしか分からない本物の素材を手に入れるために、毎月14日以上、農家や漁港、畑に足を運んでいた。

「東京のレストランは電話一本でネタを仕入れる人が多い」と言う産地の人々にとって、わざわざ来てくれて、顔を見せる今井氏に、同じマグロや肉でもほかの人よりよい商品を流すのは理解できるし、ある意味人間の心理として当然だろう。

秋田県・比内でも17軒ほどしか本当に放し飼いで育てている鶏はないそうで、その鶏を主に使用した究極の焼き鳥店が「今井屋總本店」。ここで初めて食べた四国の田村農園のトマトの甘酸っぱさは、昭和40年代初めに食べていた懐かしいトマトと同じ味であり、酸味と甘味のバランスが素晴らしかった。永田農法は水を極力使わないので、ものすごく小さいのに重たいトマトであったことを今でも思い出す。その後、都内にいくつかコンセプトの違う店をオープンしたり、同じ店名で開業したり、国内外の牡蠣《カキ》を中心とした美食の「米門」、そして昨年ニューヨークのトライベッカに「ＭＥＧＵ」などをオープンし、全部で27軒ものレストランを現在経営している。

ＢＳＥ問題などにより、だんだんと消費者の素材に対する考え方が変わり、自分で学ぶ時代に入ったと言える。今後さまざまなところで「正しい食材を選ぶ知識＝選食」の情報が増え、どのようなものをどれくらい摂取したらよいかを消費者が知れば、いいかげんな食材は絶対に外食では使えなくなる。

医者も薬だけでなく、再度「医食同源」をアンチエージングの基本とするようになれば、外食では、**「この食材はどこからいつ来たのか」「だれがどのような思いで育てたのか」が重要になるだろう**。日本で育った素材を食べられるようにするには、たくさんの方々が意識改革をしないと難しい。どのくらいの時間がかかるのか分からないが、われわれの業界全体もそういう方向へ進んでいき、次世代に汚点を残すことなくサポートしていきたい。

2004.10.1 掲載

46

「クレームの教訓」

サービス料については昔からいろいろと言われているのだが、これについて真剣な話をするのはむしろホスピタリティー産業に携わっている人たちの方がはるかに多い。一般消費者はそれほどうるさくないので、今でも毎日当たり前のようにサービス料がチェックに加算され、支払われていることに対する意識が薄いような気がする。これほどサービスの強化があちらこちらで話されているにもかかわらず、明確な答えを出せるところが少ない。「決まりですから」で済まされているのが不思議であるが、それが現実なのだ。

20万円のスイートに泊まったゲストと2万円の普通の部屋に泊まったゲストのサービス料は、支払いの際に10倍の差がある。アメニティや部屋の広さは別として、人的サービス10倍違うのか。答えは「ノー」である。払える人はそう思わないだろうが、スイートに泊まる機会の少ない人はある程度期待するので、余計敏感なのだろう。

先日、都内の外資系ホテルのスイートに泊まったある有名雑誌の編集長が期待外れのサービスで大変ショックを受け、会う人会う人すべてにその問題を話し、いかにそのホテルが20万円以上も支払った自分に冷たかったかを強調していた。私が会った際にも同じ話をしていたので、すぐにそのホテルの総支配人秘書に連絡し、その編集長の元へ行って謝罪した方が良いのではないかと伝えた。ホテル側も事の重大さを後で認識してリアクションを取ったが、双方が納得するまでの期間は大きな機会損失になった。それだけ人に影響力のある人間が話せば、その話はものすごいスピードでより多くの人に伝わるからだ。

ホテルやレストランのポリシーとして、取れるはずのサービス料に対してクレームが入った際に、どこまで**ゲストが納得のいく説明が可能か。そのシミュレーションをしておくと良いだろう**。また、自分の施設とサービス内容においてどの場面でクレームが生じるのか。そしてその解決法を考えておくことも必要だ。だれかがきちんと対応したり、努力すれば乗り越えられるクレームをそのままにしておいたり何もしないから、問題が起きるのである。ラインスタッフは毎日クレームに遭遇するから少しは考えているはずだ。問題は経営者がそこまで見ることができていないことだ。

「余計なことはしない方がよい」という間違った観念を生みやすい組織の在り方が問題だろう。余計なことをするのがサービスというが、相手を見て判断する力も必要なので、それができることがプロであり、金の取れるサービスになっていくのだ。ご存じ、ザ・リッツ・カールトン大阪ではサービス料は13%だ。ゲストが喜んで支払うなら、もっと取ってもいい。自信があるならどんどんサービス料を上げ、その分をインセンティブとしてスタッフに返す方がよっぽど彼らのサービスに対する意識が上がるのではないだろうか。

2004.12.3 掲載

47

「貢献度主義」

先日、小誌の編集委員であるマーサー・ヒューマン・リソース・コンサルティング㈱の柴田励司代表が企画した「マーサー・トップマネジメント・セミナー」にお誘いを受け参加してきた。「人事戦略の最新トレンド」ということで、当日のテーマは「成果主義は本当に悪か」。古川康佐賀県知事、クーバー・コーチング・ジャパンの石橋慎二代表、サイバードの中島謙一郎常務ら参加者10人の意見は「やり方はいろいろとあるが、考え方としては当然」ということ。世間で失敗している多くのケースである成果主義もどきは別として、いまどき年功序列でいくよりも当然な選択である。成果主義というよりは、会社に対する貢献度で測る「貢献度主義」と言った方が分かりやすいかもしれない。つまり、単なる個人ベースの成果でもなく、組織としての目標や結果に向けて個人がどう行動し、どれだけ貢献したかを評価しようという話である。現場、特にウエーターやソムリエ、ホテルならフロントデスクやリザベーションなど人による結果が大きく出るエリアは、すべて貢献度が測れるはずである。その仕事を実際にやったことがない人には、その仕事がそもそもマンネリとの戦いであることすら知らないから、インセンティブが精神的にも大切であることを理解できないだろう。プロが育たないのはここに問題がある。

例えばホテルで10人のフロントクラークにいわゆるチェックインの際に「アップセル」をすることを義務付ける。インセンティブの導入で毎月200万~300万円のアップセルを計上したホテルが都内にはある。しかし、結局いつも数字を上げるのは同じ2~3人の顔触れである。彼らはそれにたけており、好きだからできるのであろう。この2~3人のスタッフが利益の8割を生み、残りのスタッフはそこそこであるケースが多い。そうなると、しっかりとした**インセンティブ制度こそが、その優秀な社員が会社へのロイヤルティを感じることができるかどうかのキー**となる。

貢献度への対価を支払っているところと、そうでないところに差が出る。していないなら、ほかからもっと面白くてやりがいのある仕事をオファーされたら、彼らはそこへ興味を示すだろう。そうすると、翌年から同じレベルのアップセルは続かなくなり、常に売り上げアップを考えるスタッフはいなくなってしまう。最近の傾向として、ヘッドハンティングの矛先は「できる人」に絞られ、高いレベルでの人の奪い合いが激化すると思われる。職場環境を常に本人と確認し、磨いている会社では、人事の入れ替わりのスピードも遅く、無駄なコストを使うこともない。これというモデルはないとは思うが、何らかの形でできる人を自分の会社でキープする仕組み、そしてその人たちがやる気を出し続けて数字を上げられるようにする環境はつくるべきであろう。

2005. 2.25 掲載

48

「サービスの強弱」

筆者は昔、相当海外へ出ていた時期がある。1980年代初めから湾岸戦争が終わるころまでの10年間、毎年約150日ほど海外へ取材・営業・リサーチに行っていた。さまざまな航空会社をほとんど利用させていただいたが、当時一番使わなかったのが「過剰サービス」で有名だった一社だけである。理由は、その会社の「サービス」が一番自分に合わなかったからだと記憶している。これだけ飛行機に乗ると、求めるサービスと言えば時間にきっちりと出発し、到着すること、そして預けた荷物が早くピックアップできることだけだ。機内サービスは何も期待しないし、要求もない。ホテルやレストランでも同じく、人によって〝ウケる〟サービスと〝余計な〟サービスがあることをスタッフは意識して欲しい。焼き鳥屋ではないかと思うくらいの大声で「いらっしゃいませー」と大げさに迎える洋食レストランに対して、「もしここに不倫のカップルが来たら、二度と来ないだろうね」と伝えたことがあるが、そのようなウエルカムスタイルから、会ったこともない従業員から気軽に名前を呼ばれたり、ダイエット中で欲しくもない一品を「シェフからのサービスです」と出されたり、「皆が喜ぶから」という理由でサービスを押し付ける店もどうかと最近考えるようになった。相手の状況、考え方をもう少しうかがうこと、相手を知ることを学ばないといけないと思う。

年中利用している人とたまにしか来ない人によってサービスの強弱があってしかるべきだろう。この強弱の見分けがとても難しいから、店主がいる店とサラリーマン支配人のいる店の差が出るし、サービスを本当に相手側に立って考えられるタレントを持った人間と、何年やっていてもそういう感覚のない、プロらしくない鈍い、ホテルやレストランのスタッフが多いことには驚きと怒りさえ感じる。

マニュアルである程度スタンダード化しているが、とても簡単なリクエストに対して、あまりにも粗末な回答をするスタッフがいて、もったいない店も多い。紅茶とミルクがあるのに、ミルクティーはメニューにないから出せませんというのと同じである。そういうとんでもない答えをするスタッフのほとんどが面倒くさいからリクエストにこたえないそうだ。

何のためにサービスマンという仕事をやっているのだろうか。不思議である。あるホテリエが、「『自分の両親がリクエストを出した』と考えてみれば、普通はやるであろうことをやらないというのは、『ゲストが言うことを一つくらい聞かなくてもいいだろう』という甘えがある証拠だ」と言っていた。甘えが多過ぎるこのごろのホスピタリティー産業では、事業主は**しっかりとしたサービスを提供しているか、また、そのサービスが過剰ではないか、適度な強弱がつけられているか**どうかを考えてほしい。

2005.3.11 掲載

49

「プールビズ」

毎年この時季になるとホテルのプールに行くが、サービス内容が幼稚でがっかりする。マネジメントの思いをまったく感じないのだ。

もともとプールを売りにしている夏型のリゾートホテルになるとこの話のレベルは変わってくるのだが、都内や都市部でのプール運営はこの数年でスパやフィットネス、エクササイズ用としてのプールになっていて、本来のプールとしての楽しさも、感動もないのが機会損失でもったいない。

プールを持たないというホテルのスタンスは明確であり、その結果、獲得できない営業先は出てきたとしても、それが足を引っ張るほどにはならないので問題にはならない。

問題なのは、プールを持っていて、それに合わせた企画やパッケージまでつくっているにもかかわらず、まったくお粗末なサービスをしているホテルだ。そしてゲストもあまり大きな声では文句を言わないので、お互いのためになっていない。

レストランや客室を改装する際に、ゲストコメントをよく参考にするだろう。スパにしても専門家を雇い、トリートメントメニューの開発や教育を依頼する。しかし、プールビズの専門家はいないし、ましてプールでお金を落とす層などを見つけることもできないだろうし、そもそもだれに相談をしたらいいかも分かっていないのだろう。だから、何年たっても進化しないサービスをし続け、理不尽なことを繰り返すのだ。

プールサイドで提供される食事とそのプレゼンテーション、そしてタオルの制限にはあきれるばかりだ。ぜいたくを売るホテルで、街中の安い銭湯にあるものより薄いタオルが出てくるのは怒りを通り越すし、それに対してチャージしようという発想にはあきれる。

海外のホテルのプールサイドで出会うスタッフの笑顔や、ちょっとしたお願いに対する適切なサービスを少しは見習ってほしい。基本がまったくできていず、あまりにもひどすぎる現状を認識せず、コスト重視と言って何の対策もとらないのであれば、これはゲストをある意味ばかにしているとも言える。やるならしっかりとやる、できないのであればやめた方がよっぽどよい。プールやスパなどは、今までとは違い、今後はプロフィットセンターになり得る可能性を秘めている。だからこそ、しっかり内容を見直した方がいいだろう。そうすることがゲストのためであり、何よりそこで働くスタッフのモチベーションのために大切である。

元ホテルオークラの橋本保雄氏は、よくホテルのプールサイドでＶＩＰや顧客にあいさつをして回っていた。いまはだれ一人としてプールという存在をホテル全体のマーケティングに活用したいと考えながら動いている人間がいない。それが残念でならない。

2005. 8.19 掲載

50

「ベストプラクティス」

ホテルの清掃担当スタッフは何をするためにいると思われるだろうか。「掃除だ」と答えるのが普通だが、あるホテルでは違う。すべてのスタッフは「お客さまを喜ばすためにいて、その間に掃除をしたり、ほかの仕事をしている」となるのだ。そのホテルでは全員の気持ちが常にゲストに向かっており、ゲスト同士のちょっとした会話も聞いている。

例えば、ある日、清掃担当のスタッフはレストランへ続く廊下で壁の掃除をしていた。レストランに向かっている二人の女性客の会話から、どちらかが誕生日であることを耳にしたスタッフは、すぐにそのゲストの後ろからついていき、レストランの支配人に「いま入られた二人のどちらかが今日誕生日みたいですよ」と伝えた。レストランのスタッフは徹底的にどちらが誕生日なのかをサービスをしながら考え、情報を得ようと努力した。最終的にどちらが誕生日なのかが分かり、ランチの終わりにささやかなバースデーケーキをサプライズデザートとして提供することができた。その女性は大変感動し、そのことを夫に伝えた。翌週、ある大きな製薬会社からホテルに1千万円近い宴会の話が転がり込んだ。なんとそのレストランでバースデーケーキを受け取った女性のご主人は、その製薬会社の会長だったということだ。

どんな仕事をしていても、ホテルやレストランでは何よりもゲストが優先であるということ、またゲストを意識していつも相手の立場で物事を考えるようになると、このような伝説も生まれるということをこの話は教えてくれる。

そのホテルの名前をここに書くべきか。そうするべきなのだろうが、残念ながらわが日本にはもう一つ問題がある。人より少しでも上に行くために努力するのは当たり前なのに、よいことをしようと頑張っている人の足を引っ張ろうとする人が多い。「またあそこか」とか「いつも決まったホテルやレストランが」となる。もっとひどいのは「あそこはできるけど、うちはできる環境にない」と言い切る人もいる。そのことも問題だろう。

海外では、前出のような出来事や成功例を「ベストプラクティス」と呼んでいる。**世界のホテルやレストランでの成功例や感動を呼んだサービスを集めて、少しでもそれから学び、スタンダード化しよう**という考え方なのだが、日本ではまだこういったことを認めようとしない。なぜだろうか。人を、ホテルやレストランをけなすこと、悪口を言うことを少し控え、褒めてよいところを見つけ出してあげることも、必要ではないだろうか。

私は情報を集める立場なのでさまざまな人と話す機会が多いのだが、残念ながら悪口を言う人が多過ぎるように感じる。この風潮が直らない限り、すてきなベストプラクティスも無駄になってしまうだろう。

2006. 4.21 掲載

51

「キャッチボールしようよ」

1983年、サンフランシスコに出張に来ていたわれわれとゲストの総勢4名で、当時オープンしたばかりの人気レストラン「プレゴ」に連絡すると、「6名以下の予約は取らない」とのこと。レストランに直接向かい状況を見ることにすると、レストラン内はもちろん、バーもすべて人で埋めつくされていた。そこで、フロントに立っている支配人らしき人間に、「4名だとどれくらい待つ」と聞くと「だいたい40〜60分かかりそうだ」と言う。アメリカでは予約なしのウオークインゲストが、そのレストランのバーで1時間ほど飲みながら、テーブルが空くのを平気で待つ。「ではバーにいるからよろしく。でも、東京から長旅できているので疲れているし、可能ならなるべく早く座れるようにしてほしいな」と伝え、20ドルくらいの現金を彼に渡しておいた。「今すぐ座らせろ」というメッセージではなく、「可能であれば」と先方の事情も考えてのお願いである。結局、このときは10分もかからずに、すてきなテーブルに座ることができた。同席していた社員はびっくりしていたが、私自身がチップをもらう側にいた体験があるからこそ、**「誰に」「どのタイミングで」「どのように」ということを、理解していたから成功した**ケースかもしれない。

チップを渡したからと言って、何でも可能になるとは限らない。例えば店側に「あのテーブルあと数分で開くだろうな」という〝読み〟があっても、実際にはなかなか帰らないケースなどは、人気店の店長をやった人間だったら誰もが体験したことだろう。店には店側の都合もあるが、客側も当然都合があり、双方の都合を店側がコントロールすることが必要である。それには予約を受ける人間が、戦略的に予約を取っているかどうかが大切で、二回転以上する人気店では必要なスキルだと思う。

いっぱいになる時間帯は予約で埋めず、その前後に振ることによって、最大限回転させる仕組みができる。だが、最近のレストランの予約担当の多くは、戦略的な予約行為をまったくやっておらず、ただ「いっぱいです」と言うだけ。「キャッチボールしようよ」と訴えている客に、相手のことも知らずに「嫌だ」とその場で断っているようなものだ。

人気レストランに電話してみると、海外などでは「そうか、いっぱいか。でも行ってみたいな」と思わせてくれるから素晴らしい。そこには、会話のキャッチボールをしながら様子をみましょうと、簡単にはあきらめさせないような戦略がある。

「いっぱいです」と断られるよりは、「何とかしてみましょう」と言われた方が、やはり気持ちがいい。そこには客側の努力も必要だったりするが、店側からすれば「あなただけ特別ですよ」というイメージを相手に伝えることが、次につながるのだと思う。皆さんは、キャッチボールをしていますか。

2006.11.24 掲載

52

「トップセールス」

いつの時代でもリーダーのトップセールスは重要である。カルロス・ゴーンやジャック・ウエルチ、その他有名なリーダーたちは皆トップセールスを行なってきた。トップ自らが、プロモーションや販売をサポートするような動き、発言、姿勢が必要なのは当然である。

都内にもうすぐ開業するザ・リッツ・カールトン東京のリコ・ドゥブランク総支配人は、宴会場を下見に来たカップルが来ると、真っ先に声をかけてあいさつをして名刺を配る。もちろんこれだけでとは言わないが、かなりの確率で決定率が上がると宴会担当者は言う。顧客にとっても、そのホテルの総支配人自らが出てきてあいさつをしてくれることはありがたいことである。しかもそこで宴会を行なうと決まったら、すぐに総支配人から契約御礼の手紙が届き、手紙の中で「二人がご希望であれば、宴会当日私が皆さまにあいさつしましょうか」というオファーまでするようだ。実際に毎週土日の宴席で、総支配人のあいさつを各部屋で行なうというのは、本人は大変だろうが、そこまでやる意味、価値が宴会の利益には含まれているのだと彼は言う。

私は仕事の関係上、多くの方々から宿泊、宴会、会食の際にお勧めのホテルやレストランに関する助言を求められる。今年もある有名芸能人と結婚される方が、約８００人規模という結婚式を行なうため、そのアドバイスをしていたのだが、先日だんなさまの方からホテルの宴会場を見て回った際の感想を聞いた。いくつか見たホテルの中で決め手となったのは、ＧＭ自らが玄関で待っていてくれて、真っ先に出て来たことのようだ。それと相手は有名人のため、事前にいろいろと情報を取り寄せることが可能だったため、しっかりと準備をしていたことも良かったようだ。「こんな素晴らしい下見をしたことは、過去にありませんでした。宴会場の照明係責任者までも駆り出し、『何でもご質問にお答えできるような体制を整えておきました』とまで言われたら、私たちは99％心を奪われてしまいました」と感動していた。これはホテルニューオータニ東京での話である。

これから結婚式を迎えようとしている二人の期待値は当然高いはず。それに応えるようにホテル側も１２０％努力しなければならないが、そのためにはまず他社と比較検討をするゲスト側の心理を読むことが重要だ。「恐らく競合のホテルはここまでするだろうから、うちは何をしたら良い印象を持ってもらえるか」ということを戦略的に考えることだ。

ゲストの目線は年々進化している。情熱と実体験が豊富だから当然である。一方、ホテルやレストラン側の目線は以前と変わっていないということはないだろうか。ホテルやレストランでも、**ゲスト目線の進化のさらに一歩先をいかないと、とても大事なビジネスを取りこむことはできない**。改めてトップセールスの重要性を感じる。

2007. 3.23 掲載

53

「アイデアの連鎖」

ホテルの経営者や経営陣が普段、どれくらいホテルを使っているのかは分からないが、コンシェルジュを完璧に使いこなしている、もしくはその仕事の内容をよく理解している人が意外と少ないのには驚く。最近はやっと理解を示す経営陣も現れたようだが、ちょっと前まではその仕事内容と必要性が、ほとんど理解されていなかったように思われる。それは〝数字に表れない仕事〟だからだろうか。ホスピタリティービジネスでは、数字ももちろん大切だ。しかし前回も書いた通り、数字を重視するのであれば、逆に**すべてを数字で判断するのではなく、ホテルにとって、そしてゲストのために必要なものは何か**。その立地やマーケットにおいて、ホテルに必要な要素をよく理解することが大切である。

先日、日本において、ＡＮＡと合弁会社を設立したインターコンチネンタル・ホテルズ・グループの新しい試みを知る機会があった。それは、世界中のインターコンチネンタルホテルが、５～８分のビデオに各ホテルのチーフコンシェルジュを登場させ、自分のホテルの周辺の環境を紹介するというものであった。今まではホテルの広報や、広報からの依頼を受けた広告会社が作成するパンフレットや、ホームページ上の施設紹介などによってホテルをアピールしてきたが、どのホテルの宣伝物を見ても、それほど大きな違いは感じられなかった。それに対して今回は、ホテルスタッフ自らが出演するショートビデオの作成を新たに試みたわけである。しかもあえてホテル内ではなく、そのホテル周辺の見所やデスティネーションをプロモートするという点で、私はこの試みを高く評価したいと思う。

このほか、買い物、グルメ、観光といった目的別に合わせた情報も、コンシェルジュがセレクトして提供するというから、初めてその土地を訪れる人にとってはとても興味深いものになるだろう。

ここで私は、そういうアイデアを基に、コンシェルジュだけでなくほかのホテルスタッフが登場するビデオがあってもよいのではないかと思った。シェフが今月はどんなメニューを考えていて、どんな食材をどこから取り寄せるか。または、レストランマネジャーからのメッセージや、スパのスタッフからのメッセージなどが入ったビデオが流せたら、お客さまとしてはその人に会いに行こう、さらにはホテルで「あなたをビデオで見ましたよ」と実際に声をかけることにもつながるだろう。これは、今までとは違うお客さまへの新しいアプローチのきっかけとなると考えられるのではないだろうか。

いつの時代も必ず先にアイデアを出す会社、人がいるが、それを自社のみで囲い込むのではなく、それを基にもっと素晴らしいアイデアへ発展させることができたら、ホテル業界全体の活性化につながっていく。それはとても素晴らしいことだ。

2007.5.25 掲載

54

「行列に並ぶ人の心理」

ホテルやレストランでも行列のできる店はいろいろとあるが、並んでいるお客への配慮のあるところが、まだまだ少ない。海外ではチップを通して、店と店員とお客の間にさまざまな駆け引きやキャッチボールが行なわれる。そこでいかにほかのお客よりも、自分たちに有利に計らってもらうかの駆け引きが楽しい。一方、日本ではサービス業に携わる人の中に、「お客は全員平等だ」と思い込んでいるせいか、そんな駆け引きは皆無である。

クリスピー・クリーム・ドーナツが新宿にオープンした時、昼時には1〜2時間は行列に並んで待たないと買えないようだ。だが、列の最後尾では店員が「本日、どれくらい買う予定なのか」を聞いており、たくさん買う人には別の列を用意して、待ち時間を短縮する仕組みが導入されている。しかも並んでいる間に、できたてのドーナツを試食用に配っていた。この仕組みを考えた人は、素晴らしいビジネスの感覚を持っていると言える。この行為を〝ずるい〟とか、〝差別だ〟と思うか、そうでないと思うかに、ホスピタリティービジネスに向いているか、そうでないかが表れると思う。

現場にいるスタッフは、毎日マンネリと戦っている。そのため、店に協力的だったり、店の利益につながるゲストには、通常とは異なるサービスをすることで大事にするのが、そこで働く人間の心理として当たり前になっていく。「すべてのゲストを公平に扱う！」というマニュアルのお題目のようには、なかなかうまくいかないのがスタッフの本音だ。だから、そんな働くスタッフの心理を読んで、ゲスト側がうまくホテルやレストランを使いこなせればよい。しかし、ホテルやレストランとしては、**ゲストに自分たちの心理を読んでもらうことを期待するのではなく、ゲストの心理を読む努力をするべきだ**ろう。

それは、決してリピーターを大切にして、ほかの客を粗末に扱うということではない。全員に満足してもらうことを心掛けるあまり、初めて来たゲストも、大事なリピーターも同じ扱いにするという発想に陥ることに疑問を持つべきだと言っているのである。例えばすし屋や天ぷら屋で、カウンターの裏にいるオーナーなら、初めて来たゲストと常連を同じような扱いはしないだろう。それと同じ感覚である。

数年前に恵比寿にある今井屋総本店を訪れた際、行列に並んで待っているお客に冷たい生ビールやウーロン茶を振る舞っていた。それが、確実にファンを増やすのにつながっていった。「行列に並んでくださる」という発想と、「うちは並ばないと食べられないよ」というメッセージ。どちらが次につながるだろうか。

長い行列ができる東京ミッドタウンや新丸ビルでのお客の扱いを見ていると、「何てもったいない」と思う。皆さんは、行列に並ぶ人の心理をうまくビジネスに変えていますか。

2007.6.22 掲載

55

地元感覚

先日、レストランのグランドオープニングのレセプションに参加するため、久し振りにニューヨークへ行ってきた。そのレストランとは、中華の脇屋友詞シェフが、イアン・シュレーガー氏プロデュースのグラマシーパークホテル内にオープンした「WAKIYA」。イアン・シュレーガー、NY通ならだれでも知っている懐かしいディスコ「スタジオ54」の経営者として一世を風靡《ふうび》した人物である。その後80年代にモーガンズ、ロイヤルトン、そして後にマイアミのデラノや、ロンドンのセント・マーティンズ・レーンやサンダーソンといった「ブティックホテル」に携わったことで有名であるが、彼が最近プロデュースにかかわったのが、このグラマシーパークホテルだ。ちょうど私の滞在中に、NYでは〝ファッションウイーク〟と称する、ミラノやパリコレクションに匹敵するイベントが開催されており、世界でもトップクラスのファッション誌の編集長クラスは皆このホテルに滞在していた。各界の著名人、VIPなどが滞在することでも有名なホテルだ。

脇屋氏の海外進出にあたっては、最初はあの鉄板焼きで有名な「ベニハナ」のロッキー青木氏からも熱烈なラブコールがあり、グローバルホテルカンパニーからも破格なオファーがあった。しかし、いろいろと考えた結果、脇屋氏が10年ほど前に出会い、すでに海外で成功していたノブ・松久氏と、ロバート・デ・ニーロを筆頭とするレストラン投資家のグループのサポートを得て、今回の開業となった。脇屋氏の料理に対する熱意とセンスは日本国内でも高く評価されているだけでなく、海外、特に彼のような料理がほかにない米国において、今後の動向にだれもが注目するだろう。

日本から海外に出店する際には、「本場の味を見せてやる」と気負い過ぎないことが重要である。その国、その土地の人たちの好みをしっかりと見極めないといけない。そして、最も重要視されるのは、実はサービススタッフの質と地元感覚である。特にNYでは、VIPや要人をかぎ分けられるスタッフがいないと、ハイエンドなレストランは成り立たない。今回の「WAKIYA」のサービススタッフは、中国系アメリカ人や、米国またはNYの市場をよく知っているチームで構成されたことは大きい。

これは、地方から東京へ出店する際にも当てはまる。以前、名古屋から東京に出店したレストラングループのトップが、「東京では外国人客が多いから、英語のメニューや英語を話せるスタッフが必要なんですね」とコメントしていた。**〝ところ変われば品変わる〟と言うが、場所が変わることで新たに必要なものが見える**こともある。

今後、日本から海外に出店する店においては、ぜひ地元感覚を大切にして、彼らを尊敬し、その上でレベルの高い戦いをしていただきたいと願う。

2007.10.12 掲載

「オリジナルウエディング」

弊社で全国のＪＴＢウエディングプラザ＆サロンで配布される「沖縄リゾートウエディングガイド」を製作させていただく機会を得た。その刊行記念シンポジウムがロワジールホテル那覇で開催されたため、私は約15年ぶりに沖縄入りした。

沖縄観光コンベンションビューロー常務理事の保坂好泰氏、琉球新報社論説副委員長の前泊博盛氏、㈱ジェイ・エイチ・エムの柳森利宣氏、㈱ＪＴＢ沖縄国内商品事業部長の山田実郎氏、㈱ブライダルハウスチュチュ沖縄取締役営業部長中澤正敬氏ら5人にパネラーとして参加いただき、現地ホテルでブライダルに携わるスタッフや、その他関係者約100人にご参加いただいた。内容としては、「ハワイやグアムとの差別化をどうするか」、「海外マーケットをどのように増やしていくか」、そのほか「沖縄らしさをどのようにアピールしていくか」など、さまざまなテーマでの議論が交わされた。

ウエディングの中でも、特にリゾート挙式は、どこも「青い海」「青い空」「白い砂浜」などイメージが重なる。だからこそ今回の一番の収穫は、挙式後の宴席をどう演出できるか、そこでどのように個性を出すことができるかについて、話題に上ったことだろう。

また、シンポジウム後にいろいろな方とお話ししていて分かったのは、沖縄には地元にしかないおいしい、変わった食材がたくさんあるということだ。これを披露宴の料理に盛り込まない手はない。「普段、口にしているようなものは出せない」ということはなく、むしろ胸を張ってわが町、わが土地の食材などを外からやってくるゲストにアピールする時代になったのだと思う。

もちろん、どこでも食べられるような、オーソドックスな婚礼メニューを希望される人たちも存在している。しかし列席者としては、せっかく沖縄まで来られたのだから、いわゆる決まりきった婚礼メニューではなく、地元のおいしい食材を使った婚礼メニューを食べたいのではないだろうか。なぜ、婚礼のメニューというのは、どこに行っても同じような料理しか出ないのか不思議である。

また、宴席では沖縄特有の歌や踊りがあるのに、これもあまり前向きに勧めてはいないようだ。しかし、その歌や踊りに込められた意味や精神をきちんと伝えてこそ、せっかく沖縄で披露宴を行なう意味があるというものだろう。多少のアレンジなどの新しい演出方法を、さまざまな方と相談して編み出せるかどうか。それがオリジナリティーとなる。

個性、個性とオリジナリティーをうたうウエディングが多い中、本当に胸を張って、そう言えるものが求められている。その地に根付く伝統を、今の時代にどう置き換えて伝えていくか。**担当者の情熱や地元への愛情、そして何より企画力が問われている。**

2008.6.27 掲載

57

「ホスピタリティー＝対話」

「レストラン経営は、世の中にたくさんある仕事の中でも非常に難しく厳しい。料理の腕だけでなく、たとえば不動産選び、従業員教育、セールスやマーケティング、そしてもちろん、お客さまをもてなすことまで多岐にわたる能力が必要となる。そして、終始一貫持ち続けるべきものが『喜びを与える商品、口に入れても安全であると信頼してもらえる商品を提供する』という信念である」

ユニオン・スクエア・ホスピタリティグループの最高経営責任者であるダニー・マイヤー氏の著書『おもてなしの天才』（ダイヤモンド社）で、彼は冒頭でこのように述べている。レストランビジネスは人生と同じく、とても奥が深く、難しいものであり、何をもって〝うまくいっている〟と言えるか分からない。しかし、それだけチャレンジ精神旺盛な人にとっては魅力的なビジネスでもあると言える。

彼の著書の中で、ミシュランの三ツ星を30年以上も維持していたことでも有名なパリの名門レストラン「タイユヴァン」に訪れた際の話がある。素晴らしいディナーの後、オーナーのジャンクロード・ヴェリナ氏に会い「完璧なサービスであった」ことを告げると、ヴェリナ氏は「真剣にサービスさせていただくことがわれわれの喜びであり楽しみです。完璧と言っていただけるなら、失敗を隠すのがことのほかうまいのでしょう」と謙遜して答えた。ホスピタリティーの追求には終わりがないこと、毎日磨き続けないといけないことを、世界トップクラスのレストラン経営者の一言から学ぶことができる。

以前、ロンドンの名門ホテル「コノート」で34年間総支配人を務めているパオロ・ザーゴ氏にインタビューした際も似たようなコメントをしていたのが印象的だった。

「ホテルを運営していて、その日苦情や問題なしで終わったとすればそれは100点に近いかもしれない。しかし翌日は、またゼロからのスタートであり、100点がずっと続くことはほとんど皆無である。だから取れなかった点数をどうやって埋めるか。毎日が修行みたいなものだ」

さらにマイヤー氏の本の中に、こんな一節がある。

「サービスとホスピタリティーの違いを理解することで私の店は成功した。サービスは『独り言』、ホスピタリティーは『対話』である。お客さまの側に立つことは、お客さまの言葉に耳を傾け、五感すべてで気持ちをくみとり、思慮深く、礼儀正しく、適切な応対をすること。素晴らしいサービスとホスピタリティーの両方がそろってこそ、最高の店になれる」

客単価の高い店になればなるほど顧客の期待は大きく、目線は厳しい。それに応えるためにも、ホスピタリティーという名の「対話」を常に続けることが重要である。

2008.11.7 掲載

58

「ファッションに疎くて…」

「最近はやっているおしゃれなレストランやホテルを紹介してください」。立場上こう聞かれることが多いが、そもそもその人にとってどういう要素があればおしゃれなのだろうか。人はそれぞれ異なる感覚、価値観を持っているので、その人の言う「おしゃれ」な店やホテルがどんなものなのか、もう少しヒアリングしないと簡単には勧められない。

先日読んだ、テレビで辛口コメントをしているドン小西氏の著書『部長！ワイシャツからランニングがすけてます』（朝日新聞出版）に、こんな趣旨のことが書いてあった。「私はよく打ち合わせや取材で会う人に、あいさつ代わりに個人的にファッションチェックをしてあげることがある。その際に相手の反応で一番多いのが『いえいえ、私はファッションに疎いもんで、先生にチェックしてもらうなどめっそうもございません』

もしもし。こちらはファッションチェックのプロだよ？言われなくても、ファッションに疎いなんてことは見れば分かる。これは彼らがファッションを、流行やトレンドに敏感で、飛び抜けたファッションセンスを持った人にしか分からない、特別なモノだと思っているんじゃないかね。いや、それは間違いだよ。ファッションにとって重要な要素であるトレンドは、実は「頭脳」で解けるんだ。

というのも、ファッションのトレンドというのは、世界経済や国際情勢とリンクしている部分も大きい。だから、世の中に基本的な関心があれば、誰だってトレンドを察知できるってことだよ。流行というのは『ある日突然』『まったく意味なく』何かがはやるなんていうことは絶対ない。必ず理由があるんだよ」

ホテルやレストランのおしゃれ感覚は、そこに携わっている人たちの感覚がストレートに出ている。それはトレンドを追えと言っているのではなく、社会の流れを理解した上でやっているかどうかが重要である。レストランでのメニュー構成から、料理のプレゼンテーションなど一つ一つのお皿の上にまで、そのセンスや感覚は表れる。**ホスピタリティーの世界にいる人が、デザインのセンスがまったく関係ないということはない。**

自分のホテルやレストランの周囲に何が起こっていて、顧客はどういうものを好んでいるのかを知ることから始め、自分たちのどこをどのように改善すればよいのか考えていく。

しかし、古くても素晴らしいところはたくさんある。老舗の施設はむしろ小さな改善を積み重ねてきたからこそ、長年事業を継続できているのだ。だからトレンドを追う以上に、今売られている商品がどのように受け止められているのか、正直な感想や意見を言ってくれるゲスト、いつも顧客の顔色を見ているスタッフまたは関係者のコメントを大切にしていただきたい。

2009.5.29 掲載

59

顧客認識

「太田さん、こんにちは!」六本木ヒルズ内のレストラン「新ARATA」に電話すると、電話の向こうで元気よくあいさつしてくれたのでビックリした。確かに私は、この「新ARATA」の姉妹店に出入りしているが、この店に連絡するのは初めてである。そのとき、その姉妹店で「顧客認識システム」を導入していることを思い出し、「ああ、こちらの店にも同じ仕組みがあるんだな」ということで、このレストランの運営会社の代表である㈱HUGEの新川義弘氏に早速連絡してみた。

この「新」のコンセプトは〝ROBATA〟と〝KUSHI〟の融合。炉端焼きや巻きずし、串焼きなどを中心にさまざまなメニューをそろえていることから、新しいタイプの居酒屋のようでいろいろと勉強になる。

新川氏に早速、前述の「顧客認識システム」について聞いてみると、この仕組みは同社がカスタムメイドで作っているものだそうだ。名前で呼ばれるのが好きなゲストにとってはとても効果的である。姉妹店でスタッフがきちんと入力しさえすれば、その顧客が何を食べたか、飲んだかといった基本的な情報から、もしクレームなどの問題があればそれも分かるようになっているという素晴らしいものである。

逆に「名前では呼ばないでほしい！」というリクエストなど、さまざまな細かい注意点もインプットすれば、たまたま名前と属性を認識していないスタッフがその顧客の担当になっても、ある程度対応できるわけだ。あいさつの際に名前を呼んでくれたら、とても気分のよいことだから誰もが喜ぶだろう。しかし、すべての人が喜ぶかというと、そうでもない。人によってはその店の常連であることを知られたくない人、または一緒にいる人に知られたくないこともあり、いつもそうすれば喜ぶとも言えないのである。本来はこの使い分けはスタッフができなければならない。しかし、それが感覚でできるスタッフが近年少なくなっており、どうしても最新のテクノロジーに頼らなくてはならない部分もある。

実はこのシステムを、もう20数年も前に米国のリッツ・カールトンで体感したことがある。フロリダに滞在した後、1カ月後にカリフォルニアで同じリッツ・カールトンに滞在したのだが、チェックインの際に「前回の宿泊の御礼」から始まり、「どんな新聞が好みなのか」といったことまで、かなり私の好みを把握していた。「なぜそこまで分かるのか」を聞いたら、顧客データを個人がインプットすることによって、前回どこで、どんなクレームが出たか、何というワインを飲んだかなどが社内で共有されていることを知った。

ホテルの宿泊では、さまざまな要素があるので理解できるが、こういった**顧客の細かい情報をレストランで活用している**ところにＨＵＧＥのサービスの姿勢がうかがえる。

2009. 8. 7 掲載

60

「ワインホテル」

先日、六本木に11月1日開業した「Max Bordeaux Roppongi」（マックスボルドー六本木店）に行ってきた。マックスボルドーの本店はフランスのボルドー市街中心部にあり、「ボルドーのすべてを体験できるバー」として称賛されている店である。

ボルドーに拠点を置くボルドーワインバンク（BWB）社はボルドー最大級のネゴシアン（卸売商）でワインはすべてシャトーから直接仕入れている。その保管状態へのこだわりは別格で、最良の品質を確保するためにすべてのワインはオリジナル木箱で販売されるという。すべてのワインに対してシャトーを出たときから来歴が記録されるシステムがあり、ボトル詰めされた後に専用貯蔵庫で管理、貯蔵庫は３６５日24時間、温度、湿度の調節監視装置が完備されていて、資格を持つ監査人による毎年の証明発行がされるなど、徹底した品質管理とトレーサビリティの仕組みである。

同店開業前の記者会見ではユニークな発表があった。なんと、２０１３年に日本初となるワインアパートメントの構想があるらしいのだ。このワイン愛好家に向けた賃貸マンションは入居者すべてがワイン好きのアパートを目指していて、当然セラーを完備し、自宅の地下に自分のかわいいワインを保管することが可能となるという。

実は以前から筆者はハードロックカフェというコンセプトから生まれたラスベガスやオーランド（フロリダ）にある「ハードロックホテル」（七〇年代ロックを基本に音楽をテーマとしたホテルで、両ホテルとも稼働率はとても高い）などを参考に、**テーマ性の濃いホテルコンセプトは今後日本でも十分検討する必要があるだろう**と考えており、ワインをテーマとしたホテルなどは最有力だと思っていたのだ。

シャンパン好きなクリエーターやデザイナー、ボルドー好きなグローバルビジネスマン、ブルゴーニュの好きな建築家、ニューワールドが好きなレストラン経営者などが知恵を出し合い、それぞれのワインへのこだわりや、どの場面で飲むか、どのように飲むか、など徹底的にワイン好きのライフスタイルに合うコンセプトにしたらどうだろう。

愛好家が集まるのに最適な環境をベースとして、ソムリエの資格を持つスタッフが大勢いて、レストランもワインバーも部屋の作りも、また細かなアメニティやディテールについても、すべてワインをテーマとしたホテルなどあったら話題になるだろう。

本誌のＡＤＲランキングでもターゲットとブランドが明確化したホテルのいくつかが目立ってきているが、「ワイン」というテーマを明確にすることであらゆる企画のゴールが明確となり、結果として高い支持を得るにちがいない。

新コンセプトを立ち上げる際は、ゴールの明確化が何より大事なことである。

2011.11.11 掲載

61

「ホテル内のショップ」

ホテルの中、特に大型ホテルの中にはアーケードがあったりショップが入居したりしているところが多いが、そうしたショップに対する考え方はホテル側、顧客側両方ともに変わってきたのではないだろうか。

その昔、有名ホテルに店を持つということはショップにとってのステータスでもあったし、そのショップで買い物ができることは顧客にとってもやはりステータスだった。物が売れた時代はお互いに良くて、「あのホテルにテナントとして入りたい！」と、順番を待っているような状態がバブルのころなどはあったものだ。海外ブランド戦略の一つとして、高級デパートには先に入らず、先に有名ホテルに店を開けてからだんだんとメジャーになり、認知されたところでデパートからお誘いがくるという段階を踏むブランドもあったくらいだ。

多少景気が下がって売り上げが厳しくてもそこで営業を続けることは大事だとテナント側は考えてきたので、例えば閉店という選択をすぐにはしないで、家賃交渉をしたり、売り上げ歩合制にしたり、さまざまな販売の機会をホテルと協賛でやってみたりと努力と交渉をホテル側としてきたことは間違いない。

しかし、こうも市況悪化が続けばこの価値観さえ崩れてくる。地方のグランドホテルではテナントが入らないケースが増えているそうだ。先日も広島のホテルで、40年間入っていたジュエリーショップが家賃が払えずに撤退したというニュースを聞いた。

近年開業する大型ホテルでもいろいろとショップをそろえるところはあるが、大抵がブライダル関連の引き出物ギフト、ドレスショップなどで、中身についてはかなり考えて絞り込んでいるパターンが増えた。

先日小山薫堂さんとその話になり、彼はデパートにはない、または絶対に中身で負けないセレクトショップがあったら面白いと思うと言っていたが、それは確実に人を引きつけるようなものでないと難しいので、ホテル側のセンスが問われる。

外国人客の多いところであれば「いま旬な日本の名産」をそろえたら面白いと小山さんは言う。誰もが知っているものというより、**「これならば世界に誇れる日本の良いもの」というレベルのものをそろえれば、それがホテルの強みの一つに変わる。**

ある意味ホテルの顧客に対するイメージ戦略であり、どんな顧客に来て欲しいのかというマーケティングの戦略でもあると思うので、今後のホテル内ショップの在り方は深く考えていかないといけない。まず、既存のショップがそこにいることへどれだけ満足しているのか、それをしっかりとヒアリングするところからだろう。

2012.11.9 掲載

62

「サービスを誰が評価するのか？」

先日、『GQ JAPAN』4月号（2月24日発売）においてホテルの特集を行なうにあたり、私はその編集長と長年の知り合いということもありお手伝いをすることになったのだが、いただいた質問の中で「海外のホテルでどのようなタイミングでチップを渡したらカッコいいか？」という質問をされ、ふと16歳で渡米をし、レストランでアルバイトをしていたときの記憶がよみがえった。

当時高校生だった私は本業が学生であるから「学業をしっかりとやること」が最も大切なことであるし周りの友人たちは皆そうしていたが、私は飲食という好きな仕事をして、時給やチップといった対価をもらえることに「これほどおいしい仕事はない」とはまり込んでしまった。最初は楽しいだけだが経験を重ねるとその奥深さが見えてくる。ただ笑顔でオーダーをとって、完璧なタイミングで出せば必ず稼げるかと言えばそうでもない。ゲストは皆さまざまな考え方を持っていて、たくさん稼げる日もあればいまいちの日もある。相手との相性もあるし、コックやバーテンダーなどレストラン全体の協力がないとうまくいくものもいかないことだってある。

また、初めのころは、「しっかりとした服装の人＝たくさんくれる」と思いがちだが、そうではなかったり、ひどい格好をした人がたくさんくれたりする経験をすることによって、人はさまざまと思い知り、どのテーブルも手を抜かないことを自然に覚える。

もちろん常連のゲストのお気に入りを覚えておくこと、前回何を食べた、飲んだという情報も大事なので、記憶することになり、プロとはこうあるべきというスタイルができてくる。

日本に戻って来たとき、チップもないのに皆笑顔でしっかりとサービスをしていることに改めてすごいことだと関心をしたが、同時に感じたのは、**そのサービスを誰かが「評価する仕組み」があるのか**、という疑問だった。

私が経験をしたアメリカではチップの額で評価が明確に分かるから、いつも真剣になって試行錯誤を繰り返し、成長していく。日本にもそのサービスをしっかりと評価できる仕組みがあれば、サービスのスタッフはもっと育つだろうと感じるし、何よりプライドを持って仕事をしてくれるようになるのではと強く思う。

最近はホテルでもレストランでもサービスレベルがどんどん低下していて、私は将来、人が人にサービスをするのが当たり前でなくなる時代が来るのではと危機感を持っている。少なくともわれわれの世界だけでもチップに替わる何かしっかりとした評価の仕組みをつくらないと、サービスレベルの低下は止まらないのではと感じている。

2014. 2. 20 掲載

63

「FUN to STAY」

時代の変化というのは非常に早く、それは市場の変化も同様である。そのような中で「変わらず守り続けること」、「変化すること」、これらをしっかりと見極めなくてはならない。今は良くてもこれから3年後、5年後はどうなのか。ホテリエはもちろん、経営者、オーナーも常に意識すべきことであろう。

少し古い話であるが、かつて1980年代にトヨタが企業スローガンとして「FUN TO DRIVE」を掲げていた。これは自動車の〝移動する〟、〝運ぶ〟といった機能的な側面だけではなく、自動車に乗ることの〝楽しさ〟という観点で顧客に訴求をしていこうという思いが込められたものであったと考える。

近年になって、ホテル業界でも同じく「宿泊する」という機能的側面だけでなく、デザインやエンターテインメント性を追求したホテルも世界では増えてきた。デザインを前面に出したホテルとしては海外で増えているブティックホテルが、そしてエンターテインメント性では現在世界で展開されている「ハード ロック ホテル」がその典型的な例であろう。

そして、日本でも「FUN to STAY」をコンセプトに掲げるホテルが誕生した。2013年12月に開業をした新宿グランベルホテルがそれだ。新宿・歌舞伎町の持つイメージをよりアーティスティックにとらえた「HIP」、「エッジ」、「官能的」という3つの言葉を軸に、さまざまなデザイナーやアーティストを起用しユニークなホテルを誕生させた。380室の客室は27ものタイプで構成され開業当初から大きな話題となったが、これらのホテルというのは好き・嫌いもはっきりし、日本で同ホテルがどのように受け入れられるのか非常に興味を持っていた。

先日、開業して1年たっての業績はどうかと話を聞いてきたが、順調だという。歌舞伎町というロケーションは日本人にとっては好みが分かれそうであるが、海外からやってくるゲストにとってはほとんど問題にならないようで、外国人比率も約7割だそうだ。異業種のオーナーがホテル業に参入をし、競争の厳しい新宿エリアで初年度からしっかりとホテル運営をやれているのだから大したものである。

OTAでエリアでホテルを探すと、何十ものホテルが検索結果に出てくる。〝One of Them〟であるのと〝Only One〟であること、選ばれる理由があることの違いは明白である。

長く事業をやっていればとかく「ホテルはこうあるべき」となりがちである。もちろん決して欠けてはならない大切なものも当然あるが、冒頭にも述べたように時代の変化は早い。その変化を常に意識をしながら、**本当に求められ続けるのは何であるのか**、しっかりと見極める目をわれわれホテル事業者は持つべきであろう。

2015.1.30 掲載

64

「過去にしがみつくな」

世の中は絶えず変化をしている。オンリーワンだと思っていた市場にもすぐに競合が現れ、昨日勝っていたはずの競合が今日気づいたら自社よりも上を行っているなんてことだってあるだろう。われわれは常に安住することなく、その変化を感じ、未来を見極めながら変化を恐れずアクションをとり続けなくてはならない。

最近騒がれている大塚家具のお家騒動を皆さまはどのように見ているであろうか。私は自身も二代目ということもあって重ね合わせる部分が少なくないが、これは**企業のトップだけでなく事業部のトップも含め、バトンを渡す者の力量が問われている**と感じている。

創業者というのは何もないところに自ら道を切り開き、線路を敷いてきただけに誰よりも苦労をし、そのビジネスを理解し、情熱があり、そして愛情があるもの。それを引き継ぐ者は出来上がった線路の上を走っていれば良いのだから気楽なものであると思うかもしれないが、現実は違う。

世の中の変化のスピードは時を経るごとに早くなり、気がつけば驚くほど多くの競合が生まれていたり、後発の同業他社に研究し尽くされその隙をついてくるわけであるから、安住などはしていられない。かつて一世を風ふうび靡したソニーやマクドナルド。輝かしい時期は経営者も企業もさまざまな切り口で取り上げられ 称賛されたものであるが現在はどうであろう。

少し古い書籍であるが、大前研一氏が『日本の論点』(プレジデント社)で以下のように書いている。「ソニーのような大きな会社が躓く理由の一つは、過去の成功体験に引きずられるからだ。事業をつくり出したことのない経営者は過去の延長線上で、足し算と引き算で考えることしかできない。(中略)。今の時代、世界で繁栄しているのは新しいものをつくり出した人であり、企業だ。サムスンにしてもいつまでも家電と半導体にしがみついていたら、今日の繁栄はなかった。全く未知のGoogleのアンドロイドOSに飛びついて最大の供給者になったことが、サムスンの大きな転換点だったのだ。過去の成功体験にしがみついていたら、日本の産業界は1970年代、80年代に隆盛を極めた会社の屍が並ぶ『スミソニアン博物館』になりかねない」

ホテルやレストランの世界でも、「ずっと業績が芳しくない」と言っていながら何も変化をしていない施設がどれだけあるだろう。今良くないのであれば同じことを続けていて良くなるわけがない。そこに真剣に向き合い、チャレンジをしていくことで、店もスタッフも磨き上げられていくものである。経営者、マネジメントは自ら、以前ここで書いた「コンフォートゾーン」からどんどん出ていくべきである。

2015.3.13掲載

FROM THE PUBLISHER

3

労務管理視点

65

「技術承継」

先日テレビを見ていたら、２００７年に「団塊の世代」の中核をなす１９４７〜49年生まれの約８００万人がリタイアしたら、職人技を持った人がごっそりと少なくなり、技術承継という視点からいろいろと問題が出てくるだろうという問題提起をしていた。例えば警察でも、検挙率が減るなどの問題が想定されており、そのため、ベテランの50代の世代が持っているノウハウをどのように若い世代に伝えていくかの勉強会を行ない、実際の職務質問から鑑識のやり方までトレーニングに励んでいるようだ。

また、水道局などでは、同じく50代のベテランが夜中静かになってから道路を歩き、道路下の水道管の漏れを調査するという技術がある。聴診器のようなものを道に当てて下から聞こえてくるかすかな音で水漏れを探すのだが、音の聞き分けはかなり困難な作業に思える。間違いなく長年の経験と修業が必要なノウハウだと思われるが、これをどのように次に世代に伝えていくか、訓練の連続だと言っていた。

一方、ホテルやレストランでも長年の現場体験や修業によって料理の味付け、あんばい、サービスのやり方、ゲストの心理を読むなどは、そこで修業し、自分を磨きあげたベテランにしかできない技能であろう。その技能や心構えをどのようにして承継していくのが一番良いのだろうか、考えなくてはならないだろう。

ベテランホテリエをどの場面でどのように生かしたら良いかを考えている経営者や団体も出てきている。

これから増えるシニアマーケットに対して、さまざまなサービス施設ができてくるなか、そこで働くスタッフは必ずしも若ければ良いということはなく、シニア対象の高級レジデンスなどの支配人は、かえって若過ぎるとマーケットである60代以上のゲストの要望を明確に受け取れるとは思えない。人と人をつなぐホスピタリティービジネスであるからこそ、長年の経験がうまく使われると良いのではないかと思う。

12月に「NPOシニアマイスターネットワーク」を設立する、元第一ホテル、オリエンタルホテルに在籍し流通科学大学の教授である作古貞義氏なども、「活力ある社会を築くために、シニアが生きがいを持って能力を社会に還元する活動を支援したい。知恵と技術を次世代に伝承することに貢献したい」と語っている。

ヨーロッパのホテルなどではベテランが実に味のあるサービスをしているし、次の世代が必死でそれを盗み学ぼうとしているのが分かる。わが国ももう少しそういった**目に見えない技術を大切にしていかないと、日本らしさや伝統がなくなってしまう恐れがある**。それは大変悲しいことなので、技術承継についてぜひ皆さんにも考えていただきたいものだ。

2005.11.25 掲載

66

「世界の壁」

オリンピックやワールドカップなどを見ていて思うのは「世界の壁の厚さ」である。日本一であっても世界一になれるとは限らない。「世界にはすごいやつがたくさんいる」ということは、われわれの世界でも同じことが言える。環境の違いもあるが、スポーツだけでなくビジネスでも島国日本が克服しなければならないことがいろいろとたくさんあり、そう簡単には「勝たせてくれない」。

メジャーリーグに行ったイチロー選手は、メジャーリーガーの中でも珍しく、試合後に相変わらず自分でグローブを磨いていると聞く。しかも、これは昔からずっとやっていたことで「一日の反省をしながら頭の中で今日を振り返り、二度と同じ過ちを犯さないために考え、すっきりと次の試合に向かうため」だそうだ。超一流の人間はさらに上のレベルを目指すため、普通の一流選手とはやはり違う行動をしているということだ。

ホテルやレストランの目的は、お客さまに「楽しかったからまた来たい」とか、「感動したからそれを人に伝えたい」という「気持ち」を感じてもらうことで、多くのリピーターが来てビジネスとして成り立つ。世界のホテルやレストランの経営者に「あなたはどのようにして、その満足度をクリエートするのか」と聞くと、全員がそれを自分のスタッフに

「教えること」の難しさを強調する。「サービスはなかなか人に教えることが難しい」と。

簡単に言うと、人を「変えること」はできないというのだ。であれば「教える」のではなく、「悟らせる」ことをうまくできるコーチがいることが、ビジネスの世界でも、「強くなる」ことにつながるのではないだろうか。マネジメントコーチで真っ先に教えるのが「遅刻してきた社員に、上司はどのようにアプローチするべきか」であるが、「なぜ遅れた？」と聞くのは最悪のパターンだ。「なぜ？」と聞けば人は言い訳を言う。しかし「どのようにしたら、次回から遅刻しないか」と聞けば、本人が考えて、本人の言葉で答えが返ってくる。というように、頭から「こうだ！」と教える方法より、「なぜそうすると良いと思うか」を悟らせる方法が近年ポピュラーになってきている。それをみると、「気力、体力、根性」も大切だが、コーチングの違いも海外と国内でまだ差があるのだと思ってしまう。

オリンピックに出てメダルを取ってくるつもりが最悪の結果に終わり、その悔しい思いをばねとして再挑戦してメダルを取った人に聞くと分かる。「想像もしなかった世界を感じ、今までやったことのないトレーニングを導入した結果だ」とほとんどの人が言う。

だから、ホテルやレストランでも、**まず〝打ちのめされる〟ことが必要かもしれない**。それによって、今まで想像もつかなかった方法や、スタッフのトレーニング法を導入することで、より上のレベルのビジネスが展開できるようになるのではなかろうか。

2006. 2.24 掲載

67

人材も選択の時代

　2カ月前に上海に行った際、長年の友人であるスティーブ・ツアイ氏に会ってきた。彼は3年前、台北から上海に移り、現地でブッフェレストランを始めた。スティーブは以前、台北の高級ホテル「シャーウッド台北」の総支配人をしていた。その後、地元の商業ビル「ニューヨーク・ニューヨーク」の最上階に「ロッソ」というイタリアンレストランを開業。そのほか現地でホテルやレストランのコンサルティングをしていたが、結婚した相手が上海出身であり、将来性を感じた彼はすべてを上海にかける気持ちで飛び込んでいった。

　現地で高単価のレストランをやっても、今の段階ではものすごく競争が激しいので、育てた人材を引き抜かれるだけ。人が何より大切だということを知り尽くしている彼は、その高単価レストランのターゲットにはなりにくい、単価の安いブッフェレストランを展開することにした。７００席のレストランは、毎日80人のコックが中華、アジア、和食、欧米のメニューを前菜からデザートまで３００種類も作る。このタイプの店をすでに3軒経営しており、今年中にさらにあと2軒（合わせて約千席）開業する予定だ。

　コックさんたちの平均月収は1万8千円くらい。総人件費率は8％くらいに抑えられるというが、これは決して中国では珍しくない。インドや中国でホテルやレストランを経営する方が、人件費率をはじめコストが低いためリターンが大きいのは当たり前。しかし、それらの国でも今後の人件費の高騰は、ホテルやレストランを運営していく上で避けて通れない。特に能力のある人材には、それなりのギャランティが必要で、インセンティブプログラムを導入して一般のスタッフとのギャランティに強弱をつけるなど、いろいろと工夫してもまだ不十分である。

今後の可能性として、わが国でも外国人労働者を不法就労ではなくオフィシャルに一般のスタッフとして大量に雇用して、単純作業を担ってもらうことが可能かどうか。そのためにに何かできることはないのか、考えてみる必要があるのではないだろうか。既に外国人労働者を多く受け入れている国では、彼らを受け入れることのメリットとデメリットの両方を感じている。しかし、「日本は島国で小さいから」「自国民の仕事を確保したいから」という理由で拒み続けていて果たしてよいのだろうか。難しい問題である。

これからはゲストも選択をする時代になり、今まで以上に多くの選択肢の中から選ぶことが可能になっている。特にわれわれのビジネスでは、多くの選択肢をゲストに提供できなければならない。同様に**人材も、ニホンジンの中だけから選ぶ時代から、世界のマーケットから選べるようになるのが良いと思う**が、そのような日が来るまでの道のりはまだ遠いと言わざるを得ない。

2006. 8.18 掲載

68

「ベテランの味」

先日、久しぶりにイタリア、イギリス、フランス、スイス、モナコを回り、ヨーロッパのホテル事情を体験してきた。ヨーロッパのホテルやレストランでサービスを受けたことのある方はご存じかと思うが、昔からベテランのウエーターが多く、熟年のプロとしての知識や動き、味のあるサービスは受けていて本当に心地がよいものだ。

しかし、わが国ではサービススタッフには年齢制限でもあるのかというくらい、若くて人生経験の少ないウエーターが実に多い。当然、サービスも心もとない。日本における雇用環境や条件などがヨーロッパとは異なるのが一因かもしれない。日本では、ある程度の年齢になったら、現場でのサービスに能力を発揮している人も現場から外し、向いてもいないマネジメントに異動しなくてはいけないことが多い。しかも、マネジメントトレーニングもなしに、いきなり役職が付いているケースが多かった。

以前、私がマイアミのホテルで働いていた際、50代後半のレストランマネジャーが「おれは絶対にこのホテルのマネジメントにならない。ここに来るゲストが好きだし、ここにいることが自分に向いていると思うし、何よりここで働いていた方がチップをたくさんもらえる」と言っていたのを思い出した。彼は本当にゲストから愛され、彼自身もその仕事とゲストを愛し、そのレストランの現場こそが彼にとって働くベストな環境だったのである。

日本はすでに高齢社会となり、今後ますますその傾向は進んでいく。つまり、ゲストもスタッフも高年齢化していく中、仕事を年齢で切るのはいかがなものか。特にサービスをする人間は、体力的にハードなものは別として、むしろベテラン、つまり、経験のある人材の方がよっぽどかゆいところに手が届き、味のあるサービスを提供できるはずだ。

ブライダルの世界では、今も活躍する高齢のスタッフが多い。それは、親族との付き合い方や結婚式におけるその地方の慣習という、かつては両親が果たしていた役割を、そのスタッフが代わりに果たしているからだそうだ。これなどはまさに人生経験が豊富でなければ果たせない役割であり、こういったベテランのサービスが改めて見直されている。

日本も、欧米なみに雇用条件を考え直さないといけない時期ではないだろうか。求人の情報には、いまだに「35歳くらいまで」などと年齢制限を設けている掲載を見かけるが、それを書いている人事担当が自分自身に問いただしてみるとよい。仕事はある年齢がくるとできなくなるのか。こういった年齢制限というのは、給料や社内における年齢バランスという、仕事のパフォーマンスには直接関係のない理由で設けられているのだろう。しかし、何歳になってもできる人はできるのだ。そして、**サービスの仕事ほど人生経験がある方が、ベターなサービスができるのだ**とヨーロッパで改めて実感した。

2006.10.20 掲載

69

「冷たい役人と役員」

社会保険庁の〝消えた年金問題〟を見ていると、「役人というのは、よくこれだけ冷たい対応ができるもんだな」と思う。パブリックサーバントの意味をまったく理解していないのだろう。ビジネスセンスがなく、国民のことより自分たちのことだけで、自分たちのペースでしか仕事をしない。

国民にとても冷たい役人たちの頭は、恐らくこの後も変わらないのだろうと思ってしまうが、同じく企業でもこれに負けないくらい冷たい役員たちが存在するという。先日あるホテルのミドルマネジメントたちの年俸が軒並みカットされた。ほかのグループホテルが赤字なので、それらのホテルとバランスをとるためにカットされたというのが、その理由だ。このホテルはしっかりと黒字経営をしているというのに。しかも、それを支持しているリーダーは、その黒字のホテルの出身者であるというから驚きを隠せない。この件で、毎日現場で頑張っている有能なスタッフのやる気がなくなったことは確実だ。同じカットするにしても、どこまで実績を上げたら年俸が元に戻るとか、今より増えるとか、そういった提案型のカットでなかったのがさらに悔やまれる。それにしても自分たちに何の理由も落ち度もなく、年俸が25％近くカットされたら、あなたはどう思うか。簡単には納得いかないし、その企業へのロイヤリティも信頼も崩れるのではないだろうか。

普段から一緒に汗をかいて、ことあるごとに声をかけたりしていればまだしも、現場に出てくるのは問題があるときだけ。問題が発生するとコンプライアンスの徹底と称して、役員たち自身の保身のために、現場の状況とかけ離れた指示ばかりする。普段は机にばかり向かって、ホテルやレストランが本当にゲストに愛されるための指示をほとんどしていないのに。

役員と役人、同じように役職はついているのだが、現場の気持ちや考え方はほとんど知らないし、理解していないし、できない。この人たちが会社や国をリードしていくと、その先は何が待っているのだろう。

現場でホスピタリティーに携わる人ほど、人の温かさを必要としている人はいないと思う。毎日ゲストから怒られ、上司から怒鳴られているのだ。考えてみてほしい。ゲストとのやり取りは毎日が戦争みたいなもので、クレームゼロで終わる日などほとんどない。唯一優しい言葉をかけてあげられるのは、その上に立つ人たちのはずだが、あまりにも冷たい上司が多い。相手への配慮ができない、人の気持ちが理解できない。自分のことはやるが、全体の職場環境をよくすることはほとんど考えない、冷たい役人と役員。ホスピタリティーを忘れた彼らには、ホスピタリティービジネスにかかわってほしくない。

2007.6.8 掲載

70

「本当に人が宝か？」

「マネジメント」の研究者として知られるピーター・ドラッカー。彼の著書『プロフェッショナルの条件』にこんな一節がある。「あらゆる組織が、『人が宝』と言う。ところが、それを行動で示している組織はほとんどない。ほとんどの組織が、無意識にではあろうが、19世紀の雇用主と同じように、組織が社員を必要としている以上に社員が組織を必要としていると信じ込んでいる。（中略）事実上、すでに組織は、製品やサービスについてと同じように、組織への勧誘についてのマーケティングを行なわなければならなくなっている。組織は、人を惹きつけ、引き止められなければならない」

特にホスピタリティービジネスにおいては、おそらくほかのどんなビジネスよりも人の占めるウエートは大きいはずだ。ホテルでもレストランでも、顧客との接点を持っているのは現場のスタッフであるから、ドラッカーの言うように「人が宝」とインタビューで答える経営者やリーダーは多い。ところが実際には、人を〝ゴマ〟や〝モノ〟扱いをしてきてしまった。そのことへのツケが今回ってきており、人材を探すことに大変な労力と時間、コストがかかるようになった。皆さんもここ数カ月の間に、「どこかでだれかが人材を探している」「人がいなくて困っている」という話を聞いたはずだ。

レストランでいわゆる「できる人」は皆、独立して店を持つようになり、ホテルで「できる人」は皆、より魅力のある職場や待遇を求め、リーダーが彼らに対してきちんと時間を割いてサポートしてくれるところへ移籍する。そんな、よいリーダーに巡り合える人は幸運である。なぜなら、残念なことにそうでない人の方がはるかに多いからだ。「われわれは人を大切にしている」と本当に思うなら、それを態度で示し、さらにマネジメント側から、スタッフをサポートできることはないか常に確認することが必要である。

いくつかのホテルなどでは、外部の調査機関などに依頼して、いつでも従業員の満足度を積極的に量っている。リーダーや経営陣がこれくらいの努力をして初めて、スタッフのやる気が出るのだ。しかし、現実には「スタッフの能力が低いから」とか、「危機意識が足りない」などと嘆くばかり。そして、自身では何も努力をせずに、場合によってはスタッフの総入れ替えを図るなど、自身の責任を棚上げしているケースは非常に残念である。

始めから完璧なスタッフなどいない。それをしっかりと理解した上で、**スタッフが気持ちよく働き、その能力を十分に発揮できるだけの環境づくりこそリーダーの役割**であり、リーダーシップのはずだ。業績不振をスタッフの能力のせいにするなど、リーダーの責任逃れにほかならない。それを本当に理解しないと、年中人が辞めては、年中採用し、また辞めるという悪循環に陥り、永遠に人を探し続けることになるだろう。

2007.9.21 掲載

71

インターナルクレーム

ある大手飲食企業の本部にパートタイマーとして勤めている友人から聞いたのだが、彼女のセクションには数百件ある店舗から、それこそパートタイマーから正社員まで多くの苦情と提案が毎日寄せられているという。「ユニフォームが支給されて、すでにもう5年にもなるが、新しいのは買ってもらえるのだろうか」とか「キッチンスタッフからのセクハラで困っている」と、実に多くのインターナルクレームがあるそうだ。社内のクレームを本部で吸い上げて、対応できるものからどんどん処理していかないと、ホスピタリティーをよくするとか、よくしたいという発想にはまずたどりつけない。その前に、やらねばならないことが山積みになっているのだから、お客の満足どころではないということだ。こんな店でサービスを受けることほど不幸なことはない。

昨年出版された『苦情という名の贈り物』(生産性出版)の中に、社内の苦情対策というのがある。「投書箱を設置している会社は多いが、それを活用しているところは少なく、やはり社内クレームに対して真剣な対応、レスポンスが大事である」と、その本の中では触れられているが、それほど、インターナルクレームへの対策が二の次になっているケースが多いことの証左であろう。

海外のホテルやレストラン企業ではよく行なわれるが、インターナルクレームの対応状況の調査を外部委託する。つまり、従業員に対するヒアリングを外部の人間に行なってもらうことで、組織の診断をしてもらったり、オープンドアポリシーといって、経営幹部が命令系統の範囲を超えて社員の言い分を聞く環境を作ったり、インターナルクレームにどう対応したかの情報を、ネットなどを使って開示したりする例がある。ほかにも、上司が部下を評価するだけでなく、部下が仲間やボスを評価する全方位業績評価システムを導入するなど、インターナルクレームを減らすためには、いろいろと選択肢はあるようだ。

インターナルな苦情を減らす基本は、社員やパートタイマーにまで**経営陣が進んでインターナルクレームに耳を傾ける姿勢、環境が整っているかどうかである**。特に、パートタイマーは軽視できない存在だ。彼らの方が社内でのしがらみにとらわれない分、ストレートでオープンな意見を述べてくれる可能性が高いからである。

彼らがあなたのホテルやレストランを辞める本当の理由、それは何なのかは組織や環境によって違うはずだ。「なぜ辞めるのか」をしっかりと把握し、将来のために、それに対する適切な対応をしているかどうか。退職者へのインタビューを行なう企業は多いが、形式的なものになっていることが多い。もちろん感情的な意見もあるだろうが、退職時にこそ、本音を聞きだせることもある。そこにある真実に目をそらしてはいけない。

2007.9.28 掲載

72

「不機嫌な職場」

皆さまの社内または部署内の人間関係は果たして、明るくて楽しいだろうか。「明るく楽しくなければ駄目だ」というわけではないが、コミュニケーションがうまくいっており、お互いが助け合い、やる気の出る環境の方がいいに決まっている。チームワークが大切なホテルやレストランの仕事上、社内コミュニケーションがうまくいっている方が、自分たちは当然のこと、ゲストからしてもいろいろな意味でありがたいはずだ。それは、無駄なコンプレインを減らすことにもつながる。しかし、そういう社内の人間関係がうまくいかず、やりたかったはずの仕事を辞めてしまう、ホテルやレストランの人が後を絶たない。

退職理由を聞いてみると、「先輩からの陰湿な〝いじめ〟があった」とか、「熱意を込めた提案をしても、上司から相手にされない」など、ホスピタリティー業界で働くスタッフ間でのこととは思えないような、実にレベルの低い話が多いのはとても残念である。

むしろ「ホスピタリティーをゲストに提供する業界だからこそ、ストレスがたまる」という意見もあるかもしれない。もし、そういう意見が大勢を占めてしまうのだとしたら、ホスピタリティー業界に携わる人間としてとても悲しい。もう少しお互いが優しくできればよいと思うのだが、現実はなかなかうまくいかないようだ。これはホテルやレストランだけでなく、国内のあらゆる「組織」にまん延していると言っても過言でないと思う。

先日、日経新聞のコラムでも紹介されていた『不機嫌な職場』（講談社現代新書）という本を読んでみた。そこには、米国のマリオットホテルで行なわれている社内の表彰プログラムについて書かれていた。「マリオットが運営するホテルの中に、『ホスピタリティー・ゴールド・スター・プログラム』という仕組みを持つホテルがあるという。毎週、無作為に選ばれた顧客から、滞在期間中のベストホテルマンを教えてもらい、そのホテルマンを表彰する、という仕組みである。これだけだと、よくある『目立つ仕事をしている人だけが、会社から感謝され、認められる』制度で終わる。しかし、このプログラムには工夫がある。そのホテルマンは、自分がいい仕事をする上で、欠かせない協力をしてくれた裏方の社員を3名選出し、その社員も次の週に、同じように表彰されるという工夫である」

このプログラムには、「仕事はチームで行なう」という認識を高くすることで、ほかの仲間たちへのアプローチの意識を変えようという狙いが見える。ホテルやレストランの世界では、個人プレーが通用する場面もあるが、どんなに素晴らしいコンシェルジュや最高のギャルソンであっても、サポートしてくれる同僚や仲間がいなければ仕事にならない。だからこそ、**チームワークをよりよくするために、サポートしてくれる仲間への評価を仕組みとして取り入れているマリオットの手法は、大いに参考になる**のではないだろうか。

2008. 4.25 掲載

73

「プロを育てる」

「キメの細かい日本らしいもてなしは、今後も変えないでほしい」とジャン＝クロード・エルゲール氏は最後に一言加えて、講演を締めくくった。これは日本のホスピタリティー界に対する一言で、先日ホテルニューオータニで開催されたコンシェルジュのバイブル『LE HALL』の出版記念講演での言葉であった。彼は日本のホスピタリティーの質の高さとキメの細かさを素晴らしいと思っており、それを磨き続けてほしいと願っている。

エルゲール氏は、パリの名門ホテル「プラザアテネ」で49年間コンシェルジュとして活躍し、在職中は世界35カ国のホテルのコンシェルジュ約3千人が加盟しているレ・クレドールの会長を歴任した方だ。退職前には当時のシラク大統領からシュバリエ功労賞という勲章を受章されており、フランスが世界に誇る名コンシェルジュである。

彼が入社以来尊敬し、いろいろと学んだ先輩コンシェルジュのマルセル・カシオラト氏が約70年前に書いた『LE HALL』という、ヨーロッパのコンシェルジュであれば誰もが持っている幻の本。この本を、同じく日本国内の数々のホテルでコンシェルジュを歴任した池田里香子さんが訳し、さらに自身の経験や解釈などを加えて本誌で連載していたが、このたびこの連載を一冊の本にまとめて出版した。彼はその出版記念講演のため来日した。

エルゲール氏はこの講演の中で、日本に来るたびにホテルのチーフコンシェルジュが違うホテルに移っていることに疑問を感じているとコメントしていた。それに対して私は、「日本国内ではプロフェッショナルを育てる環境が、以前に比べてとても厳しい状況にある」と伝えた。適材適所ではなく形ありき、さらにはメンツや個人的な感情までもが人事異動に大きく影響していることがあると聞くと、本当に悲しい。

ゲストからすれば、やっと慣れたレストランの支配人に何か大事なことをお願いしようと連絡したら、すでに異動してしまっている。しかも新しい支配人に「以前はできましたが今後はできません」と、以前の支配人との信頼関係でできた特別なサービスまでできなくなってしまうなど、ゲストが悲しむ場面は多い。

ヨーロッパでは一流ホテルのコンシェルジュになったら、通常は何十年もそこにいて、世界からやって来るゲストのために仕事をしている。それに対して、日本では一つのホテルに定着することがまれになっている。しかし、**ホテルの〝顔〟となる存在がいることによって、そこにさまざまな深い情報が集まる**ことを考えると、これからはプロをどのように育てるのかということに、日本でも真剣に取り組まなければならない。

もう少しゲストと直接接するスタッフを大切にし、育てること。それぞれのセクションのプロを作るという意識で人材育成をしていただきたい。

2009. 3.13 掲載

74

「インターナルロス」

30年くらい前の話なのですでに〝時効〟だとご理解いただきたいが、私自身が米国マイアミのホテル内にあるステーキ専門店のキッチンに在籍していた際、食材があまりにも豊富にあるので、皆で毎日「試食」と称しておいしい肉を存分に食べていた記憶がある。ステーキのみならず、前菜で出すキャビア（当時最も高価と言われていた「ベルーガ」のもの）もよく味見させていただいた。また、そこで食べるだけではなく、3日に一度はおいしい部位を持ち帰って家でも豪勢なステーキを食べていた。

そして、営業が始まる前には裏で仕込みをするのだが、その中で「自分用の準備」も怠らなかった。キッチンでは大量の汗をかくので、水分を取るために、レモン20個くらいを使った自家製のレモネードをピッチャーで二つほど作っておいたのだ。もちろん、これもすべてレストランの食材。冷蔵庫の中にあるものはすべて好きなように使っていた。

時々、宴会のキッチンに手伝いに行くこともあったのだが、そこで何十ケースというポテトの皮むきをやらされる。しかし、ほかのシェフたちと話しながらやるので、非常に大雑把に切ることもあり、失敗したものはそのままゴミ箱へ捨てていた。

このように、オーナーが見たら激怒するような行動を何も考えずにやっており、これを深く反省をするようになったのはずっと後になってからのことである。

こうしたインターナルロスは、アメリカ、日本問わず、どこのホテルやレストランでもあったと聞いている。この10数年で改善され、簡単には食材を持ち出したり、食べることはできなくなったと思うが、先日とある老舗ホテルで今も毎晩のようにスタッフによる「宴会」があると聞いて、いまだにそんなことをしているホテルがあるのかと驚いた。

確かに、勉強のためにも自分たちが提供している料理や飲み物を味見することは必要だと思う。しかし、ある限度を超えると、組織にとって大きな問題となる。

この「宴会」、夜中や週末に起きる確率が高い。つまり、マネジメントの不在時間である。フリースタンドのレストランであれば、オーナーが会計をして店を閉めることもあるが、24時間眠らないホテルの場合、マネジャーが帰ってしまえば、無法地帯とまでは言わなくとも、その後どうなっているかなどほとんど分からないのだ。

こうなると、そこにいる人たちの**責任感や意識がすべてである**。若い時分はマネジメントの気持ちなど考慮することがないからこそ、堂々と好きなものを食べて飲んでも何も感じない。もし彼らが、マネジメントと同じ意識を持ち、同じ責任を感じていれば、そこに後ろめたさが生まれるはずなのだ。現場からの報告をよく受けるわれわれとしては、真剣にこの問題を受け止め、どのようにしたら防げるかを考えていかなければいけない。

2010.6.4 掲載

75

「石の上には何年？」

石の上にも3年と言うが、最初に入った会社に最低何年いるべきだろうか。仕事に対してあきらめが早いのか、我慢強くないのか、このごろは長続きしない人たちが増えたようにも感じる。いや、本当はあまりにも職場環境が悪くてやっていられないのだろうか。

リクルートエグゼクティブエージェントがまとめた書籍『社長という仕事』（プレジデント社）という本の中で、数名の経営者が興味深いコメントをしている。「3年間頑張れば今よりオプションが広がるはずだし、どんな仕事も3年やらないとものになる気はしません」というのはクラシエホールディングスの小森哲郎氏。「『会社に3年いました』と来た人は履歴書に書いてあることとは大体やっていない。最低五年いなければ駄目」というのは東ハトの辺見芳弘氏。「8年ぐらいやらないと何もやったことにならないと思います」と言うのは日本マクドナルドホールディングスの原田泳幸氏。「『10年以下で転職することは許さない』と自分なりのルールを決めていました」と言うのは国際ビジネスブレインの新将命氏。どれも正解のように思えるが、果たして皆さんはどうお考えだろうか。

同書に登場する経営者たちは、たたき上げでも生え抜きでもなく、転職を続けた後にトップになった人たちであるところが面白い。それはある意味、ホテル業界に似ているとも言える。海外ではさまざまなエリア、会社、ホテルやレストラン、そして他産業を渡り歩きトップに立つケースが多い。われわれの業界でも、20数年前と比べてヘッドハントや転職が増えた。先日、60代のホテリエが転職希望していると頼まれてご本人の履歴書を送っていただいた。そこには誰もが知っている有名ホテルの名前と、そこでどんな役職だったかなどが記載されている。しかし、そのポジションで「何を成し遂げたか」…つまり、どういう状況と売り上げのセクションに、どのように介入し、数字を上げたかなど、その人の行動や能力が具体的に分かるようなものではなかった。「どこのホテルやレストランで何年勤めました」というのは、今の時代において何の意味もなさなくなっている。ポイントは、そこでどんな毎日を送っていたかなのである。どんな結果を出したのかが記載されていないと今の人事は「会ってみたい」とも思わない時代である。

その方にはほかのホテリエが作る履歴書のサンプルをいくつか見ていただくことにした。本人いわく「目からウロコ状態」だったそうだ。今やっている仕事を、近くで見ていない人からも評価されるようなレベルでやっているのか。と結果を出し、胸を張って他人に説明できるような内容なのか。組織に所属しているということに甘んじず、常に自分に対して厳しく、冷静な評価をしておきたい。**重要なのは勤続年数ではなく、むしろその期間でどのような目標を持ち、何を達成したのか**。今一度考えてみていただきたい。

2010.10.1 掲載

76

「生き生きと働ける職場か」

昨年都内の有名ホテルに就職した新人ホテリエたちの中で、今も目を輝かせて充実した仕事を続けている人はどのくらいいるのだろうか。

ある新人は自分の同期がほとんど辞めてしまい、それでも何とか頑張っていたのだが、会社の先輩からは「お前もそろそろ辞めてしまうのか?」などと、やる気のなくなる趣旨の声をかけられて、本当に不安になったそうだ。本来であれば「よく頑張っているね」というポジティブな声をかけてほしかったはずである。

このように、残念ながら新人にモチベーションを与えるどころか〝つぶし〟に入ってしまっている例を多く聞く。

毎年、多くの新人がホスピタリティーの世界に夢を持って入ってくるが、同時に大変な数の若者が去っているのも事実である。彼らが消えて行くのは単純に仕事が大変だからではなく、続けられなくなるような職場環境の悪さも影響しているはずだ。

若い世代を甘やかせということではないが、モチベーションを下げるような対応だけは考え直してほしいなと思う。若いスタッフが先輩の仕事を見ていて、「こういう先輩になりたい」というお手本となる振る舞い、特に言動を示してほしいのだ。

これは新人だけの問題ではなく、このビジネスにはもともとゲストからのストレスもあるので、そこに輪をかけてインターナルなストレスが重なれば、人間は心が折れてしまう。これまでに、実に多くの若者が弊社に駆けこんで、その窮状を訴えてきたのを覚えている。その内容をまとめるだけでも一冊の本ができそうなほどの量である。

少し前までは大変活力があって、皆が生き生きと働いていたホテルでも、そこのGMが変わったとたんに管理職が次々とうつ病になったという例も聞いた。問題の原因はGMがオーナーサイドばかり見ていて人件費を削り続け、現場が完全に疲弊してしまったことにある。

ホスピタリティー産業に従事している人は元来我慢強くて誠実な人が多い。それがたたって、無理を続けて精神や体をおかしくしてしまう人も多い。問題なのは、そういう**スタッフの〝異常な状態〟に気が付いているのは常連のゲストである**ということだ。

お客さまは楽しむため、リラックスするためにホテルやレストランに来るのに、そこのスタッフの顔が死んでいたのでは誰も来ない。結果としてビジネスも成功しない。ピープルビジネスとは何か、今一度考えよう。

2012.8.10 掲載

77

「誉める文化を持つ」

現場を経験したホテリエやレストランの方なら理解できると思うが、表面上では「ゲストの気持ちを理解する努力が大事」とか「すべてのゲストに最高のおもてなしを」などという話はよく聞くが、言うほど簡単なことではない。

私自身もそうだったが、現場で毎日戦っていると「こんなゲストがいるのか！」と驚くことも多々だった。無茶なことばかり言う人がいて、ともすればストレス発散のために店に来ているのではないかと疑ったほどだ。

しかし逆に、ゲストの中にはこちらが落ち込んでいる際にでもやる気にさせてくれるような人もいる。こういうゲストに会えた人は幸運だ。こういうゲストはホテルやレストランをうまく使いこなす客人としてのプロだが、あまり多くはいないものだ。

若い人たちには「尊敬できるようなタイプのゲストはそんなに現れない。しかし、嫌な客への苦手意識を乗り越えて、喜ばせて帰そうというポジティブな意識になったら本物のプロになれるんだろうね」とよく話している。

クレームの可能性などホスピタリティーの世界ではたくさん転がっていて、いつ起きても不思議ではないのだ。バタバタしていて普段の自分ができていることもできないときが落とし穴。勝負は100点を取らないと負けで、言いわけはできない。1点落としたときに口うるさいゲストに会ってしまえば、思いっきり叱られる。

逆に、そんな大変な最中に「良くやっていただいてありがとう」という救われる一言を言っていただいたこともある。恐らく、心の中では満足していなくとも、普段はよくやっていることを知っていて、励ましの意味で言ってくれたのだと思う。

果たして最近のゲストは彼らにそういう優しい言葉を投げかけてくれているだろうか。どんなに辛くても、**誰かが見てくれていて、良くも悪くもコメントをいただけることは現場の人間にとってとてもうれしいことだ**と思う。

われわれ業界人は他社のホテルやレストランを利用する際に、良い所を見つけてあげてコメントしてあげることを意識すべきではないだろうか。大げさに言えば、それで一人のホテリエ、レストランのスタッフの命がつながるかもしれない。

われわれがゲストになる際にはそのホテルやレストランの粗捜しにいくのではなく、誉めるポイントを探そう。ヒューマンビジネスを展開している割には、他人の職場では配慮のない人も多いのでは。

同じ業界にいる仲間たちなのだから、互いに誉め合う文化をもっと持とう。

2012.9.21 掲載

FROM THE PUBLISHER

4

F&B 視点

78

「世界規模の目線」

今から20年も前になるだろうか。東京都内の老舗料亭に外国人と一緒に接待で連れて行ってもらった際に、フォアグラやキャビアなど想像もしない食材が出され、和の改革、柔軟性、創造性に驚いたことがあった。その後、外国の料理人が和の食材・技を使うとは思えなかったが、情報伝達のスピードが変わり、同時に世界の消費者の柔軟性が出てきたことで、受け入れられるようになってきたと言えるのではないだろうか。

世界各国の良いところ、アイデアを導入している料理が増え、何々料理と決め付けることは少なくなった。例えば米国で出店していたノブ・松久氏が日本に進出する前、「果たして私の料理を日本人は受け止めてくれるのだろうか」と言っていたのを覚えているが、彼の影響もその一つであり、いま世界は日本料理とその素材に注目していることは確かだ。「これは何々料理ではないぞ」と思うことはかまわないが、ビジネスとして成り立っているかどうかがポイントになる。今ではスペインの最も予約が取れないレストランと言われている「エルブリ」のフェラン・アドリア氏の作る料理を非日常的と言うか、スペイン料理と定義するのが正しいかどうかは問題ではない。料理ほどその人の個性が表れるものはないと思うので、誰がどんな思いで作っているのだろうと人間性を見てしまう。その人が好きになれば、その料理もまた好きになれる。逆に素晴らしいと思える料理を食べてから作った本人に会うと、「やはりね」と納得してしまうことも多い。

世界各国から日本を訪れる料理人たちが目を光らせて「この国の人たちの求めているレベルの高さに感動する」と言う。そして必ず聞かれるのが「なぜ、日本料理をメインとしたホテルがないのか」。「青柳」の小山裕久氏も以前「和の料理長がホテルの総料理長をしているところがほとんど皆無なのは残念なことだ」と言っていた。今後世界と戦っていく際に、少し見方を考え直す必要があると思う。

料理は言葉を超えて世界を駆け巡る。だから発想が豊かでインパクトがあると、あっという間に世界に知れ渡る時代だ。いま、日本やスペインの料理は世界が注目しているらしい。私のところには「和の料理人を探している」という各国のホテルからの問い合わせが増えている。それだけ和が世界から求められているのはどうしてなのか。健康とか素材とか技を突き詰めていくと、実は最も優れている料理の一つなのだと言えるだろう。

昔、志摩観光ホテルの高橋忠之料理長が「〝料理人の世界〟って、なんてちっぽけな世界なんだろう。だったら、〝世界の料理人〟になってやろう」と言っていた。「世界」と「料理」を逆に並び変えたのだ。**世界で戦っていけるくらいのものかという目線に上げていかないと、すぐ近くの敵との戦いにも勝てなくなる。**世の中の動きから学ぶことは多いのだ。

2004.6. 4掲載

79

世界が認める「和」

ＮＹの料理人、デービッド・ブーレー氏をご存じの方は相当な米国通だ。コネチカット州生まれのブーレー氏は今年53歳。「ロジェ・ベルジェ」、「ポール・ボギュース」、「ジョエル・ロブション」などで修業した後ＮＹへ戻り、「モンラッシェ」という有名フランス料理店で料理長を務め、１９８７年にＮＹのトライベッカ地区にレストラン「Ｂｏｕｌｅｙ」を開業してその名を全米に広めた。一九九四年にはフランスの『ゴー・ミヨ』というガイドブックで19・5ポイントという評価をはじめ、国内外でたくさんの評価を得ている彼が、９月18〜24日にフォーシーズンズホテル丸の内 東京のレストラン「ＥＫＫＩ」でプロモーションを行なった。

ヨーロッパではすしが再度大ブレイク中である。ブーレー氏は今まで数回来日しているが、最近の世界的日本食ブームは本物であるという話をしていた。「日本料理の素材を扱う食材関係者は、今までアメリカでは基本的に日本から来るゲストや在米日本人を対象としたレストランへの卸しが多かったが、最近はアメリカ人の経営する和食店に食材を卸すことが増えた」と言っていた。元パーク ハイアット 東京のシェフだったライナー・ベッカー氏がロンドンで始めた店「Ｚｕｍａ」も和食店で、大ヒットしている。また、東京に外資系ホテルの運営関係者が大勢訪れ、すし職人を探したり、コラボレーションの機会をうかがっていることを思うと、これはすごいことだ。

ブーレー氏いわく「日本でも手に入らないようなみりんや素材がアメリカにあることを思えば、日本の食文化は本物でかなり高い評価を受けている」。ブーレー氏と並びNYで有名なフレンチのシェフであるジャン・ジョルジュ氏から、東京・赤坂の「Ｗａｋｉｙａ一笑美茶樓」の評判を聞き、ブーレー氏は「数週間修業させてほしい」と申し入れたが都合がつかず実現しなかったそうだ。今年6月に彼と会った際に「ここで働いて少しでも新しいことを覚えたい」と言っていた。

われわれが想像する以上に、日本の素材は世界で認められているようだ。その料理法もそうだが、今やスペイン、フランス、アメリカのトップシェフたちが来日し、日本を再度深く研究するということをこの数年行なっている。この2年は特に感じるが、「世界で勝負する」ということを考えると、やはり「和の心」なのだろうと再認識した。

ホテルでも同様で、**「そのままホテルごとほかの国に持っていっても勝負できるか」**ということがポイントである。世界と戦うとなれば、世界のトップホテルやシェフが認める「日本」で勝負するしかないのではないか。「和」のもてなしや心、今まで忘れていた日本を考え直し、デザインやサービス、アイデアに日本を盛り込むことを考えたいと思う。

2004.10. 8 掲載

80

「料理長も戦え！」

レストランはお金があればできるものではない。「お客さまあってのビジネスだから、顧客を持っているかが先にありきだ」とワンダーテーブルの林祥隆代表取締役社長は言っていた。料理人、支配人、ソムリエなどが転職するにあたり、一番の売りになるもの、そして新たな雇い主の興味を引くのは、「その人がどれくらいの顧客を持っているのか」ということである。顧客にとって信頼のおける職人は、どこへ行っても飯が食えるのだ。

先日、ロイヤルパークホテルの嶋村光夫料理技術顧問と「ホテルのダイニングはどうしたらもっと収益性が伸ばせるだろうか」という話をした。嶋村氏は「もっとコックが食材をアピールできる環境をつくらないと駄目だね。街中ではその日お勧めの食材を黒板などに書いてアピールしているけど、ホテル内のダイニングではなかなかそういう場面がない。そして同時に、料理人が顧客を持っていて、直接お客さまに、『今日うまいものが入ったよ』と言える関係が大事だろうね。ホテルオークラ東京の『桃花林』の梁樹能執行役員 中国調理総料理長なんか、2千人くらいの名刺を持っているからね。すごいよ」と言っていた。帝国ホテルとホテルオークラ東京という日本を代表するホテルのキッチンを体験した嶋村氏の話は、いつもストレートですっきりとするが、これが本音だと思う。人の心に訴えるうまいものを作るのが料理人の仕事で、それをビジネスにするのはまた違う才能だと思う。

現在、小誌では「ホテルダイニングの収益性」を追求する特集を組んでおり、有名ホテルの総料理長の対談やさまざまな方からのコメントをいただいている。新入社員の中で、料理人は初めから料理がしたいという明確な目標を決めてホテルに入るので、ほかのスタッフに比べたら、プロ志向の強い人間であることを再認識した。だから「職人」なのである。

この「職人」を生かすのは経営陣である。売り込みはマーケティングや料飲マネジャーの仕事であり、顧客の満足度を追い、キッチンにフィードバックするのはサービススタッフの仕事だと言える。その環境づくりはまさにオーナーや総支配人の仕事であり、儲からないレストランが存在するのは料理人の責任であると思ったら大間違いだと思う。

収益性の高いホテル内レストランを見ると、確かに人気の料理は存在するが、それ以上に、チームとして協力し合う組織がないとどうすることもできないことも分かる。すべての責任は組織全体にあり、最終的には総支配人やオーナーの考え方がそのまま数字に出ていると思わなければいけない。

数字の悪いレストランを抱えているホテルのオーナーや総支配人は、**自らスタッフの邪魔をしていないか、やりにくい環境をつくっていないかを再度考える**ことが「どのようにしたら儲かるダイニングがつくれるか」の第一歩であるかもしれない。

2005.12.16 掲載

81

「トゥール・ダルジャンの財産」

フランスのパリにある老舗レストラン「トゥール・ダルジャン」オーナーのクロード・テライユ氏が6月1日に他界した。東京店オープニングの際に直接会ってインタビューをしたのだが、その際に「君の財産は何だ」と聞かれた。一人っ子のため友人を大事にする私は「友達だ！」と言ったところ、次のような答えだった。

「それも確かに財産である。同時に目に見えるもの、家、クルマ、宝石、洋服のようなモノはすべて、盗まれる、燃える、なくなる、壊れる可能性のあるモノである。しかし、本来の財産とは目に見えないもの、あなたが話せる言葉、知っているにおい、味、記憶に残るシーンや気持ち、思い出や人間関係こそが本当の〝財産〟だと思う」

その後ずっと彼の話を思い出しながら過ごしてきて思うのは、やはり**財産とは「誰も私から盗むことも、壊すこともできないもの、私自身しか持っていないものを言うのだ」**と納得している。強烈なダンディズムとカリスマ性を持つテライユ氏から聞いたこの話は、今でも鮮明に記憶している。そういう意味でも偉大なレストラン経営者の一人を失ったことは、大変残念である。テライユ氏のご冥福をお祈りします。

一方、先日、そのパリの「トゥール・ダルジャン」でシェフキャヴィストをしている林秀樹氏に会う機会があった。キャヴィストとはワインの蔵の責任者で、レストランの地下1階と2階に眠る50万本を管理している。恐らくレストランの保有するワインの数としては世界一だろう。彼は大学3年のときに休学して、パリのエコール・ノルマ音楽院のヴァイオリン科で1年間学んだ。帰国後に復学して大学を卒業後の1982年に再びフランスに渡り、日本語講師のアルバイトを始めたが、その受講生の中にたまたまトゥール・ダルジャンのディレクターがいた。彼にトゥールダルジャンのワインカーヴに招待され、その歴史にとても感銘を受け、数カ月考え抜いた後に、86年からトゥールダルジャンのソムリエ・キャヴィストとしての見習いを始め、現在も現役のシェフキャヴィスト・ソムリエである。

世の中の流れが速くなるにつれ、ワインも昔ほどじっくりと寝かせてから飲む習慣が少なくなり、あまり長く保存することなく飲むことが多くなっているのは、「少し悲しいことだ」と彼は言う。しかし、それは仕方のないことだとも理解しているようだ。

トゥール・ダルジャンでは、すべてフランスワインのみを扱っているが、これだけの数のワインを管理するには想像がつかない大変さがあるだろう。しかし彼は「最近はコンピューターというテクノロジーもあるので、管理には役立っています」と語ってくれた。その言葉に、時代の変化に合わせて柔軟に対応する姿勢がうかがえた。パリの店を訪れる機会があったら、一度、唯一日本人のキャヴィストである林氏を訪ねるのもよいかと思う。

2006.8.25 掲載

82

「30分待ち」

先日、ワインの産地ナパバレーに行く用事があり、久しぶりに現地のワイナリーやレストランなどを視察してきたが、帰りにハワイに数日間寄った。滞在したハワイのホテルは現地でも人気のホテルで、週末の日曜日の朝ともなると現地のほかのホテルに滞在している人もそこへ朝食を食べにやって来る。当日ホテルに滞在していた私も、唯一朝食を提供しているレストランに行ったのだが、「30分待ち」ということで気分を悪くし、次の予定もあるため、部屋に戻ってルームサービスをオーダーすることにした。

ルームサービスを電話で注文して、運ばれてくるまで25分だったのは好都合であったが、待っている間にこのような人気のレストランでのオペレーションについて、いろいろと考えてしまった。人気ホテルのレストランにおいて「滞在客の枠をどこまでにするか」。これはとても難しい選択だろう。

30分待ちとなった原因の一つには、レストラン支配人の読みの甘さが考えられる。日曜日で混むことは分かっているはずだし、部屋の状況を見ればどれくらい忙しくなるかは想像がつくはずだ。しかし、それに対応した人員やテーブルの配置について、考えていなかったのだろうか。ホスピタリティービジネスの世界では、この読む力、想像力はあらゆる場面で必要である。それとも、イールドはあまり考えておらず、ほとんどの客が「待て」と言われてそのまま素直に待ってくれているので、問題なくやり過ごしているのか。

実はこのケースは多い。後で文句を言う客が少ないので、表面化しないのである。そのホテルに泊まっているゲストを、朝の大事な時間帯に待たせるのも、10分くらいなら理解できるが、堂々と30分も待たせることに抵抗感のない支配人と、何とかしようとする支配人とに分かれる。ルームサービスを取ってもらった方が、利益率がよいとまで考えているとは思わないが、朝食の混み具合の状況を前もって宿泊者に伝えてくれるホテルもあり、朝食一つ取ってみてもホテルの対応はさまざま。想像力による違いがそこに表れている。

過去にも何度か、国内の人気リゾートホテルでも同じようなことがあった。そのたびにテーブルが本当に埋まっているか見てみたり、スタッフの動きを観察したりして、本当に忙しくて待たされているのではなく、レストラン側の怠慢と当日の客入りの読み違いにあると確信したとき、本当にもったいないなと感じる。ほかのセクションのスタッフが頑張って、そのゲストのホテルへの評価がそれまで百点だったとしても、朝食ビジネス一つで減点されてしまうこともある。気を抜くところはどこにもないのだ。

滞在しているゲストを待たせて、外から来るゲストを優先するのか。滞在者に優先権を与えるのか。**最大限にビジネスを取り込むためには、想像力が要求される。**

2007. 4. 13 掲載

83

「理想の朝食」

私の朝食に対するこだわりは、両親の影響かもしれない。若いころホテルに勤めていたせいか典型的な和朝食を一切食べない父に合わせて、わが家ではフルーツやヨーグルト、トーストに卵料理というメニューが大半。和朝食は、旅行に行った際に母親が食べたいというので、それに付き合ってとるくらいであった。私自身も15歳から渡米していたため、典型的なアメリカンブレックファーストで育ち、当時は脂ギトギトのベーコンなどを朝から食べていた。その後健康志向の高まりにより、米国のホテルの朝食セレクションも随分と変わってきたと思う。

そんな朝食だが、最近は食べない人が増えているという。その理由は、お腹が空いていないとか時間がないといったことのようである。人それぞれ体調は異なるので無理にとは言わないが、朝食の楽しさを知らないというのはもったいないなと思う。

私は、今までに朝食を食べなかった日を思い出せと言われても記憶にないくらい、必ず朝食は食べる。ランチやディナーを抜くことがあっても、朝食を食べない日はない。世の中の栄養士や専門家も口をそろえて朝食は大事だと言っているし、それが刷り込まれているのだろう。ミラノで飛行機に間に合わないかもしれないというときにも、パニーニとカプチーノを両手に走ったし、ニースを朝5時に出て移動する車の中でもクロワッサンをかじりコーヒーは飲んでいた。今も、早朝から忙しいときでも、にぎり飯とゆで卵くらいは必ず食べる。理想は、朝早く起きて、散歩や運動でもして、余裕を持っておいしくガッツリと食べることだ。

先日70年代に開業し、米国ハワイ州で大人気だったオールディブレックファースト「Eggs'n Things」が原宿にオープンした。パンケーキやオムレツといった朝食の定番メニューを出す店で、4月は毎日のようにテレビで紹介されていた。私も実際に足を運んだが、楽しい朝食メニューとセレクションがあり、ホテルにも参考となるアイデアが数多くあった。この店を仕掛けたのは、あのタリーズコーヒーを広めた松田公太氏である。そもそも松田氏も、「自分もガッツリと朝食を食べるのが好きだが、ホテルではちょっと高い。リーズナブルでおいしい朝食を出す店を出したかった」という。

オープンしてからというもの、店の前には列が絶えることがない。朝食というマーケットの潜在的な需要の大きさを感じさせられた。一方のホテルも、ここ数年、朝食という商品づくりに注力しているようだ。ほとんどがブッフェスタイルになっているが、その内容は立地、ターゲットによってさまざまな工夫がされている。**早起きは三文の徳。きっとすてきな一日になるだろう。**

2010.5.21 掲載

「コルクからスクリューキャップへ」

今から30年も前だが、筆者が銀座のマキシム・ド・パリでアルバイトをさせていただいていたころ、たくさんフランスのワインを飲んだ記憶がある。そのときのワインの師匠は前日本ソムリエ協会会長の小飼一至さんだった。ピノノアールだったが、マキシムのハウスワインは絶品で、そのワインのコルクを調べてみると、なんと作り手はドメーヌ・コント・ジョルジュ・ド・ヴォギュエ（Domaine Comte Georges de Vogue）であった。ロマネ・コンティに次ぐほど有名な生産者がハウスワインを造るのだからマキシムという店はすごいものだなとあらためて驚いた思い出がある。そんな時代からワインを見続けているが、ワインの世界も大変近代化したと思う。生産技術も飛躍的に向上した。恐らく、世界のレストランで最もワインの本数を所有する店はパリのトゥール・ダルジャンであろう。その数は50万本と言われる。そのトゥール・ダルジャンでキャヴィストを務める林秀樹氏に話を聞くと、「この15年くらいで世界のワインメーカーの考え方も市場のニーズに合わせてなのか、ワインを比較的早く飲めるように仕上げるところが増えてきました」と話していた。

60年代、70年代当時のワインの中に20年も30年も寝かせて飲むことができるという代物があり、百ケース単位で買っているところへはわざわざワインメーカーが出向いてコルクの入れ替え（リコルク）のサービスまでやっていた時代がある。それを思えば、効率化と合理化の波がワインの世界にも押し寄せているということか。

また、オーストラリアやニュージーランドを中心にコルクからスクリューキャップのタイプにシフトしているところも増えている。たしかにエコロジーだが、ソムリエがコルクを抜く間にゲストと交わす会話がなくなるのは実に寂しい。飲食のシーンにも世界的な経済の動きが大きく影響しているようだ。

飲食のビジネスというのは実に多様で、大衆をターゲットとし、確固たるシステムのグローバルチェーンもあれば、店主の個性やこだわりがあり、毎晩一組のゲストしか相手にしないという個店レストランもある。どちらも私たちの食生活を豊かにしてくれる重要な店であり、味、サービス、料金とあらゆる観点から評価され、良いものが生き残っていく。

90年代にヨーロッパなどではファストフードに対して、スローフードという考え方とその活動が出てきた。ファストフードとスローフード。前述の話で言えばグローバルチェーンと個店レストランということになるかもしれないが、そのどちらも大事なのだ。

飲食の世界では毎年のように新しい業態、経営者、シェフたちが現れる。競争がとても激しい世界である。**生き馬の目を抜くような飲食の世界で活躍する人々に尊敬の念を抱く**とともに、われわれはメディアとして彼らの動きを注視し、応援を続けたい。

2011.8.12 掲載

85

料理と音楽

先日、あるレストランで食事をしている際、まったく音がないことに気がついた。なぜかと聞いてみると「料理に集中してもらいたいので」などなど、あまり面白くない説明だったが、私は料理と音楽はとても重要なハーモニーだと思っているので、まったく音がないと気になる。音があっても、有線放送に頼っている店などはポリシーがないから、おいしいイタリアンなのにボンジョビが流れていたりして、たびたび「どうして？」と頭をかしげてしまう。

逆に言えば、音のセレクションに気を使っているレストランと出合えば実に気分が良くなるものだ。

料理と音楽は実に密接だと思う。私が尊敬し、そして大変お世話になった音楽家の故加藤和彦氏も料理には大変なこだわりがあった。国内外いろいろと一緒に旅をさせていただいたが彼の学ぶ姿勢はいつも強く、恐らく数冊の本が書けるくらいの知識があった。作家の故影山民夫氏と三人で取材旅行をした際に聞いたのだが、実は加藤氏と影山氏は二人でホテルオークラの初代料理長のムッシュ小野正吉氏から直々にフレンチの基本を学んだというのだから、その探究心は半端ではない。

チェロ奏者でパリのホテル・リッツで料理の修業もしたという大前知誇《おおまえちか》さんも、恐らく食いしん坊で探究心が強い方だからこそ、男だらけのキッチンへ飛び込んだのではないだろうか。彼女が新潮45に書いた「大作曲家の胃袋のひだ」という原稿は興味深い。

フレンチでフォアグラとトリュフを使った料理を「ロッシーニ」というが、これはもちろん作曲家ロッシーニの名である。ロッシーニはフランス政府から終身年金が支給され、金のために曲を書く必要がなくなったので大好きな食の世界へ入り、自らパリにレストランを開けたというのは知らなかった。

また、トリュフを掘るための豚の飼育に専念し本格的にトリュフを料理に取り入れたのはロッシーニだったと書いてある。

さらにロッシーニはイタリア人であり、マカロニについても権威であると自ら話していたという。ナポリ産のマカロニにこだわったというロッシーニは「私の音楽について何を言おうと勝手だが、マカロニの調理法について私に意見できる者はいない」と言っていたとか。芸術家であり多彩な才能を持っていたという点では日本の北大路魯山人とも通じるものがあると大前氏は書いている。

やはり、音楽と料理は密接な関係だ。**皆さんのレストランでは今日はどんな音楽がかかっているだろうか。**

2012. 6. 15 掲載

86

「熱いものは熱く」

私は幸運なことに子どものころからその道の匠が作ったと言われるようなおいしい料理をホテルやレストランでいただく機会が多かったので、それについては感謝せねばならない。同時に、幸せな思いをさせていただいていることに感謝し、少しでもこの世界にお返しができれば、という気持ちで気がついたことはストレートにお伝えするようにしている。細かなことは別として、おいしい料理は作った料理人の思いや仕事に対する姿勢、そしてこだわりを感じることができる。こうした真摯な姿勢やこだわりに接することで、私の料理感は構築されたと思う。

料理そのものにフォーカスしすぎるのは日本人の国民性なのだろうか。あるとき、山本益博さんが辻調理師学校の創設者である、辻静夫先生が語った言葉を教えてくれたことがある。「同じテーブルに座ったメンバーとの会話の中身がとても大事、さまざまなことを語り合い、刺激し合い、中身が面白ければそれで良し、さらになおサービスや料理が良ければもっと良い」

これが辻先生の言葉で、「料理などは所詮そんなもの」という考え方は私の中では深いものがあった。ただし、所詮そんなものということは、逆に言えば完成度が高くて当たり前で、楽しい会話を邪魔するような料理では最低レベルだということ。

最近、私が気になるのは〝温度〟。熱く出すべき料理を宴会やレストランでは熱く出していないし、店やホテル側はそれを気にもしていないように感じることが多い。味と同じくらい、いやそれ以上に温度は大事だと思う。

先日ある人を介して、実はあの京都吉兆の辻嘉一さんも温度にはうるさかったと聞いて安心した。30年前に書かれた彼の言葉を引用するとこうである。

「料理はタイミングよく出すことです。最近の日本料理は、恥ずかしながら熱というものを忘れとります。温泉街なんか行きますと、蓋ものの蓋をとったら中が冷たいような料理がございますねえ。これでは、日本料理を若い人が食べなくなるのも無理はないと思いますね。（中略）どんな大勢の宴会でも、料理を温かく出す工夫はございます。椀ものは、椀だねを入れて客の前に置きますね。汁は西洋料理でスープをつぎ分けるのと同じようにやるわけです」

熱いものは熱く。冷たいものは冷たく。**まったくの基本だが、意識がそこにあるかどうか、**である。

2012.6.22 掲載

87

「想像を超えるということ」

先月末、服部学園理事長の服部幸應先生が委員長を務める「世界料理サミット実行委員会」が開催された。G9と言われる世界9カ国の調理関係者が東京に集い、国内外の料理人の技術、料理文化の国際交流、日本食を世界へ発信・拡大するための日本食のプランディングについて、食育普及・向上、将来の食事情についてなど、さまざまな会議が開催された。

そのサミットの中で、ひと際筆者の目を引くシェフがいた。スペインのバルセロナから来たクリスティアン・エスクリパというシェフだ。スペインで長年続く菓子店の4代目のシェフであり、ヨーロッパのベストリーの世界では知らない人はいないという有名シェフだ。

今回のセミナーでは彼の作る想像を超えるお菓子を披露してくれた。

最初に見せてくれたのは「食べられる壁」というタイトルのついたもので、宴会場の壁一面にさまざまな種類のスティック状のお菓子を張り付け、色や配列を調整して会社のロゴに見せたり、地図にしたりしていた。参加したゲストは皆喜び、驚き、また楽しみながら壁についているお菓子を取っていた。ほかにも「動くケーキ」や、映像とＬＥＤを融合させたお菓子などが登場し、エスクリパシェフいわく「想像力を生かせばできないものはない」という言葉の通りだった。

ホテルの一般宴会やブライダルはパターン化されたものが多く、実は結婚式を挙げるカップル以上に列席した人たちが喜ぶようなアイデアがあまりないような気がする。ワクワクするようなもの。壮大なスケールのもの。小さくても記憶に残るもの。そういうものは宴会を提供する側の情熱や、驚かせたいという姿勢から来るのではないだろうか。予算がない、前例がないでは、何も進歩しない。知恵を絞って、いろいろなことにチャレンジするエスクリパシェフの姿勢を見てほしい。

ホテルやレストランのシェフたち、そして関係者も、やはり**ゲストから「感動した」とか「今までに見たことがない」と言われることが大きなモチベーションになる**のではないだろうか。「良かったです」というコメントは「まあまあだった」と同じ意味で、次にはつながらない。それこそツイッターやフェイスブックに「こんなスゴイ宴会だった、結婚式だった！」と伝えてもらえるようなものにすることが大事ではないだろうか。

常に新しいことにチャレンジすることでチームとして体験も実績もできる。経営陣はそういう環境を作って欲しい。

2012.10.5 掲載

88

「アイアンシェフ再び」

ご存じテレビ番組「料理の鉄人」が新しいバージョンで再スタートした。今回は「アイアンシェフ」という番組名になっているが、世界ではこちらの方が名が通っている。

アメリカのプロの料理人の間では人気があり、ここ数年多くのアメリカで働く料理人や関係者から「日本に行って実際に番組に登場したシェフの料理を食べたい」という問い合わせをたくさんもらった。

同時にアメリカ国内、特に大都市での和食や日本料理店の人気もあがり、ロスのレストラン人気店のランキングには常に5軒、多いときだと10軒くらいは日本料理店がランクインしている。すなわち、ここ数年で日本料理が世界でポピュラーになった要因はさまざまだと思うが、この番組の影響も大きいと思う。

1993年に放映開始になったころは、ここに登場するチャレンジャーがいないということを聞いていた。「あれに登場して負けたら顔がつぶれる」、「負けることが恥ずかしい」という〝負け〟を最初から意識したため出演を拒んだ方が多かった。

こういう番組はどうしても勝ち負けに話が及ぶが、私個人としては一つの食材を二人の料理人がどのようなプロセスで調理に取り組むのかが一番面白いポイントで、「こんな発想があるか！」と驚きの発想を垣間見ることができることが楽しみであったわけで、結果としてのたった数人の審査員による評価はあまり気にしていなかった。

それよりも、世界80カ国以上で放送される番組だということを意識していただきたい。世界中に「日本の料理は何とすごいのか」とアピールできるわけだ。もっと世界から評価されるべき日本の料理（和食だけではなく、日本人によるあらゆる料理）をどうアピールしていくかを国家レベルで考えていくべき。

日本人の料理を世界へプロモーションすることで、例えば彼らに使われる食材を作っている農家の皆さんもプライドを持てるだろうし、さまざまな農産物、海産物、加工食品などが世界に売れる。

わが国にやって来る多くの料理人やフードジャーナリストの皆さんといつも話すことは、この国の品質の高さ、緻密さ、繊細さ、どれをとっても世界一だということなのである。

この国が世界で戦える料理の質や考え方をきちんと継承していけたら、最終的にはもっと観光やビジネスに良い影響を及ぼすと考えるのは私だけではないはずだ。

料理人の皆さんは、そういう背景まで背負っていることを意識し、自らを磨いて欲しい。

2012.12.21 掲載

89

「世界で二番目においしい国」

松嶋啓介というシェフをご存じだろうか。「KEISUKE MATSUSHIMA」というレストランをニースに持ち、開店3年目の2008年、28歳でミシュランの1ツ星を獲得。その後同店は14年まで7年連続でミシュランの星を維持し続けている。

また、09年には同時に東京原宿には「レストラン アイ」を開業。現在は東京とニースを行き来しながら、自らの強みである「食」を通じて「どうすれば日本が世界にもっと知ってもらうことができるのか」と常に考えながらさまざまな活動を展開している。

数年前に松嶋氏と一緒に食事をする機会があったが、日本の観光政策、経済の話をした際に彼の本気度を強く感じ、これからとても大事な役割を担う一人になることは間違いないだろうと感じた。

彼いわく、世界でも最も多くの観光客が訪れるフランス（外国人旅行者の数は8千万人を超える）に実際にそこに住み、ビジネスを展開し、日本だけでなく地元＝ニースを世界に売り込むための活動もしているのでフランスから学べることはたくさんあるという。

例えば地域を売り込むときも、企業や政府が単独で行なうのではなく、さまざまな人や企業、団体を巻き込んで皆で活動することでその影響力は大きくなる。それを見た彼自身も日本の多くの関係者を巻き込みながら活動を展開していこうとしている。

松嶋氏の情熱的な活動には共感をする人間も多いようで、料理の世界はもちろん、それ以外の世界でのネットワークもとてつもなく広い。

仮に彼が東京都知事選にでも出馬しようものなら相当な影響力を持つ人たちが数多く彼のサポーターとして名乗りをあげ、その顔触れに皆が驚くだろうと想像できるくらいだ。

松嶋氏は最近出した『10皿でわかるフランス料理』(日本経済新聞出版社)の中で「料理人とは、料理を通して土地と民族の歴史を引き継ぎ、それらを時代に適応させながら、未来へ継承していく仕事だと思います。その道は長く、険しいですが、僕はこれからもフランスの地方料理をもっと勉強して、さまざまなことに感謝しながら、料理を通して自分の世界を広げられたらと思っています」と語っているが、そういう彼の〝思い〟が多くの人たちを引きつけるのであろう。

その松嶋氏が先日ディナーパーティーを開催し、そのスピーチの中で「ようこそ世界で二番目においしい国、日本へ!」と話したのだが、さすがだと思った。**控えめな、日本人らしい言葉でありながら、その奥に自信と、おもてなしの心が感じられる。**

さらなる外国人旅行者の来日が増えると予想される今後、堂々とこの言葉で彼らを迎えたいものだ。

2014.5.9掲載

90

「世界は遠くない」

世界は本人の意識次第で広くも狭くもなる。しかし、日本の料理人にとって一つのあこがれの地とも言えるパリですら、もはや決して遠いものではない時代となっていることを多くの若者たちは認識すべきであろう。

先日、久々にパリに行ってきた。本稿でたびたび紹介している「RED U-35」の訪問審査のためで、もともと長く滞在する予定ではなかったのだが、さらにエールフランス社のストライキも重なり、結局1日半ほどの滞在となってしまった。しかし、その密度は大変濃いものであった。

読者の皆さまはご存じだと思うが、今年2014年に発行されたフランス版のミシュランガイドにおいて、20名の日本人料理人が星を獲得した。しかも、その多くが日本料理ではなくフランス料理の料理人で、日本人がこのような高い評価を受ける背景に何があるのか、興味津々であった。

パリでは短い時間の中ではあったが多くの料理人たちに会うことができた。20代で活躍する日本人も多くいたが、その多くは日本できちんと基礎を勉強した上でフランスにやって来ているようであった。

中でも特に印象的だったのは、今回エントリーをしている若者の一人で、23歳のときに渡仏し、当初3年は誰もが行くパリにはあえて行かず、地方料理を数年勉強したというシェフだ。わずか28歳で今年末に自分の店を開業しようとしているということで、彼と話をしていて考え方も素晴らしく、フランスに来てとても密度の濃い時間を過ごしたのだろうということが分かった。

また、もう一つ印象的だったのは、パリのレストランオーナー間での日本人に対する評価が高いということを聞いたことだ。「今自分の店の料理長が辞めたら真っ先に探したいのは日本人だ」というオーナーが増えているという。そこには日本人は欧米系の職人と比較して勤勉で、仕事上の注文にもよく言うことを聞き、問題点に対してすぐに改善をしようとする姿勢があるからだという。それだけではなく、料理の基本をしっかりと学んでいて、器用だという点も人気の理由だそうだ。

見方によってはオーナーにとって都合よく使いやすいからという見方もできるが、そのような理由はどうでも良い。先人たちが積み重ねてきた信頼によって、日本の料理人にとってこれほどまでに大きなチャンスがやって来ているのだ。

今、日本の料理人にとって世界という舞台は遠くない。少しでも思いがあるのであれば、**未来ある若い料理人たちには今こそ勇気を持ってチャレンジをして欲しい**と強く思う。

2014.10.24 掲載

91

「復活の狼煙《のろし》」

10月31日より新しく生まれ変わったヒルトン東京のダイニングフロア「TSUNOHAZU」。非常にユニークなつくりで今後が楽しみであるが、何よりもこのチャレンジはかつて常に最先端を走っていたヒルトンを思い起こさせるものであった。この「TSUNOHAZU」がホテル全体を活性化させる起爆剤となるか、期待したい。

２１７１㎡の2階フロアに５３２席。そこには和食、中華、洋食、バー&ラウンジ、パティセリーがシームレスにつながり、提供される料理はそれぞれの伝統も受け継いだものもあれば新しいチャレンジも見受けられる。

「TSUNOHAZU」とはヒルトン東京が建つ地がかつて呼ばれていた地名「角筈」に由来するそうで、ここにも日本に初めてやってきた外資系ホテル「ヒルトン」のプライドが感じ取れる。

全体構成と設計を担当したのはご存じの方も多いであろう、元スーパーポテトのメンバーで過去に多くのホテルやダイニングを手掛けたデザイナーNAO Taniyama & Associateの谷山 直義氏で、「20くらいの空間がつくれそうなアイデアをすべて一つのフロアに投入した」と言っていた。実際、２２４席ある中国料理「王朝」だけでも23種類のイスと25種類のテーブルがあり、同じ店でも違う空間が楽しめるようになっているところも興味深い。

現在、多くのホテルが改装を検討していると聞いているが、ヒルトンが10億円以上を投じて行なった大規模なリノベーションは食体験も含めて一度見ておくべきであろう。

また、印象的だったのはメディア関係者を100名以上集めて行なわれたプレス発表の内容だ。ALAN J 氏と TSUOHAZU アンバサダーを務める森泉氏による司会。非常に良く作り込まれた映像や音声と共に、総支配人とデザイナーによってコンセプトが伝えられ、最後にはユニフォームの披露をファッションショー形式で演出した。さまざまなメディア担当者たちも「これまで見たことがない」、「非常にユニークだ」と喜んでいた。

それを見て、もう何十年も前になるが、かつてヒルトンが常に最先端のアイデアを提案し続けていた時代を思い出した。当日は、ヒルトンのOBも数多く来ていたが、皆同様であったようだ。

ホテルのダイニングが新しいステージに行かなくてはならないことは、誰よりも現場の皆さまが感じていることであろう。ヒルトン東京がこのようなアイデアを生み出し、形にし、大きなインパクトと共に世に送り出したこのチャレンジは本当に素晴らしいものである。ぜひ**このチャレンジが全体の活性化の起爆剤となることを期待したい**。

2014.11.28 掲載

92

「おいしくて、身〝心〟健康」

食事が体に及ぼす影響については以前よりもよく知られるようになり、最近はおいしくて体に良い食事というのをよく見かけるようになった。しかし、食事が心に及ぼす影響についてはまだあまり知られていないように感じる。この分野は食を扱うホテルやレストランだからこそ深く追究し、取り組んでいくべき領域であると言えるだろう。

最近の若者たちの犯罪や事件を見て、どうしてこれほどまでに曲がった人間になってしまったのだろうかと感じることがよくある。家庭や育った環境などさまざまな理由があるはずであるが、実は食べてきた食事がメンタルに与える影響は大きい。例えばグルテンは無気力や集中力の低下、感情の激しい起伏の原因になると言われており、女優のミランダ・カーやアン・ハサウェイ、そして錦織圭のライバルの一人、ノバク・ジョコビッチなどはグルテンを抜く食事法を取り入れている。

うつ、無気力、短気、キレる…などなど、これらのような精神的に不健康になるために〝効果的〟な食事は日本に恐ろしいほど多く、そしてわれわれの身の回りで当たり前に販売をされている。このような時代だからこそ親は勉強をしなくてはならないのだが、そこでもうけている企業たちのさまざまな圧力によってそういった情報はなかなか一般人の耳には入ってこない。恐ろしい話だが、マーガリンのように海外ではとうの昔に販売禁止となったものが、日本ではいまだにスーパーなどで普通に売られているのだ。

先日、ザ・プリンスパークタワー東京の開業10周年のイベントにおいてNYで著名なシェフであるデイヴィッド・ブーレイ氏に久々に会った。彼はすでに30年も前からバターやクリームを使うフランス料理から脱却し「体の内側から元気になれるおいしい料理」の研究に取り組んでいるが、米国では近年、薬の治療だけでなく、普段から食べる食事を研究し、医療に役立てようとする動きが始まっており、彼は米国の栄養士はもちろん、医師たちからも支持をされている。医療技術の進化で遺伝子検査などが取り入れられ、アンジェリーナ・ジョリーが乳房切除や卵巣摘出を行なったように、これからは確実に「Wakiya一笑美茶樓」などを展開する脇屋友嗣氏も真剣に取り組んでいる「医食同源」という観点での〝食〟に対する考え方も変わってくるであろう。

そして、**まさにこの〝食〟こそ、日本のホテルやレストランが取り組めることではないだろうか。**心と体の健康に対する注目が高まる中、大きなチャンスがあると言える。ここに真剣に取り組んだ企業が将来大きく伸びることは、想像に難くないことである。

2015.4.10掲載

93

「料飲ビジネスの原点」

レストランや宴会、婚礼のような料飲ビジネス市場では、料理や酒だけでなく施設などのハードウェアやサービス、そして演出などさまざまな差別化要素がありさまざまな企業が独自性を打ち出そうと努力している。しかし、どれだけ表面を彩っても努力を重ねた結果最終的に行き着くところは同じであり、そこをないがしろにしていては必ず限界が訪れるものだ。

「『しょせん宴会料理なんて』、『ブライダルの宴会料理はこんなものだろう』というイメージを良い意味で裏切りたい」と某ゲストハウスの新社長は力強く語っていた。その後同社ではいかにその期待を裏切るか、レベルの高い宴会料理を提供するか、同時にサービスレベルを上げるかに真剣に取り組みはじめている。同社はSNSなどの口コミで、施設面の素晴らしさを褒める一方で料理に関するコメントが少なかったり、「あまり期待をしていなかったがおいしかった」というコメントを見て、「料理をもっと頑張らなくては」と思ったからだという。

私も仕事がらさまざまなパーティーや宴席にお呼びいただくことが多く、数多くのホテルやレストランの宴会料理を比べることができるが、中でも都内で数軒だけ抜きんでておいしい料理を提供していたところがある。話を聞いてみると、そこは原価も高く、さらにより良い料理を提供すべく社内で新しいアイデアを共有するチャンスが数多くあったり、またライティングや提供する皿の種類、盛り付けなど常に工夫して取り組んだりしているという。パーティー主催者のカラーに合わせ、それに合わせた料理を提供する努力も怠らないので、いつも同じような料理を出しているところと大きな差がついたというのがよく分かる。

リーマンショック直後は、特に宴会料理においてはいかにコストを削って利益を確保するかに一生懸命取り組むマネジメントに対し、年中宴会を担当している企業担当者やパーティーなどによく出席をするＶＩＰ、メディア関係者からはひそかに「あそこは料理のレベルが落ちたね」、「ポ ーションも小さくなった」など嘆きのコメントを数多く聞いた。某婚礼企業などは「フードコスト８％を目指せ」というスローガンを掲げていたと聞くが、それはとんでもない話でそういうところは必ずどこかで壁に突き当たることになる。

最近特に料理に力を入れ始めたという話を聞くことが増えたが、**この料飲ビジネスは料理が本業であり、どれだけ演出やサービスだけ努力してもかならずそこに行き着くものだ。**一方で料理は口で言うほど簡単ではなく、向上に向けた努力を続ける企業には頭の下がる思いである一方で、まさにこの領域こそやりがい、そして挑戦のしがいのあるところであると応援の思いも込めてお伝えしたい。

2015.9.11 掲載

FROM THE PUBLISHER

5

他ジャンル視点

94

「隣国とのコミュニケーション」

政治の話はあまり好ましくないと思うが、われわれの代表である日本の政治家たちの拉致問題などを含む外交や、彼らの行動には幻滅を超えるものがある。

海外からどう見られるか、どう付き合うかというのは、大きな意味で旅行産業界全体や一部都市ホテルに影響してくることもあるのだが、現在、中国とは安保理と尖閣諸島問題、韓国とは竹島問題、ロシアとは北方領土問題を抱え、首相はローマ法王の葬儀に参列せず、米国では日本車が売れすぎて、もうすぐ日本商品ボイコットが起きるのではないかというほどの危険なゾーンにきているが、特に効果的なソリューションもないようだ。

海外投資家のお金がたくさん国内に流れ込んできていろいろとやってはみたが、事業再生ファンドとリートで不動産の仕込みもだいたい終わったと言われている。やっと少し体力を戻した日本側が今度はその気になってきたので、外資はそろそろ抜けるかと売り始めている部分もあるようだ。だいたい不動産投資信託は今、地方の金融機関が一生懸命やっているそうだが、それはバブル期に不動産融資で痛い目に遭ったからだ。今回はアメリカでも成功しているリートで購入するから安心だというのだ。

確かに、日本はアジアの中でも比較的安定しているから投資対象になるのは分かるが、同時に脇が甘いので敵対的買収のえじきにもなりやすい。また、地震など何が起きるか分からない国であるリスクは以前と変わらずで、もともと行なっていた企業や投資家は別として、素人のような銀行家が集まってやっていても危険な話である。

新しいことを学び、「それはグッドアイデアだ」とよく勉強もせず手を出すことが大きな間違いの始まりだろう。リーダーは毎日たくさんの新しい情報を手にする。すぐに取りかかる人と、じっくり調べてから実行する人の差がここに出る。新しいことが素晴らしいことではなく、何が本当に大切で真実なのかが重要だ。

大手コンサルティング会社を採用して、5年間も多額の投資をしてもうまくいかなかった米国の有名デパートの社長は、ある雑誌のインタビューで「有名大学出の有能と言われている人たちの話に乗る前に、自分たちの顧客にこの行為が顧客のためになっているのかを聞くべきだった」と言う。

問題ばかりに注目しないで、日々起きる「機会」をものにできるよう、トレーニングに時間とお金をかけるべきで、ハードウエアや何か一点だけではとても競争には勝てないのだということをもうそろそろ認識しないといけない。いつもスタッフの、景気の、そのほかの何らかの問題のせいで結果が出せないと言い訳ばかりして、責任を取らないでいると、政治家と同じように国民の無関心、社員の無関心、期待度ゼロを招くことになるだろう。

2005.5.27 掲載

95

「オーストラリアに学ぶ」

オーストラリア政府国際教育機構（ＡＥＩ）という団体がある。これは連邦政府&教育・科学・訓練省の国際教育部門として設立され、オーストラリアの教育研究機関と関連団体とともにオーストラリアの教育分野の国際化を推進するところである。オーストラリアは、留学生のための教育サービスを国家法として制定している珍しい国でもあり、同じく海に囲まれた日本にとって、今後参考にしたい仕組みである。

米国のコーネル大学のホテル学科では、世界のホテルでのベストプラクティスを集め、どのような教育をしたら世界に通用するホテリエが育つかを常に研究しているが、各国の教育機関からその成功事例を集め、そこから最善の教育法をクリエートしていく世界のベストプラクティスをまとめ、研究することによって、よりレベルの高い、自国だけでなく世界で通用するプログラムが開発可能になる。

今回、「愛知万博」会場内にあるオーストラリア館で「エデュケーションウイーク」が開催された。その中の一日が「ホスピタリティー教育の未来」というテーマで、日豪双方の関係者・教育者が集まった。私も参加し、「ホテル業の本来の仕事は人材教育ではないが、人材教育をしっかりとやらないと競争には勝てない」という問題認識に至った。

人材教育をコストと考えず投資をすること、皆が嫌々参加するようなつまらないセミナーや研修をしないこと、セミナーや研修が最も必要なのはリーダーであることを認識し、人を育てられるリーダーをつくることが大切だと私は思う。

話は変わるが、1990年代に米国で生まれた国家賞で、バブルがはじけた後の米国産業の活性化に大きな影響を及ぼした、経営の品質をたたえる「マルコムボルドリッジ賞」をご存じだろうか。この賞ができたおかげで、会社は儲かっているだけではなく、「顧客本位か」「独自能力があるか」「社員を重視しているか」「社会貢献ができているか」も査定されることになった。ザ・リッツ・カールトン・カンパニーは、同賞を二度受賞している。過去にこの賞を受賞した企業では、従業員のことをパートナーあるいは協働者（Co-Worker）と呼び、部下のことをアソシエイトと呼ぶところが増えているそうだ。**リーダーが一人で戦うスタイルはすでに終わった。「全員が戦力となり戦う時代だ」**と小誌でも教育の重要性を説いているのだが、まだまだ現場の教育レベルが上がってこないのである。

オーストラリアはすでにホテルと教育者がとても近いところで論議を交わし、どんな人間が必要なのか、その必要な人間を育てるために必要なプログラムを開発し、少しでもレベルの高い人材をつくる努力を始めた。われわれも悪口を言い合うのをやめて、前向きな話をスタートさせることが、厳しい戦いに少しでも役立つことだと再認識した。

2005.6.24 掲載

96

最後の晩餐

ホテル・レストランは多くの常連客とファンに支えられてビジネスを展開している。その顧客に対して「感謝の気持ち」を日ごろどれくらい表現できているだろうか。ある人は「サービスで返すのだ」と明確に言う。サービスの中にもいろいろな考え方があり、ほかの客との細かい差別化、マニュアルを超えたサービス、居酒屋ならもう一品出すというレベルのものまでさまざまだ。

先日、友人からある感動のストーリーを聞いた。末期の胃がん宣告を受けた患者さんが最期の願いで「ぜひ食べたい！」と言った品は、トゥーランドットの脇屋友詞シェフが作る「フカヒレのスープ」だったそうだ。この患者さんと奥さまのお気に入りのレストランが横浜の「トゥーランドット 游仙境」で、昨年がん宣告をされて以来ずっと闘い続けている二人は、いま静岡のホスピスで最期の闘いをしている。

夫の願いをかなえてあげたい奥さまはもちろんすぐに店に連絡したが、その段階ではスープをテークアウトすることが不可能だった。何と、現在横浜地区で起きている問題がハザードとなったのである。その問題とは、有名店やホテルを狙ってテークアウト商品を購入し、そこに異物や菌などを混ぜて、賠償金を狙う詐欺が多発しているそうで、その危機管理の一環として「テークアウト禁止令」が敷かれているのだ。本当に心無い一部の悪質な人たちのために、本来のサービスができなくなっているのはとても残念なことだ。

話を聞いた友人は脇屋シェフを直接知っていたので、その奥さまの代わりにシェフに連絡をして事情を説明したそうだ。脇屋シェフはすぐ「ぜひ私のスープをお届けいたします」と答え、奥さまは大変喜んだという。

容体が悪い末期の方も、おいしいものを口にすると、その瞬間ぱっと目を見開き、元気な顔になる。「食ってすごい」とその友人は語っていた。

人が最後に食べたいものはいろいろあると思う。食べられないものもあるだろう。このような状態でなくても、入院中に「あれが食べたい」という気力がその人を「元気」にする。「最後に何が食べたい？」と聞かれて、「あのホテルの、あのレストランの思い出の一品を」と言われることはとても光栄なことで、その思いに報いたいのが当然だと思うが、思いもかけぬ問題や障害で不可能になってしまうこともあるということを学んだ。

今までお世話になったゲスト、これからもお世話になるゲストに感謝の気持ちを忘れてはならない。ゲストのみならず、出入りの業者さんから下請け、株主など多くの方々に支えられてホテルやレストランのビジネスは前進できる。**感謝の気持ちを普段から表現できるようにしておく**と、もっと気持ちのよいホテル・レストランになるのではないだろうか。

2005. 7. 8 掲載

97

「女将の心」

旅館に行くとそこの女将さんが出てきてくれていろいろと世話をしてくれる。この女将の存在はゲストにとって非常に大きい。ゲストへの細かい気配りは、相手の心理を察知して時には先回りしてくれる精神が必要なので、多くの経験と修業が必要だ。

また、スタッフへの配慮と監視も鋭く、自分を磨いている女将さんに出会うと本当にほっとする。ホテルであれば、支配人だったり、時にはコンシェルジュだったりと特定することはできないが、いろいろと頼むことができる頼りがいのある存在がいるのと、いないのでは、大きな違いがある。たとえ肩書が付いていなくても、女将と同じ「心」でやっているスタッフに出会うと同じく期待を超えた感動や安心がある。

東京・青山にあるレストラン「サイタブリア」にいる石田弘子さんという女将さんをご存じだろうか。私はいつも彼女の気配りや動きを見ていて、〝この人やるな〟と感心していた。女将的存在の中でも最も女将らしい精神と動きを持っている人だろう。ちなみに現在は、来年3月に就航するスターフライヤー(新しい航空会社)の講師も務めているそうだ。

彼女の育った環境を聞いてみると「昔から祭りになると、隣近所の皆さんも遊びにおいでと気軽に迎え入れるような家だった」と言うし、自身がとても楽しんでいるように見えるのが素晴らしい。しかもそれは自分の努力とは言わず、「ゲストの皆さんとレストランのスタッフから教わったことであり、いつも感謝の気持ちを忘れず向上したいと思っている」と聞き、彼女がいる限りこの店は安心だと思った。

レストランでは、通常はレストランの中だけにサービスが集中するのが当たり前だが、石田さんのような女将さんのレベルになると、ゲストが外からほかのレストランについて尋ねても対応するし、ゲストと買い物まで付き合ってしまうような人間関係、信頼関係を築いている。そのロイヤルティは半端ではない。

特にわれわれのやっているビジネスでは、サラリーマン的発想を考え直すことが重要であり、そのために自分が女将になった目線で考えると、ゲストのために何でもやってあげようという精神が生まれる。その上でゲストの立場に立って、自分自身のサービス時における言動を常に確認することをチームのみんなに徹底するのだ。徹底するためには一度言ったから大丈夫とか、朝礼で言っているから大丈夫というレベルで安心してしまうのではなく、毎日休まず、こつこつと築いていくべきものだと私は今でも信じている。

だからこんな大変で厳しい環境でも、頑張れるのだろう。**われわれは自分を愛し、ゲストとその周りのサポーターを愛し、人に喜ばれる最高のビジネスをやっている**のだから。感謝の気持ちを忘れず、女将の気持ちでゲストのハートを射止めたいものだ。

2005.10.14 掲載

98

「ホテルにはドラマが詰まっている」

昔から映画を見る機会は多い方で、特にホテルやレストランでのシーンはいつも楽しみにしているが、年が明けてから見た2本はタイトルに両方とも「ホテル」が付いていた。『ホテル・ルワンダ』と『THE有頂天ホテル』である。

『ホテル・ルワンダ』は1994年にアフリカで起こった実話で、ルワンダの民族間の争いが大虐殺に発展し、3カ月で百万人もの罪なき人々が惨殺されるという中、現地の4ツ星ホテルの支配人が行き場のない人々をホテルにかくまうというストーリー。アフリカ版〝シンドラーのリスト〟ともいわれているこの映画で活躍するホテルの支配人は、ホテリエとして培った話術と機転を生かしさまざまな危機を乗り越えていく。

初めは自分の家族だけを守りたいと思っていたが、状況が悪化する中、最終的には千200人もの仲間を救う過程を描いているが、地震や災害が起こった際にホテルが地域の皆さんにできること、またその役割を考えさせられるものである。

『THE有頂天ホテル』は、ご存じ三谷幸喜監督作品。ホテルというステージでの主役はゲストであるが、脇役のホテルスタッフの舞台裏の人間ドラマも描かれており、総じてホテル内にはたくさんのストーリーが日夜展開されていることを理解できる映画だ。

国内で成功した例は、パークハイアット東京を舞台にした『ロスト・イン・トランスレーション』だろう。これは、米国からビジネスでやって来た俳優（ビル・マーレー）の日本滞在のストーリーを描いており、フランシス・フォード・コッポラ監督の実の娘であるソフィア・コッポラ自らが監督している。当時総支配人のマルコム・トンプソン氏と交渉し、撮影中はゲストに一切の迷惑をかけないこと、必要最低人数での撮影（客室では役者とカメラマンとアシスタントの３人だけ！）を条件にひそかに撮影された。結果、世界的なヒットとなり、「飛行機の機内で映画を見たから」とか、「主役の座っていたニューヨークバーに行ってみたい」など多くの人々が訪れるスポットとなり、稼働率に大きな貢献をした。

映画の舞台としてはハリウッドに近いロサンゼルスが多いが、前出のマルコム・トンプソン氏が現在勤めるパークハイアットロサンゼルスは、以前メル・ギブソン主演の『リーサルウェポン』の中で使われたし(当時はＪＷマリオットだった)、すぐ近くにあるリージェントビバリーヒルズでは、ジュリア・ロバーツとリチャード・ギア主演の『プリティ・ウーマン』が撮影されたりと、ホテルは映画のシーンに多く登場する。

「ホテルにはドラマが詰まっている」。だからこそ、監督、脚本家、映画関係者が使いたいと思うのだろう。**もっとホテル側が映画関係者にアプローチするなどして、多くのホテルが映画に登場してほしい。**これほど素晴らしいプロモーションはないのだから。

2006.1.27 掲載

「自答」

総合経営研究所の内河健所長やヒューザーの小嶋進社長をはじめとする耐震強度偽装問題にかかわった面々、堀江貴文氏率いるライブドアの逮捕された面々、そして東横インのハートビル法違反などでの西田憲正社長の会見での無神経な問題発言と、細かい動機や手法は違うのだが、総じて「金儲け主義」のにおいを感じてしまう。

ビジネスでやっているから金儲けはとても大事だ。しかし、このような問題を起こす企業のトップには全く自分のやっていることへのプライドもプロフェッショナリズムも感じられないし、業界全体のイメージさえ悪くしているのはいかがなものだろうか。

人をだましたり、法令違反を計画的にやったりと、レベルの低い、情けないことがあまりに多く悲しい。リーダーの考えが甘く、世間をなめているからこんなことになるのだろう。そんな人間がどこにも、しかも集団でいるとは信じたくもない。だから今回も、その集団の中にあって、まともなマインドを持った人間がいるからこそ、「内部告発」があったり「情報提供者」が現れたりするのだろう。

ホテルやレストランでもあらゆるところで「危ない行為」はあると思うが、それがエスカレートして「人に迷惑をかけなければなんでもやってよい」と誰が判断したのか。個人情報保護法の施行後も、一部の役員がセミナーを受講しただけで、特に何の対策も行なっていないホテルもあると聞く。コンプライアンスとはそもそも何なのか。そろそろ社長自らが自答しておくべきだろう。あなたの会社は内外部から「刺されることはないのか」と。

もともと「水商売」と言われた時代を経たホテル・レストラン業界。世間からだいぶ遅れている世界という扱いで、長い間どんぶり勘定でやってきた世界であり、いろいろな意味でいいかげんなところが多いかもしれない。しかし、それを変えようと多くの諸先輩が努力してきたことも確かである。その思いを踏みにじる行為は、業界全体としてとうてい許すことはできないのである。

今後も少しでも良い人材に来てもらう業界を目指すのであれば、それぞれの努力を結集して業界全体を改善していかなければ明るい将来はない。かかわる人すべての気持ちが重要であり、「少しくらい、いいか」という発想では当然良くならないのだ。

「うまくやればよい」と楽観的にとらえていた人も、これだけ立て続けに司直の手にゆだねられると、これはさすがに考えなくてはならないと思ったのではないだろうか。これを天からのメッセージだと受け止め、再度各社の**コンプライアンスはどうなっているのか、経営者自身の近辺も見直す機会**になったのだとしたら、大きな痛みを伴った今回の一連の事件も、意味があったと言えるのではないだろうか。

2006. 2. 10 掲載

100

「あいまいなサービス料」

先日、ある人気テレビ番組の製作スタッフから「今、一流ホテルの極上スイート特集を企画しているのですが、スイートはなぜあんなに高いのでしょうか。本当にリラックスできるのですか」と聞かれた。普段あまりホテルになじみがない人から見れば、40万円や50万円という大金を出してスイートに泊まるということ自体、理解に苦しむのだろう。

東京都内には今後、一泊200万円というスイートも出てくるようだが、どのホテルも値段で勝負をしているわけではない。本当になされるべきなのは、サービス内容の勝負なのだ。スイートに宿泊する人の中には、自分でそのスイートの数倍の大きさを誇る部屋がいくつもある家を持っている人もいるし、世界に家を数軒持っていて、自家用ジェットで移動する人もいる。つまりそこには、わざわざスイートに宿泊する意味があるということだ。

中近東のある石油王は、スイートのあるフロアを年間契約し、先払いしている人もいる。「そんなに長期間ホテルに泊まるなら家は必要ないだろう」と思う方もおられるだろうが、そうではない。このような人たちは好きなときだけ、好きなようにそのフロアを使うために先払いしているのだ。契約している人たちが使用しない日には、ホテルが自由にほかのゲストに販売することも可能なので、ホテルにとってもありがたいビジネスと言える。

ただ、ここで問題にしたいのは、スイートの豪華さや値段、そしてその使い方ではない。ポイントは、スイートに宿泊したときのサービス料である。50万円のスイートのサービス料は5万円、そして5万円の部屋のサービス料は5千円である。ここに10倍のサービス料の差があるが、どれくらいのサービス内容がこの二つのスイートでは異なるのだろうか。

テレビ番組ではぜひこういった点をホテルに突っ込んで聞いてほしいと思う。しかし、日本のメディアはおそらくまだまだそのレベルには達しておらず、値段のすごさや部屋の大きさを見せる段階なのだろう。こうしてテレビではサービス料について取り上げられることもないので社会問題にもならず、ホテルはあいかわらず自動的にサービス料をチャージできるというわけだ。なんともラッキーな収入である。

税金は理解できても、夜遅くにチェックインして何のサービスも受けずに翌朝早くにチェックアウトする客から、10%を取るのは本当にいかがなものか。フロントに聞けば「決まりですから」と答えるのだろうが、もしも「絶対に支払いを拒否する」という客が現れたらどうするのだろう。

一人ならまだしも、これが立て続けに起きたらどうするのだろうか。レストランも同じである。**サービス料をチャージするなら、その内容についてぜひ社内でしっかりとした答えを持っていて欲しい**ものだ。

2006.11.17 掲載

101

「フォーマルなレストラン」

先日、あるリゾートホテルにチェックインしたときのことだ。その晩のディナーを考えていたところ、ホテル側から「フォーマルなレストランと比較的カジュアルなレストランがある」と伝えられた。そこで「フォーマル」なレストランを選択したのだが、サービス、料理ともにきちんとしたもので、そのレベルの高さに感動した。しかし、ドレスコードが書いていなかったせいか、似つかわしくない格好のゲストが多く見られた。

年末のパーティーなどに招かれると、ドレスコードが書いてあることが多い。ドレスコードは、海外ではかなり厳密に守られているが、日本では意外とルーズである。「フォーマル」と書いてあっても「タキシードは面倒で大変だから」という理由で、ダークスーツで来る。それを問題ないと思う前に、その宴会の趣旨、つまりなぜ「フォーマル」をドレスコードにしているのかをよく知っておく必要がある。海外の方はこういうルールをよく守るなと、いつも感心するが、これは**自らの決定というよりは相手に対する配慮、または主催者に対する敬意の表れだ**ったりするのであろう。

その昔、マドリッドのリッツやロンドンのコノートホテルでは、朝食からジャケット着用である。どんなに地位の高い方が来ても、ダメなものはダメ。入店拒否である。もちろん、ジャケットがレストランに用意してあるので、それを着用すれば入店することはできる。

マキシム・ド・パリがシンガポールで開業したころ、地元の名士と言われている方がポロシャツで現れた。その際にきちんと店側から「ジャケットだけ羽織っていただきたい」とルールを告げているのに羽織らなかったので、入店を拒否したことが問題になった。しかし、ほかのゲストを守るためにも、やるからにはそれを「徹底すること」が重要である。

「フォーマルなレストラン」という表現は、その人の感覚やセンスによって、いかようにでも取れる。まあ、そこはリゾートだから、ロングスリーブのシャツ（カラーあり）とか、簡単なジャケットで来てほしいという意味だったのだろう。そこに言葉のニュアンスを伝えることの難しさがあると思う。ドレスコードがあるわけでもないのに、フォーマルなレストランと説明を聞いた私が、「ドレスまでそうか」と勝手に勘違いしたのが悪いのだろう。しかし、そのフォーマルなレストランで見かけた男性陣は、Tシャツとか、ひどいものになると裸足にサンダルで来ていた。

いくら「フォーマルなレストランだ」と言っても、リゾートホテルでドレスコードを守っていただくのは難しいだろう。それでもフォーマルなレストランにしたいのであれば、席数を限定するなどした上でそれを徹底すべきだ。中途半端な状態で、Tシャツのゲストとジャケット着用のゲストが隣同士になったら。そんな場面は想像したくない。

2008.7.4 掲載

102

「コルベール委員会」

シャネル、ディオール、バカラ、ラリック、エルメスやブレゲといった、ファッション、宝石、香水、食に関して世界にその名を轟かすフランスの名門ブランドがメンバーとなり、長年にわたって培ってきた伝統と個々の技術を次世代に継承していこうという趣旨で発足した委員会がある。その名を「コルベール委員会」という。

昔と異なり、流通や製品開発などの環境が大きく変わっている。老舗ブランドもただ〝古きよき〟というイメージに頼るだけでなく、常に新しいものを生み、進化させるため、次世代の後継者たちの育成に真剣に取り組んでいることに深い感銘を受けた。老舗というのは常に革新的であり、革新的であるからこそ、長く支持されてきているのである。古いものをただ守っているだけでは衰退してしまうことになりかねない。

当時、この「コルベール委員会」の代表をしていたアラン・ブシュロン氏（宝石の老舗ブシュロンの社長）にインタビューする機会があり、その活動について詳しく聞いた。同委員会のメンバーにはレミーマルタン（コニャック）、ローランペリエ（シャンパン）、クリストフル（カトラリー）、パリのクリヨンやホテル・リッツなど、ホテルやレストランにも関係するブランドもあり、さまざまな活動をしているが、中でも最も印象的だったのは「フランス国内の小・中学校の課外活動の一環として、生徒に各ブランドの工場や農場、製作過程を実際に見学させること」だ。それにより「将来自分もこの世界に入ろう」と思ってくれるよう、その素晴らしさと誇りを子どもたちに見せていく。ブシェロン氏がインタビューの中で言った最後の一言が、今でも鮮明に頭に残っている。それは「その国の文化を継承するものがいなくなったら、その国の存在価値もなくなるということだ」と。

都内にある子どもが職業体験できるテーマパーク「キッザニア」が注目されており、今でも連日満員の状態となっている。来年の3月には兵庫県内の甲子園にもオープン予定だが、小さいころにその仕事や内容を実際に体験したり知ることは、将来自分は何になりたいかという夢や希望につながり、実際にその道を進もうと考えたりすることにもつながる。それは、とても素晴らしいことだ。

ホテルやレストランで地元地域とのコミュニケーションを図るため、子どもたちを定期的に集めてイベントを開催しているところも多いと思う。そこからさらに一歩踏み込んで、**次世代の子どもたちにホテルやレストランの現場を見せてあげたり、さまざまなホテルやレストラン内での仕事や、それをサポートする仕事を体験**させてあげるプログラムを組んでみてはいかがだろうか。それは、そのホテルやレストランのためだけでなく、われわれが培ってきた〝おもてなし〟という文化の継承にもつながるはずである。

2008.10.17 掲載

103

「オーラのある人」

先日テレビを見ていたら、今年73歳になる加山雄三が自身の「人生の三カン（冠）王」の話をしていた。彼が挙げたのは、「関心」、「感動」、「感謝」。この三つの要素は生きていく中でとても大切であるという。私もこれには同感だ。三つとも同じくらい大事な要素だと思うが、特に最近物事に「関心」のない人が多くなっているように思う。

こういう仕事をしているので、若いころから経営者やリーダーといった人生の大先輩とお話しする機会に恵まれている。その中で感じたのは、年齢を重ねていくごとに面白くなくなっていく人と、逆に、年齢を重ねて魅力を増し、人を引き付けるオーラを強めていく人の2パターンに分かれるということだ。

その差は何か。これが、「関心」なのだと思う。いろいろなことに関心を持っている人は若さとエネルギーがあり、若い者にとっても刺激となる。そして、目標となるのだ。「歳だから、人生面白いことがない」という人に限って、本人の話を聞いても面白くも何ともない。一方で、元気で楽しそうにしている人を見ていると、周りもうれしくなる。魅力的に年齢を重ねることを目標にする人が増えれば、日本はもう少し元気になるのではないだろうか。

年齢や時代の流れのせいにして、自分自身を変えようとしない人は多い。特に、「伝統」や「歴史」という言葉には魔力があり、変えてはいけないものだと意固地になってしまいがち。

つい先日も、蔵前国技館で大相撲を観戦する機会に恵まれた際に、同じことを感じた。いわゆる「升席《ますせき》」といわれる席の販売方法と、その決して座り心地の良いとは言えない席に、改革の必要性を感じた。貴乃花親方が「無理をしてでも改革をしなければ」と理事に立候補したと報道されていたが、実際に現場を見て、その言葉がよく理解できた。

相撲は国技であるため、人気が傾き気味と言っても、そこそこのビジネスにはなる。それゆえに、時代の流れに合わせるとか、顧客の声に必死で耳を傾けるといったことをしてこなかったのだろう。窮屈な升席なるものの狭さとその心地の悪さには、ホスピタリティーのかけらも感じられず、またしかるべき時代感覚を感じられなかった。

これをわれわれの世界に置き換えてみると、いわゆる老舗、伝統、名門の世界にあぐらをかき、勘違いに浸っていないか、ということだ。改革や改善が必要であるのに、まったくそういう意識がない。自らゲスト側に立ってみて、その心地の悪さを痛感すべきだ。

つまらない老人でこのまま終わるか。**いつの時代も魅力的で、次世代に刺激と学びを悟らせることができる人になるか。**

それは、時代のせいでも年齢のせいでもなく、個々人の責任なのである。

2010.5.28掲載

様変わり

先日、3年ぶりくらいにシンガポールを訪れた。筆者が初めてシンガポールに行ったのは1983年で、当時もホテル開発案件が多かったが、この数年はさらに加速して様変わりしたと思う。

今回、現地ではWeb in Travel（WIT）というカンファレンスに参加した。同会はアジア諸国を中心に世界から旅行業関係者が一堂に集り、インターネットによるマーケティングや新しいビジネスモデルについて報告し合い、それらについて議論する場である。今回もソーシャル・ネットワーキング・サービスやツイッターを用いて、どのようにマーケットにアピールしているのかなど、さまざまな事例が紹介された。今年で三回目となるWITには弊社も第一回から協力企業として、日本からのゲストスピーカーを紹介するなどのサポートをしている。

日本からはすでに楽天トラベル、じゃらんネット、一休ドットコムなど、ネットエージェント各社のトップが参加し、日本国内のウェブによる旅行手配の事情についてプレゼンしている。また、ホテル経営・運営企業のアゴーラ・ホスピタリティーズの浅生亜也社長は同会のファシリテーターとして参加している。

ディスカッションでは各国の旅行代理店や航空会社からは日本についての質問が活発に飛び、彼らが日本について高い興味を持っていることを改めて認識することができた。

筆者が初めてシンガポールへ海外出張したころ、旅行代理店各社はテレックスを使って予約情報をホテルに流していたが、すぐにファクスが登場し、そしてインターネットによって変わった。インターネットによるマーケティングやクチコミはホテル・レストラン事業者にとって重要な仕事になっている。日本の場合、フェイスブックのような圧倒的存在がないので、ミクシィやグリー、ツイッターなど、それぞれを場面に合わせて活用しなければならず、各社頭をひねられていることと思う。どのツールが最大派閥となるのか、どのサイトがどんなユーザーを取り込むのか、そういったネットの潮流をいかに読むかも、今後の戦略に大きな影響を与えそうだ。

ハードの話をすれば、**インターネットもスマートフォンの普及によって、人が旅行に行くまでの動き方は大きく様変わりをしている**。今回、筆者はユナイテッド航空で現地へ飛んだが、予約、チェックイン、座席のリクエストを携帯上で行ない、携帯をボーディングパスとして飛行機に乗り込むことができることを知り、驚いた。荷物を渡すときだけは人の手を介すが、それ以外はすべてスマートフォン上で完了である。20年前と比較すれば、大変な様変わりを体感するフライトであった。

2010.11.12 掲載

105

「夏のクレーム」

ホテル業界はかき入れ時の夏休みである。どのホテルもうれしい悲鳴を上げるくらい忙しい状況であることを願いたい。

一方で、そんな夏休みだからこそ普段は滅多にホテルを利用しないゲストもやって来る。「年に一度だから」と特別な目的や意識を持ってやって来るゲストが増えるので、ホテルやレストラン側としても普段は出会えない新しい顧客にアピールできる機会が増えるのだが、同時に、常連とは違ったリクエストがあったり、ハプニングも増えたりしてクレーム処理などが大変になるのもこの時期だ。

先日も、筆者のところへ知り合いを通して、外資系ホテルで一晩5万円するホテルのスイートへ女子20人で泊まりたいというお願いがあった。

もちろん「ホテルには規定があって、お部屋に実際に泊まれる人数は限界がある」と丁重にお断りしたが、いったい何をするのかと聞いたら、「主役の女子の誕生日会をお部屋でやって、枕投げをしたい」という回答だったので笑ってしまった。そういう夢をかなえてあげるのもホテルの仕事かもしれないが、ほかのゲストに迷惑がかかることだけはできない。

友人の総支配人がまだサンフランシスコのホテルでナイトマネージャーをしていたころ、そこにローリング・ストーンズが滞在し、夜中に部屋でどんちゃん騒ぎをしていたことがあるという。ナイトマネージャーをしていた彼のもとへはストーンズの下の階に泊まっているゲストからクレームの電話が何度かあった。もちろん彼はストーンズに静かにするよう伝えたのだが状況は改善されず、翌朝、彼は上司である総支配人に呼び出されてこっぴどく怒られたそうだ。

総支配人いわく、「下の階の方はホテルの常連で年間に50泊しているようなＶＩＰだろう。私に言わせれば、数年に一回しか来ないゲストなど、ストーンズであろうが、どこかの国の大統領だろうがＶＩＰに迷惑をかけるならつまみだすか、その部屋の電源を切ってしまえ！」ということだった。

以来、そのときのマネージャーだった彼のポリシーは明確となり、相手が誰であろうがホテル内、レストラン内でほかのゲストに迷惑をかけるゲストは誰であっても毅然《きぜん》たる態度で接するようになったそうだ。そうしないと、本当に大事なゲストとの信頼を失うからだそうだ。

ビジネスの世界では「パレートの法則」と言われるが、２割の常連客が８割の売り上げに貢献してくれているというのは経験則からも言えることが多い。

いったい誰を大事にして、誰に注意しなければいけないか。判断は難しいが、ビジネスの切り口から考えれば答えは出てくるものだと思う。

2011.8.19掲載

106

「トップの決断」

日本が今後、本気で観光に力を入れていこうとするのであれば、より柔軟性のある考えを持って積極的なプロモーションを行なっていかなければならない。前例にとらわれず、大きな決断ができるか。これは国だけでなくわれわれ事 業者にとっても重要なことであろう。

某日、D氏とトム・クルーズは国土交通省にタクシーで乗り付けた。当時の国土交通大臣であった北側一雄氏にノーアポイントメントで面会を試みたのだ。そこには民放4社のカメラもついてきていた。急な来訪者に一時騒然となったが、結果として大臣との面会となった。北側大臣はトムを大歓迎し、D氏とトムはカメラが回っている前で映画『ミッション：インポッシブル3』の撮影で東京都庁の使用を要請。北側氏はその場で撮影の協力を承諾した。

これは、実際にあった出来事である。ネタばらしをすれば、D氏は北側氏をよく知っていた。しかし、通常のアポ取りをすれば、密室の中で形式的な話しかできないであろうと判断。事前に「明日の○時にトムを連れて行く」と伝えておき、あえてカメラが回っている前で承諾をさせたのだ。しかし、その後北側氏が辞任をしてしまい、この話は実現しなかった。

その後、トムの「もう一案ある。ドバイでやりたい」という話を受け、D氏はトムと共にトムの自家用ジェットでドバイへ。そこでは政府関係者の驚くほど手厚い出迎えの後に5台のロールスロイスでブルジュ アル アラブへ。同じ話にドバイの関係者は「ぜひやらせてほしい。何でも協力する」とトントン拍子で話が決まったそうだ。

D氏はハリウッド系の映画のアシストをする仕事で長く日本に滞在しているアメリカ人。『ラストサムライ』はじめ多くの成功を陰で支えてきた実績を持つ同氏は、日本はこういった話がどれだけ日本の観光に貢献するかに対する理解がない、とよくぼやいている。『冬のソナタ』が大流行し、多くの日本人が韓国に行った。中国映画の『狙った恋の落とし方』の舞台となった東北海道に、多くの中国人がやってきた。映画の効果がどれほどあるのかというのは、想像に難しくないはずだ。

最近になって、やっと安倍晋三総理が「そういった対応のための公益社団法人をつくってみてはどうか」というアイデアを出したそうで、少しずつ前進はしているようだが、他国との歴然とした差には不安を抱かざるを得ない。これはマネジメントにも無関係な話ではない。**何か案件が寄せられたときに、そのリターンを見積もり、判断できる能力やセンスを持っているかが、結果として大きな違いを生む。**トップマネジメントは、ときに大局的な視点を持ち、決断ができることも重要なのである。

2015.7.10掲載

107

「ベストコンディション」

スポーツでも、ビジネスでも、ある程度のセンスとある程度の努力があれば、〝それなり〟のポジションは獲得できるかもしれない。しかし、本当のトップクラスとなれば、話が違う。常にベストパフォーマンスを発揮しようとするトッププレーヤーたちの姿勢は、われわれに今の自分が本当にこのままで良いのかと考え直させるきっかけを常に与えてくれる。

7月12日、ウィンブルドンにおいてノバク・ジョコビッチが2連覇、3度目の優勝を果たした。決勝の対戦相手は昨年同様、そして通算40回目の対戦となる好敵手のロジャー・フェデラーであり、これで対戦成績は20勝20敗とジョコビッチが追い付く形となった。先日、このジョコビッチが「グルテンフリー」に出会って見違える自身に驚き書いた著書『生まれ変わる食事』（三五館）を読む機会があったが、さすがに世界の頂点に立つ男は違うと改めて思わされた。

「今日でも世界でランキング200位に入る選手たちの大部分は、いつでも食べたい物を食べていて、コートでやっている練習以外のことはほとんど考えず、今得ている成功とそれがもたらす贅沢を楽しんでいるだけの場合が多い。（中略）だがトップ40位あたりに食い込むようになると、話は変わってくる。現代のテニス選手というのは非常にプロフェッショナルであり、肉体の管理と栄養補給は基礎中の基礎だ。（中略）ナダル、フェデラー、ツォンガ、マレーといった最高レベルの選手たちは、おそらく歴代の王者たちと比べてもはるかに強く、速く、肉体も鍛え抜かれている。

われわれは寸分の狂いも許されない楽器のようなものだ。もし私の体がほんの少しだけでもベストの状態からずれていたら―例えば、食べた物に対して体がうまく反応しなかったら―こういう選手たちと同じレベルで戦い、勝つことはできない。（中略）正しい食べ物を選ぶということは、単に肉体的スタミナにつながるだけではない。忍耐、集中力、前向きな態度にもつながるのだ」

世界のトップに立つ人間というのは、日々の練習はもちろん、食事にまで気を遣い、肉体はもちろん、忍耐力や集中力、そして前向きな態度といった精神的な面も含めた総合的な努力を怠っていないものだ。

翻って、われわれはどうであろう。**肉体面だけでなく精神面においても、さらに高いレベルを目指して努力ができているであろうか。**常に何が起こっても対応できるように、体調はベストコンディションを保てているであろうか。

世界のトッププレーヤーたちの姿勢は、われわれにまだやれることはあるのだと気づかせてくれるのである。

2015.7.24掲載

FROM THE PUBLISHER

6

愛読書からのサゼスチョン

108

「健康と安全」

健康志向の強いクライアントに対して、皆さんはどんな戦略を立てているだろうか。使用している塩、みそ、魚、肉などの食材のアピールから、そのプロダクトの生産過程、育てた人の話、育った環境の話といった、作り手の哲学も売るというものを最近はよく見かけるようになった。これは、安心のため、そして他店との差別化のためだろう。

これが当たり前になったら、次の手を考えることになる。中には「われわれのレストランで食べると健康になれます」と豪語し、その理由が延々と書かれているパンフレットやサイトもある。人間は毎日食べるものがそのまま健康と体に表れるという「医食同源」の世界を今の時代に再認識させせようという動きである。予防医学や老化防止を研究されている方々は、実は毎日の食材から栄養を取り、体の内側から健康を考えるという発想を持っている。それには「選食」のノウハウが今後必要となってくる。つまり、何でも食べれば良いというものでなく、「どんなものをどのように取るか」がとても大切なのだ。

小誌でもおなじみの服部幸應氏が編集長を務める新媒体『笑う食卓』（発売元：ブティック社）には、こんな考え方もたくさん盛り込まれている。家庭での親子の会話の中に食の話題が少なくなった今だからこそ、そこから始めようという発想の先には、食育、選食、環境問題、健康などがあるという考えだ。

一方、フランスの３ツ星シェフたちを驚かせたスペインの奇才、アドリアン・フェラン氏に言わせると、たまに外食する人に健康をアピールしてもあまり意味がないらしい。なぜなら、徹底的に突き詰めれば、体に良いものはあまりにも少ないことが分かるからだそうだ。レストランはぜいたくを売っているのだから、健康志向は普段の生活で実行し、たまには食べたいものを食べて満足感を味わっていただきたいという考え方もある。

家庭でできる料理のレベルは、情報の伝達力のおかげでかなりレベルアップした。言語道断の店舗とは、頑張れば家庭で作ることが可能な料理、もしくはそれ以下を平気で出して多額の料金を取る店だろう。こんな店は長続きしないだろう。

フードビジネスにかかわっている方々の今後のテーマはたくさんあると思うが、**健康と安全というキーワードは常についてくる**。まず、リピーターを獲得することは一番大切である。どのようにして「また来たい」「ここに来ると心地良い」と思わせるのか。また、売り上げを最大限に伸ばすために、周りのワインや食材の業者、その先でそれを実際に作っている人たちなどと、どのように全員が協力することができるか。

メニューを見ていて、「スタッフたちは作り手のことをどれくらい知っているのか」と思う。その哲学を継承できるレストランにはロイヤルティのあるゲストがつくと考える。

2005. 2. 11 掲載

「サービスの心」

ホテル・レストラン業界の永遠のテーマは「サービス」である。サービスに対する挑戦はエンドレスだ。スタッフも当然「ゲストを喜ばせよう、感動させよう」という気持ちは持っているだろう。スタッフにその気持ちを心から表現してもらうのに、コストはかからない。今の時代、ちょっとした気持ちが非常に大切で、マニュアルを超えた、相手の懐に心地良く入っていくサービスこそが、差別化につながるはずだ。

ホテル西洋銀座の元支配人で、現在武蔵野大学の助教授である洞口光由氏の著書『五つ星のサービス・マインド』（文芸社）を読み、うなずける個所が多くあった。

「学生からこんなことを言われたことがある。『先日、都内のホテル見学に行ったのです。外資系高級ホテルと日本企業系高級ホテルの違いに気づきました。それは外資系高級ホテルでは館内を歩いているとホテルのスタッフの方が笑顔で近寄って声をかけてくるのです。（中略）しかし日本企業系のホテルではスタッフの方と視線が合うと逸らすのです』」

これは一つとっても、教えるのにコストはかからない。トレーニングでは、マニュアルどおりの決まり事だけでなく、相手は生身の人間だからいつも同じように物事が運ぶわけではないことを教えなくてはいけない。さらに、大切なゲストを迎え入れる際の「気持ち」

を教えていないところが多い。まるでそんな気持ちは二の次とでも言いたげな人事担当者が多いことに驚かされる。人事だけでなく、そこに投資をしない会社のトップの考え方も理解できない。サービスレベルアップにはコストがかかると思っているのだろうか。

サービスとは人の心に訴えるものだから、当然、教育の中でもスタッフの心に訴えかけなくてはいけない。「なぜそうするのか」「それがどう自分に跳ね返ってくるのか」「その積み上げの先には何が起き、どう効果があるのか」を教える人が少ないのは大きな問題だ。

昔はゲストが教えてくれたり、先輩たちのプロフェッショナルな環境の中にいて、自然に気付き、身に付いたという人が多くいたが、今はだれも教えてくれない上にそんな環境が整っていないのも問題である。それが何も全部ホテルやレストランの経営者の責任とは言わない。サービスの質にはゲストのレベルというものが伴う。だからこそ、誰に対してどこまでやって、その対価はどのくらいになるのかということも明確にしておかないと、現場の気持ちがばらばらになってしまって、チームとしての結果が出ないだろう。

そもそもチームをまとめる人間にサービスメンタリティがなければ、この話も振り出しに戻ってしまう。ホテル・レストランで働く以上、「サービス」の心を忘れたら辞めた方がよい。くれぐれも自分たちがホスピタリティー産業にいることを忘れないでほしい。

2005.11. 4 掲載

110

名選手＝名監督

ＷＢＣの少し前、シアトルマリナーズのイチロー選手とロック歌手の矢沢永吉氏の対談をＢＳテレビで見た。人生の先輩、しかも多くのファンから注目されるエーちゃんの、イチロー選手に対する愛情あるアドバイスに彼の人生経験の豊富さと素晴らしさを感じた。

私は、伝説のロックバンド「キャロル」時代から矢沢永吉氏を知っているが、20年近く前に、アメリカ・ロサンゼルスのレストラン「松久」のカウンターで横に座る機会があった。オーナーシェフのノブさんに紹介され、いろいろと話した経験があるのだが、私のような普通の人にも気さくに受け答えをしてくれたことがあり、感動したことを覚えている。

イチロー選手はこの対談で、アメリカに渡ってからの苦悩や次のステップに進むに当たってぶつかる壁に関して「いろいろと遠回りをして気が付いた。乗り越えるための近道などはなく、結局自分から学び、周りから学び取ることが大事」と語っていた。ホテルやレストランの経営者やミドルマネジメントも、皆それぞれ悩み、たまには遠回りをして、後で気が付いたり、顧客や先輩からのアドバイスをもらい今に至っているのだと思う。

2月に出版された中谷彰宏氏著の『リーダーの条件』（ぜんいち出版）にも、「一流の選手はただ相手に勝つだけでなく、後進の指導をしながら試合をしている！」と書いてある。

仕事の現場ではスポーツの試合とは異なり、明確にコーチと選手という分け方になっておらず、リーダーもスタッフも現役の選手である。だからこそ、後輩の指導をする際にリーダーやミドルマネジメントの上司が、部下に実力を見せつけて部下を打ちのめすパターンが出てくる。「おれとお前はまだこんなに実力の差がある、お前たちはまだヒヨっ子だから修業しろ」とたたきのめしてしまうのだ。自分が指導しなくてはならない後輩や弟子をたたきつぶすのは二流のリーダーがやることだ。後輩に勝つことはもちろん必要であるが、一流のリーダーは勝つと同時に後輩をきちんと指導しなくてはいけない。

自分が勝ちながら相手に学ばせる。ただ負かすのではなく、「あの人に負けて悔しい、でもあの人みたいになりたい」と尊敬の念を持たれるように、リーダーは勝負の姿勢半分、指導の姿勢半分が必要なのだ。

ホテル・レストラン業界では多くの有望なスタッフが辞めていく。しかも最近は、以前にも増してまだ幼稚とも未熟とも言える若いスタッフが多い中、その人たちをやる気にさせ、強く育てるのは先輩やリーダーの役目である。

「名選手、名監督にあらず」とはよく言われるが、それは果たして本当だろうか。自分自身も才能にあふれ、そして後進の指導にもたける人物はいるはずである。**ホテル・レストラン業界ではいま、名選手＝名監督が求められている。**

2006.5.19 掲載

「上客を失うサービス」

小学館から今年の7月に出版された『世界最高のホテル プラザでの10年間』という本がある。著者はウェスティン・グループでシンガポール、サイパンそしてニューヨークのプラザで仕事をした奥谷啓介氏。この本の中でこんなくだりがある。

「私の常連客で東京の超一流ホテルに年間１００泊以上滞在している人がいる。いくらで泊まっているのかと尋ねたら、10万円のスイートを六万円にしてもらっているという。『１週間に一回は部屋に何か届くでしょう？』と聞くと、何も届いたことはないという。私は、嘘でしょうと言いたくなった。年間に１００泊だ。売り上げは６００万円を超える。私にそんなゲストがいてくれたら、移り気を起こされないように、到着時の他にも週に一回は感謝の手紙を添えて部屋に贈り物をする。常連客にはそうしたサービスをするのが、アメリカの一流ホテルの常識だ。（中略）日本で一、二を争う老舗ホテルが常連客の重要性を理解していないとは思えない。何か妨げになっているに違いない。（中略）日本のホテルのマネージャーと話をしていたら、そんな大盤振る舞いは、上司がいれば許可が取れるが、自分の権限ではできないという」

同様の話を、同じくあるホテルに年間１００泊近く泊まるゲストからも聞いたので、おそらく本当だろう。ホテルの担当は、ゲストへの感謝を表現するのがどうも下手なようだ。これはホテルに限らずレストランであっても、**常連に対する感謝の気持ちをどう表すかという大きな課題である**。そのゲストは先日、その100泊近く泊まるホテルから料金の値上げを通知された。そこで彼は「何かアップグレードとか、特典はあるのか」と聞いたら「何もない」と答えたので、そのホテルに滞在することをやめたそうだ。彼だけでなく関係者を含めると年間に150泊以上もしてくれる上客を、このホテルは失ったことになる。

ゲストは何もモノを要求しているのではなく、それこそ誠意である。感謝の態度一つあれば、もっとそこを使いたくなるだろうし、周りの人にも勧めてくれる。常連客を獲得することは、営業の担当者にとっては、その向こうに多くのチャンスが潜んでいる。だから、とにかく常連を大事にすることは国内、海外を問わず当たり前の行動のはずだ。それもできないような状況とは一体どんな状況なのだろうか。

予約はある種パズルみたいなものだ。簡単に言えば強気の料金で売れるのは、ベースとなる客を持っているからこそ。いつもゼロからのスタートでは、担当者のストレスは永遠になくならない。その効率を上げるためにチーム一丸となって戦っているのだ。皆さんのホテルやレストランでは、常連に対して感謝の気持ちを表現できていますか。そして、それを話し合ったことはありますか。

2007.9.14 掲載

112

日本の労働生産性

ある出版社から「サービスマネジメント」に関する本が送られてきた。現場経験のない学者が書くこの種のサービス本は、内容が難しくあまり面白くないことが多い。しかし、この本に書かれていた生産性については、非常に興味深いものであった。

「アメリカと比較するとわが国のサービス産業の労働生産性は平均してアメリカの6割弱で、小売業では5割、ホテル、外食産業では4割弱の水準である。わが国のGDP全体の6割がサービス関連であることから、サービスの生産性が低いことは国際競争の観点から見ても大問題である」ということが書かれていた。生産性を上げることは、売り上げに占める人件費の割合が大きいホテルやレストランにとって、非常に重要なことであるのは言うまでもない。

さらにこの本の中には「ある日本のビジネスマンがズボンを買いたいと、アメリカの巨大小売店の店舗を訪れた。その際、売り場には店員が二人しかおらず、遠くで何かほかの仕事をしている。そこでまた午後に顔を出すと、客が勝手に試着したであろうズボンが売り場にバラバラに散らばっていた」という話があった。そのビジネスマンは、これが日本のユニクロなら「売り場に少なくとも6人の販売員がいるな」と思ったそうだが、もし売上高が一緒だとすると、このアメリカの販売店の労働生産性は、ユニクロの3倍になる。
そこには、こういうアバウトなサービスを許してしまう文化とそうでない文化という違いがあるし、きめ細かく丁寧な仕事をする日本のサービスが世界から注目されているだけに、欧米化することが必ずしも良いとは言えない。規模の大きな店舗では、労働生産性の追求とサービスレベルの向上のバランスという戦いが常にある。

ホテルやレストランでは、顧客とサービス提供者の間での会話のやり取り、相互作用が価値を生み出す。常に変化する顧客の要求に応えるべく、サービス提供側はどんな引き出しからアイデアを出すか、プロとしての高い水準が求められる。そのため、特にフォーカスされた商品や個性のあるものを求める顧客を担当する〝サービスの達人〟が存在するが、今までは「その人だからできる」で終わっていた。これからはその**ノウハウをどのように共有できるかということが、労働生産性を上げるための共通の課題**となるだろう。これは一夜にしてできることではない。企業の理念やスタッフの満足度なども関係する。

ホテルやレストランでお客を無視し、自分たちの都合ばかりを考えるようになったら、わが国も終わりだなと思う。なかなか人が集まらないことに加え、今後の人件費の高騰を考えると、魅力ある職場づくりや仕組みづくりを通じて、ベターなサービスパーソンになれる組織の教育やトレーニングが、今ほど求められている時代はないと言えるだろう。

2008.1.18 掲載

「財務諸表は語る」

財務諸表が読めないことは、ライターとしてもコンサルタントとしても問題であると、社内でもよく話題に上る。本来であれば、財務に関する見識はビジネスマンのスタート時にある程度までの見識として履修する必要があるわけだが、それができていない。これは売り上げ至上主義や利益至上主義という日本の会社社会の悪弊とも指摘できる。勘定科目が分からないということは、ビジネスの世界における盲目を指すに等しい。収入と支出のバランスが分からなければ、ビジネスの遂行は困難なものとなってしまう。そのことを放置している経営体質が問題であると思う。

米国ダートマス大学のアンナマリア・ルサルディ教授が『DIAMONDハーバード・ビジネス・レビュー』（ダイヤモンド社）に記事を寄せているが、米国では経済学の初歩的なことや金利の仕組みなどを理解していない人が意外に多いという。この記事の中の、消費者千人を対象に行なった金融知識に関するインタビュー調査では「クレジットカードで千ドル借りているとしましょう。このローンにかかる金利は一年複利で年20％です。一切このローンを返済しなかった場合、このローンが2倍になるのに何年かかりますか」という選択式の質問に、正答である「5年未満」という選択肢を選んだ割合はわずかに36％、

18％は「分からない」と答えたそうだ。また30％あまりの人が、負債が2倍になるまでの時間を過大に見積もっていたという。金融知識に乏しいことで被る不利益は深刻で、教授は従業員に金融の教育を導入すべきだとも指摘している。

先日本誌でも紹介をさせていただいた本『ビジネスで大切なことはみんなレストランで教わった』（大和書房）は、実際に金融業界、ＩＴ業界を体験し、30歳で独立起業した岡田博紀氏が書いた本だ。これに分かりやすく書いてあるが、大きな企業であれば細かく分担をしているため、すべてを習得するのに何年もかかるマネジメントの経験を、街場のレストランではずっと短時間で学ぶことができるというものだ。レストランビジネスを体感した人は、どうしたら利益や売り上げアップにつながるかを常に考えているため、感覚的なものと数字を結び付けることができるようになる。

売り上げの中には、ただの売り上げと利益ある売り上げがある。世の中が不景気だから値段を下げるという、単純かつ自らの首を絞めることになるような対応ではなく、しっかりと次のステップを考え、少し先の景気を読みながらやることが大事ではないだろうか。

損をしてギリギリで生き延びるか、損をしているようなふりをして、それでも儲けてしまうのかは、**金融の正しい知識やビジネスの感覚があるかどうか、財務諸表が読めるかどうかで決まる**と言っても過言ではない。

2010.7.2 掲載

114

「九割の人は英語不要」

1980年代の中ごろ、出張でフランスやスイスなどのヨーロッパ圏に営業に行き、多くのホテリエと会う機会があったが、彼らにいつもこういうことを言われたのを記憶している。それは、「あなたは英語しかできませんか？　ほかにフランス語やドイツ語はできませんかね？」ということだった。

私はいつも「すみません、私は英語しか」と答えていたが、よく考えると彼らのようにヨーロッパで総支配人を務める連中の中には、二つや三つの言葉ができて当然という空気があったように思う。

あるグローバルホテルカンパニーの総支配人養成コースの内容を聞くと、総支配人になるには少なくとも三つの異なる大陸で仕事をし、二つ以上の言語をマスターし、五つ以上の部門を経験せよという条件があったから、英語だけでは厳しいなと感じたことがある。

私は海外のホテリエと日本のホテリエの差は語学力なのかと思っていたこともある。日本にも素晴らしいホテリエはたくさんいるが、言葉が苦手であるだけで海外でトップまでなかなか上り詰めることが容易ではなかったからである。

しかし、勘違いしてはいけないのは「英語ができるから出世できる」ということではないこと。**大事なのは「言葉ができる」ことではなく、「マネジメント能力があるか」どうかであるという根本を見失ってはいけない。**

最近、今年読んだ本の中でも最も皆さまにお勧めの一冊に巡り会えたので紹介したい。マイクロソフト日本法人の社長を務めた経験のある成毛眞氏が書いた『日本人の9割に英語はいらない』（祥伝社刊）という本である。

外資系企業のトップを務めた成毛氏だからこそ言えることなのだが、この本の中で氏は、今や日本では小学校から英語を必修にしてグローバル化の名のもとに英語教育が進められているが、学校教育やビジネスの場で英語圏のように振る舞うことが果たして明るい未来につながるだろうか、と問うている。

むしろ、今必要なことは「日本という母国を知り、自分なりの考えをしっかりと持ち、日本語でしっかりと伝えられる〝日本人力〟である」と成毛氏は言う。

ホスピタリティーにかかわる人たちは、恐らくこの本のタイトルで言うところの残りの1割に入るので、ホテルに勤めている人たちはしっかりと語学を勉強してもらいたいが、本当に大切なことを見失わないでほしい。

この本は、今の日本のおかれている現状や日本の素晴らしさ、ビジネスマンとしての心得など多くを学べる一冊であった。

2011.10.28 掲載

115

「ほめるな、叱るな、教えるな」

人材育成というのはいつの時代になっても変わらず重要であると同時に、マネジメントたちの頭を悩ませるものであろう。しかし、実践数を積み重ねることの重要性というのも、これもいつの時代になっても変わらないものである。

先日『アドラーに学ぶ部下育成の心理学　「自ら動く部下」が欲しいなら ほめるな叱るな教えるな』（日経ＢＰ社、小倉広著）を読む機会があったが、非常に興味深い内容であった。

例えば、「やらされた体験からは人はあまり学ぶことができない」という説明の中で、「あなたは上司からある指示を受け、言われた通りにやって失敗したとします。あなたは反省しますか？」という問いに10人中10人が、言われた通りにやったのだから上司の責任だと思うと答えるはずであり、またこの部下は上司に言われた通りやって失敗をしたのだからそこから学ぶこともないだろうとしている。そして同じく、成功をしたとしてもそれは上司の手柄でありうれしくもないだろうと書いている。自分の意識で決め、試行錯誤する中での体験だからこそ人は学ぶというものであり、なるほどと思わされる。

また、人は失敗という痛みをバネにして「今度こそは」と試行錯誤するもので、それが人の成長のプロセスでは大事である。仕事において部下は失敗する権利がある。それを上司が先回りして奪ってはいけない。上司がすべきなのは部下に失敗を経験させること、そしてそこから学び取るチャンスを与えることである。という部分も、印象的であった。タイトルの「ほめるな叱るな教えるな」という言葉にもあるように、あまり細かに教えてはいけない、というのがアドラーの基本的な考え方の一つにあるのだろうと感じたが、その昔、某ホテルの料飲トレーナーが同じようなことを言っていたのを思い出した。スタッフが危ういサービスをして戻って来たときに、裏で「何をやっているんだ」といきなり叱っては本人のためにはならず、まずは行動を振り返らせた上で「こういう方法の方がスマートだよね」や「どうするべきだったと思う?」と話しかける方がスタッフ自身の気付きが多く成長をすると。

最近は世代間での大きな価値観、考え方の差のせいか、部下や新入社員をあたかも宇宙人のような言い方をしてあきらめているような者もいるが、医療業界の研究開発などで「センミツ」と呼ぶ、1000の研究の中で製品化するものは三つくらいしかないことにひたすら取り組み続ける人たちがいるように、サービスでも同様で、**トライアンドエラーの積み重ねが人を成長させる**という点を再度認識し、未来の人材育成に根気よく取り組んでいただきたいものである。

2014.10.10 掲載

116

「リミタシオン オリジナール」

ホテルやレストラン、婚礼の世界ではビジネスとしては日々そんなに新しいことをやっているわけではないだろう。先人たちが築いてきた基本的な考え方として基本やコンセプトを受け継ぎながら、世界中の同業や、時に同業だけでなくさまざまなものからヒントを得て、自分たちの商品やサービスに生かしていく。それが、まねと思われるのか、新しいものとして受け入れられるのか。その差は、生み出した人間の人間性と、自社・自身の商品やサービスをどこまで深く突き詰めているかにあるのではないだろうか。

先日、鹿児島にあるマナーハウス島津重富荘という婚礼施設の新バンケット「グランドボールルーム」の開業レセプションにご招待をいただいた。大変素晴らしい宴会場が誕生し、オーナーやスタッフたちも「気が引き締まる思いだ」と話していたが、今後これがどのように市場に受け入れられるのか、非常に楽しみである。

その際に、オーナーの清川剛久氏からいただいた書籍が、慶應義塾大学の名誉教授である村田昭治氏の著書『人財の条件』（財界研究所）であったが、その中の「リミタシオンオリジナール」という部分が興味深かった。

「社会学者マックス ウェーバーが最終講義でいった、有名なことばがある。

『わたしの研究は完全にイミテーションである。先輩の学者の模倣しかできなかった。でも、わたしが心掛けたのはリミタシオン　オリジナール。模倣は模倣でも創造的模倣をしたいと思ってきた。それがわたしのつたない研究であった』

やはりいいなと思う。ジーンとくる。マックス ウェーバーのリミタシオン オリジナールということばが意味するのは、すてきだなあと思ったものを読んだり、すてきだなあと思ったものを考えたとき、その人の真似をするなかに、自分の味というものをいれていくことと言えるだろう。（中略）人間の中にはいつも科学と感性がはいっている。我々はこういうことばを使う『冷徹な分析、そして温かい対応』温かい対応というのは温かい人に対する呼応である。しかし冷徹な分析を忘れない、ここに大事な点があるのではないか?」

冒頭にも書いたが、われわれの世界というのはゼロベースでアイデアを日々生み出していくものではない。**さまざまなものを取り入れていく中で、「自分の味」というものをどのように入れていくのか**。

村田氏が言っている「冷徹な分析、そして温かい対応」という言葉、これをどこまで深く追求できるかが重要なのであろう。同時に、最近数多く放送されている高倉健氏のストーリーを見てつくづく感じるが、それを行なう者がどこまで人間を磨いているかが重要なのではないだろうか。

2014.12.12 掲載

117

「その情報は本当か」

日本人は、あまりにも他人の話やメディアの話を確認したり自分で確かめたりもせず鵜呑みにしがちな傾向があるように感じている。これから世界というステージで戦っていくためには、その情報にしっかりと向き合い、自ら考え、確かめて判断をしていくことが重要になってくると言えるであろう。

先日、田村耕太郎氏の『頭に来てもアホとは戦うな!』(朝日新聞出版)を読んだ。田村氏は日本戦略情報支援機構の代表をしているが、過去にはシンガポール国立大学リークワンユー公共政策大学院フェローを務め、第一次安倍政権では内閣府大臣政務官も務めた人物でもある。

その著書の中でも、「素直でまっすぐではダメだ」ということを教えてくれたのがシンガポールのリー・クワンユー元首相だった、と田村氏が書いている。そして、もう90歳を超えるリー・クワンユー氏がぼけずに長生きできる秘訣は、常にシニカルにものを見るところにもあるであろうという見方をしているが、おそらくリー・クワンユー氏のその性格は、民族の入り混じったシンガポールという国をわずか50年という短い時間でこれほどの素晴らしい国につくり上げてきた中で、厳しい現実と向き合ってきたからこそ生まれてきたものなのであろう。

田村氏の「なぜいつもシャープでいられるのか?」という質問に対する、リー・クワンユー氏の返答が非常に興味深い。「誰かの言うことに素直に従ったり、何かを無分別に信じたりすることは楽だ。しかし、それでは頭を使っていないに等しい。ものをシニカルに見ることは脳にとって良いことである。脳は使えば使うほど良くなる唯一の臓器だ」。彼の言葉は参考にすべきところが多い。

日本人は「部下が言ったから」、とか「上司に言われたので」など、それが自分たちのビジネスにとって本当にプラスになるのかどうかを考えずに行動する人も少なくない。また、人の言ったことをすぐに信じるので、悪いうわさも大きくなり〝炎上〟しやすいというのもこの国の特性ではないかと感じる。良くも悪くも素直なので、いわゆる「オレオレ詐欺」に引っかかるのも世界の中で日本人くらいのものではないだろうか。この、「脳を使え」というリー・クワンユー氏の言葉がまさにわれわれ日本人にとって重要であると感じる。

今後、われわれが世界で戦っていくためには、やってくる一つひとつの情報に対して「それは本当であるのか?」と一度疑い、確認することが必要である。**真実がどこにあるのかをしっかりと見極め、判断し、行動に移していく**ことが、ビジネスパーソンたちにとっては重要になって来るであろう。

2015.3.27 掲載

FROM THE PUBLISHER

7

時　局

118

「攻める営業」

レストランではさまざまな形でマーケティングをしているが、旧来のスタイルである媒体での広告やパブリシティ、DMより、最近はウェブサイトによる検索が主流になりつつあり、「どのような『魅せ方』をするのか」がとても大事になってきているようだ。

それでもレストランを知るには、信頼あるソースからのクチコミが今でも最大の要因だということを考えると、毎日来るゲストが多くても少なくても、「来たゲストをどれくらい満足させ、インパクトを与えるか」が次につながる大きなポイントになる。

トレンダース（トレンディーな20代～30代のF1層に対するリサーチ）情報によると、レストランを選ぶ際の参考にするものとして41％が検索サイト、35％がクチコミ、16％が雑誌、3％がガイドブック、その他となり、レストランを選ぶ基準は93％がメニュー、58％がサービス内容48％が立地で、話題性が41％、内装41％、その他となる。その他の回答には、店の客層やコストパフォーマンスなども特筆されている。

街中のレストランならこの辺りは相当敏感に動いているのだが、ホテル内レストランなどはまだインターネットによる前向きで攻める営業戦略が整っていないのが現状である。当然ホテル内レストランは受け身が多く、地域に対しての営業力、また自分自身のレストランに来る顧客がどんなことを求めているのか、どのようにしたらリピート率が上がるのかなどの分析ができていない。自身の強みを知り、そこを磨く努力をしているところは、ホテル内レストランであっても利益は当然だが、話題性も提供している。ザ・リッツ・カールトン大阪の10万円のオムレツなどは、販売というより話題性狙いであろう。

サイトを見るゲストの方は、シェフの履歴やその中から感じる師弟関係を見たく、料理のジャンルやサービスについてはより具体的な説明を求めているそうだ。ここでも**ゲストの立場に立っての説明、営業ができていないか、行なっていても不十分なのだろう。**

半径1Km以内のどの店よりも優れている点はどこであり、どこにもないようなサービスや料理が提供できるのか。自分のレストランの強みを知ることは、星の数ほど競争相手のある都市部では間違いなく必要なことであり、きちんとやっているところとそうでないところの差が開くのは当然である。

先日、ラテン系のレストランが東京都内にオープンしたが、比べる相手もなく、ベンチマークするものが少ないのも、ある意味で「発想」の勝利であると思った。ただ、それで成功するには話題性以上の緻密な努力の積み重ねが絶対に必要だと思う。

表のスタッフを見ている限り、あまりにも「受け身」のレストランが多いので、きちんとマーケティングをして、前に出て、攻めたレストランが勝てるのだろう。

2004.11.12 掲載

119

「平和という絶対条件」

昨年末に飛び込んできたスマトラ沖地震のニュースは世界に大きなショックを与えた。日を増すごとに被災国の被害の大きさが浮き彫りになっている。復興には一体どれくらいの時間がかかるのかを考えると、頭の痛くなる思いだろう。物理的にも心理的にも大きな災害であったが、過去にもほかのリゾート地で台風やテロの発生後、観光客が激減して、本来のビジネスに戻るのに数年かかったと聞いている。今回も災害に巻き込まれた多くの人々、ホテル、観光資源は同じように大変な現実を目の前にしているに違いない。

聞くところによると、今回津波の被害に遭ったエリアのユニオンはとても強く、簡単に人を解雇することもできないらしい。復興するまで旅行会社はほかのエリアにそのホテルに来るはずの客を送るだろうし、完璧にハードが改装されて復興しても心理的なダメージを埋めるためのプロモーション活動は大変な道のりに思える。

観光産業は、同時多発テロやSARSの際にも体験したが、「平和」や「安全」という絶対条件の上に成り立っているビジネスでもあり、自然災害にはめっぽう弱いのだ。グローバルホテルカンパニーならまだしも、個人経営の小さなホテルは場所によっては再起不能という状況もあるだろう。こういう場合にどのような保険や保証がホテルにはあるのか。

今後の動きは各ホテルオーナーの力が決め手になるが、普段からきちんと持っているネットワークをうまく使えるかどうか、そしてその力があるかがここで大きな差が出るだろう。保証なり保険はある程度の額でしかないが、それにもさまざまな検証や交渉が必要となり、簡単にはその額でさえ決まらないだろう。オーナー、オペレーター、弁護士、保険会社をはじめとするそのほか多くの関係者が**頭を付き合わせて乗り越えていかなければならない**この状況は想像を超えている。

リスクマネジメントにはさまざまなノウハウがあるが、自然災害に関してはまだあまりノウハウを持っていない。災害は毎回同じではないという未知の世界であることを考えると、経営者はさらに前進するために考えさせられること、学ぶべきことが多くあると思う。

国内のホテルはまだまだ地域の格差が大きい。大阪、名古屋、福岡、札幌の都市部でも厳しい運営していることに頭が下がるが、やはり世界マップで物事を見る時代になったのだろうか。まだまだやれること、やらないといけないことがあるような気がする。

この災害で亡くなった多くの尊い命に合掌。また、これから復興しようとしている国内外にいるすべての被災地の皆さまへエールを送りたい。日本のホテル業界として、同じホスピタリティー産業界にいるわれわれに何かできることはないかを懸命に知恵を絞って考えているところだ。

2005. 1.21 掲載

「Advocate」

アジアを中心に展開するアマンリゾートに何度もリピートする人々を「アマンジャンキー」と言うが、先日、ザ・リッツ・カールトン大阪のリコ・ドゥブランク総支配人から聞いた話では、地元・大阪の女性でこれから数年かけて世界中のリッツ・カールトンホテル全部を回る計画を立てている人がいるらしい。

昔からブランド力を持つホテルやレストランは、こういった強力なファンに支えられているところが少なくない。このファンたちは、ホテルやレストランの社外広報として、あらゆるところで自分たちの知人に「いかにこのホテルやレストランが素晴らしいか」を伝えてくれるありがたい存在だ。ザ・リッツ・カールトン大阪では、このような常連、ある意味ファミリー的な存在の顧客に「リッツ・カールトンアンバサダー（大使）」というタイトルの入った名刺を作成し、顧客がそれを周りに配ることで、ブライダル、宴会、レストラン、客室営業にプラスの影響を及ぼしていると聞く。

このような人たちの行動をAdvocate（アドヴォケイト）＝「自分は客なのに積極的に周りの人に宣伝する人」と言うそうだ。この人たちは自分たちに起きた期待値以上の体験やサービスを人に伝えたくてしょうがないのだから、クチコミのスピードが増し、ますますブランドへの信頼や期待が高まるようになる。
『レクサスが一番になった理由』（ボブ・スリーヴァ著・小学館）には、このアドヴォケイトには二つのタイプがあると書いてある。それは「メイベン」と「コネクター」というタイプで、メイベン（Maven）はある特化したマーケットに詳しく、分析力が強い、パワーのある意見を持ち、周りからの信頼もあるから、影響力がある。一方、コネクター（Connector）という人たちは大きなネットワークを持ち、コミュニケーションを取ることが何より楽しいので、メイベンから聞いたことを何十人、何百人という人に伝える。何よりコミュニケーションが大切だから、「ネタ」がたくさんあるとうれしいのだ。こういうタイプはたとえそのホテルやレストランを使っていなくても、また同じようなサービスを受けたことがなくても、まるで実際に体験したかのように語り、その語りには説得力がある。メイベンとコネクターが同一人物であることもあるが、いずれにせよ、この二つのタイプがヒット商品やブランド力・神話・ブームの元にいるということだ。

ホテルやレストランは、普段からリピートしてくれるゲストにどのような差別化をするかを考えなくてはならない。世界に通用するブランドは、一方では安定した、基本がしっかりとしている、期待どおりのものを考え、そしてもう一方では期待値や想像を超える商品やサービスの提供をする努力が必要だろう。

2005.7.22 掲載

121

「米国産牛肉を問う」

先日、料理評論家の山本益博氏が代表を務める「ア・ターブル99」の東京食卓会議に参加した。食の追求に妥協しない山本氏は、今回の講師として、『もう牛を食べても安心か』（文藝春秋）を書いた福岡伸先生を招いていた。福岡氏は、米国ロックフェラー大学と、ハーバード大学の医学部博士研究委員を経て、現在は青山学院大学理工学部の化学・生命科学科教授を務めている。

福岡氏は、「イギリスではいまだに狂牛病はマッドカウディジーズと言われているのに、日本ではBSEという頭文字を並べたことで少し恐怖感が薄れているのはいかがなものか」と話し始めた。この病気が牛に見つかったのが20年前、その3年後に人に感染することが分かり、その原因が肉骨粉だと分かってからイギリスでは全面禁止になった。にもかかわらず、米国や日本では対岸の火事と思い、取り組みが遅れた。もともと、肉骨粉を作り子牛に飲ませるレンダリングと呼ばれる作業は1920年代から行なわれていたが、1980年に石油の高騰でレンダリングの行程を簡略化したため、菌を殺しきれずにこんなことになってしまったのだ。イギリスは、国内で売れない肉骨粉を平気で海外へ輸出してきた。これはまさに人災ではないだろうか。

その後「絶対にない」と言い切る米国、そしてわが国でも狂牛病は発見された。肉骨粉の使用について、日本では禁止になったが、米国ではまだ一部で使っているらしい。そして日本の牛に関するルールは、全頭検査、トレーシング、肉骨粉禁止など世界で一番厳しくなった。対する米国はほんの数パーセントしか検査をしないシステムで、トレーシングもできていない。なぜだろう。それは、きちんと検査を行なうとどれだけまた問題が出てくるか予想もつかないので、政治とビジネスが「やらない選択」をさせているのだと私は思う。またわが国でも、食品安全委員会の発表によると、国内では20カ月以下の牛は検査しなくてもよいのではないかという提案が飛び出してきたのだ。それは世界で一番厳しい規則を少しだけ楽なものに変えてくれというふうに聞こえる。そして、そろそろ米国産牛肉の輸入が解禁になるという話が飛び交う中、ホテルやレストランのリーダーはどれくらいそのリスクを負う覚悟ができているのだろうか。もちろんビジネス優先であれば、トレーシングも検査も関係なく利益確保が最大のテーマだろう。しかし、狂牛病の可能性がある牛を提供することには全く抵抗がないのだろうか。

誤解をしないでいただきたいのだが、私も、実は少しでも早く米国牛の輸入再開を望んでいる一人であることには間違いない。**ぜひ明確な安全な肉を持ってきてもらいたいと願う一人として、関係各位に安全第一であることを強く認識してもらいたいと思う。**

2005.10.21 掲載

122

「五感で味わう日本」

２００６年３月15日、「ハイアットリージェンシー京都」が開業した。モルガンスタンレーが京都パークホテルを買収し、改装をして日本ハイアット社にマネジメントを依頼して誕生したホテルである。ホテルについては皆さんそれぞれの評価があると思うので、ぜひ体験することをお勧めしたいが、われわれはいつもどのホテルであっても、新しい仲間が増えることを歓迎し、応援している。

ホテルを人間に例えると、かわいい赤ちゃんが生まれたことになる。子どもから大人に育つ過程や、大人になってから直面するさまざまな問題や困難を乗り越えることで、周囲に感動を与え、必要とされるようになる。そして最終的になくてはならない存在になることが理想だ。新しいホテルもまた、このような理想を目指して、これから頑張るのであろう。

今回は京都という場所がら、日本文化についてよく考えてみた。京都は伝統を徹底的に守り、古くからある建物をすぐに壊すことを認めない。ホテルも例外ではなく、内装を変えることは可能だが、外装まで変更することはなかなかできず、事業者にとっては厄介だと聞くが、これは街としては大切なことである。日本人として生まれてきても、日本料理をそれほど食べず、和服を着る機会も少なく、それでも心は日本人だというが、どこまで詳しくその文化・歴史を外国人に説明できるのかは非常にあいまいだ。

われわれが外国に行った際に訪れるホテルやレストランは、「この国に来た！」という実感を与えてくれるところが良い。それと同じで、わが国を訪れる外国人はせっかく日本に来たのだから「日本に触れたい」はずである。**宿泊施設やレストランに〝日本らしい〟サービスを感じたいと思うだろうし、五感で日本を味わいたいと思う**のが自然だろう。

多くの海外から来る方々に、日本国内のサービスの素晴らしさを褒められる。そのきめの細かさ、衛生感覚など、そのほか素晴らしいことがたくさんあり、誇るべきである。しかし、問題は当事者である日本人が、どれくらいそのような意識があるかである。先日、「東京・芝とうふ屋うかい」を訪れて、さらに考えさせられた。日本を紹介するにふさわしい、素晴らしい仲間がまた東京にできた。

日本がもしも戦争でアメリカに負けていなかったら、今の東京はどうなっていただろうか。もしかしたら、いまだに着物を着ていたかもしれない。進化したかっこいい着物を着て、携帯電話など最新のテクノロジーを駆使し、町並みは江戸の名残がいっぱいある。このような観光資源が豊富にあるので世界中から人々が訪れる——こんな発想はとっぴだが、今後世界と戦っていくために、また日本人としてのプライドを守るためにも、考えなくてはいけないことはたくさんあるだろう。

2006.5.5 掲載

123

「全面禁煙化へ」

30年前、私は米国ネバダ州のレイクタホというリゾート地のホテルで、夜はレストラン、昼はメンテナンス関連のアルバイトをしていた。メンテナンスといっても何かを直すという器用な仕事はできないので、テニスコートの周りの草むしりや、家具の移動をしたりと力仕事がほとんどであった。一番きつい仕事は、ホテルの駐車場に捨ててあるたばこの吸い殻を拾うことだった。夏だったので、炎天下で暑いし、これが集めてみると結構ものすごい数になっていく。だんだんと喫煙者のマナーの悪さに腹が立ってくることさえあった。当時、米国ではたばこが一箱1ドルもしなかった時代である。自らの健康を害するばかりか、周りにいる人たちにも悪影響であるという、今では常識とも言えることが常識になるずっと以前の話である。

今秋から米国のマリオットホテルズでは、傘下ホテルの全室の全面禁煙を実施することにしたそうだ。「米国とカナダで経営、傘下に置くホテル2千300軒で全面禁煙を実施。すでに客室の9割以上を全面禁煙に指定済みだったが、顧客の要望がさらに高まったため。米ホテル業界では、最大規模の嫌煙措置で、違反した客には、清掃費の名目で一定の金額を求める見通し」とニュースで伝えている。

さらに、スターウッド ホテル&リゾート ワールドワイド社では、7月末からオーストラリアやフィジーのウェスティンホテルで完全禁煙化を開始した。すでに北米地区のウェスティンホテルでは70軒以上が今年の初めから導入している。もちろん、たばこを吸うゲストのために屋外の喫煙指定エリアなどを設けたりしているところもある。

同社が行なったゲストへのアンケート結果では「完全禁煙の環境を望む」声が高く、それ以外の旅行業界全体の調査アンケートでも「清潔で禁煙化されたホテル環境への要望が高い」という結果があり、オーストラリア政府関連の消費者への調査でも7割のゲストが「ホテルやパブでの禁煙化を支持する」と答えている。

イタリア人の友人が「イタリアのバーでもたばこが吸えないところがあり、お酒を飲む量が減った」と言っていた。自身の健康のためにはよいのだろうが、バーのオーナーのことを考えると、非常に微妙だと思う。**非喫煙者と喫煙者の席の割合をどれくらいまで絞り込むか、どちらを優先するか、売り上げに影響するだけに頭の痛い問題である。**

ホスピタリティービジネスに身を置く者としては、クライアントの中にもヘビースモーカーだっているだろう。これは非常にセンシティブな問題だが、たばこが体に悪いこと、他人にも迷惑をかけることは間違いない。この問題をどうとらえ、いつホテルまたはレストラン内の全面禁煙化を決断するのか、真剣に考えなくてはならない時代になった。

2006.8.4 掲載

124

「リーダーとしての覚悟」

横綱・朝青龍が二場所出場停止の処分を受ける一方、ボクシングでは亀田大毅選手が1年間の出場停止となり、父親の史郎氏が無期限のトレーナー資格の停止となるなど、スポーツの世界での謹慎処分などが後を絶たない。これらの一連の問題に対する、新聞やテレビなどでの連日の報道を「もううんざりだ」と思っている人は多いのではないだろうか。中には「これは彼ら自身の問題であり、周りがどうこう言うものではなく放っておけば」と思う人もいるだろう。しかし、朝青龍の親方の高砂親方の教育・指導責任、そして亀田家の場合は選手が未成年であり、トレーナーとしてだけでなく、父親としての教育責任は大きい。この背景には、競争相手や他者に対してホスピタリティー関連の人がよく使う言葉、英語で言う「リスペクト」＝尊敬の念が欠けているのではないだろうか。

そして、この二つの問題よりもより深刻なのは、若い力士をけいこと称して金属バットやビール瓶で殴り、その結果死なせてしまった時津風部屋の問題である。時津風親方は釈明のインタビューの際に、「自分だけでなくほかの者もやった」というような発言をしていたが、この発言はボスらしくない。ボスならボスらしくしっかり過ちを認め、自分の置かれている立場を考えた上で、それこそ腹を切るくらいの態度を示すべきであろう。

親方と言えば、昔はその傘下にいる者全員の責任を負っており、その責任から言い訳をして逃れるなどあってはならなかったはずだ。親方＝経営者（リーダー）であり、もしホテルやレストランで問題のある言動をするスタッフがいたら、もちろんリーダーがその本人を厳しく指導する必要もあるが、その前にそのスタッフに会社の名刺を渡し、大切なゲストの対応をさせたのは一体誰なのかを忘れてはいないか考えなければならない。

これらの報道を見るたびに、ホテルやレストランで毎日起きるさまざまな問題に、リーダーはどのような気持ちと姿勢と志で対応しているのだろうか考えるようになった。ホテルの総支配人にとって、毎日のオペレーションの中で数字以上に恐い問題は、食中毒やホテル内での犯罪などだ。それらの問題が起きた際にどれくらいブランドイメージが悪くなるのか、頭を悩ますことはたくさんある。食品会社、建設会社、それぞれ立場や業種が変われば、抱えている悩みや心配事は皆それぞれ違うだろう。しかし、それらの問題は最終的には人に帰結する。スタッフに対して、指導、教育に責任を持つのは一体誰なのか。再度認識を高める必要があるのではないかと考えさせられた。

リーダーはたとえ自分が悪くなかったとしても、結果責任を問われることもある。だからこそ、リーダーは常にリーダーとしての覚悟を問われるのだ。その覚悟がない、つまり**リーダーになる際の大切なコミットメントが欠けていては、リーダー失格である。**

2007.11.2 掲載

125

「ライズ・オブ・ジャパン」

カリフォルニア州ナパにある料理専門学校CIAグレイストーン校で、第十回「ワールドオブフレーバー」が開催された。毎年一つの国の料理、文化をテーマに行なわれるカンファレンスであるが、今年のテーマは「ライズ・オブ・アジア」(the Rise of Asia)。日本、韓国、タイ、中国、インド、ベトナム、シンガポール、マレーシアの8カ国が参加し、それぞれの国を代表する料理人やゲストシェフ、講師、コーディネーター、料理学校の経営者が参加。そして、米国側の参加者は100%業界関係者で、700人以上のプロの料理人、ジャーナリスト、ホテル、レストラン企業経営者、専門学校経営者などが一堂に会した。

大きなセッションやセミナーでは、各国の料理の歴史から調理法、新しいメニューの提案と食材の使い方などをディスカッションしたり、プレゼンテーションする。日本チームはお米の炊き方から、だしのとり方、そばの打ち方、日本の器やレストランのデザインなどについてプレゼンを行なった。さらに、アジア諸国が料理を提供して毎晩開催された「ワールドマーケットプレイス」というブッフェパーティーは、各スポンサーの最適なプレゼン機会となった。キッコーマンを筆頭にサントリー、マルコメなど、わが国を代表する食品会社の商品を、招待された料理人が用いるというスタイルで、米国人に「具体的にどのように使ったらよいか」というアイデアを提供していた。

米国の食卓の健康志向の流れにより、アジアの食材と料理に対する関心が高まっている。それがアジアの文化やトレンドにまで広がり、アジアへの旅行者も増えている中、今回専門家が多く集まったことは意義がある。日本からは京都瓢亭の高橋英一専務（十四代目）や京都嵐山吉兆の徳岡邦夫総料理長、更科堀井の堀井太兵衛社長、オテル・ドゥ・ミクニの三國清三シェフなどをはじめ、米国に滞在している森本正治シェフや料理研究家のヒロコ・シンボウさんなど総勢20人以上が参加した。

日本チームの目的は、日本料理や日本の食材の知識を正しく伝えること。そして日本の文化や料理に興味を持ってもらい、日本の食材が世界に広まり、最終的には日本への観光客が増えることを理想としていた。こういう和の食材や調理法を世界に広める多くの機会がある。しかしこういう場に農林水産省や国土交通省などがまったく無関心であることが、とても残念である。ほかの国はすべて政府の協力があり、特にフランスなどの食の戦略は素晴らしいので学ぶべきである。

今、日本料理に対する海外からの関心は過去にないくらい大きなものとなっている。このような大事な機会に、ぜひ政府レベルでもしっかりとサポートするべきだ。それにより、さらにインパクトのある強力なプレゼンテーションができるだろう。

2007.11.23 掲載

126

「デジタルとアナログ」

昔から海外出張でホテルを巡る際には、あらゆる部署を見て、トップクラスのホテルと言われるところが、ほかとは何が違うのかを学んだ。場合によってはキッチンや従業員食堂も見せてもらったものだ。

一度そのサービスをオファーしたらすぐには辞められないからという理由でなかなか新しいことに踏み切らないホテルもあれば、誰よりも先にやろうというホテルもある。

結論から言うと、常に攻めているホテルが市場を引きつけ、他社からベンチマークされる。マーケットニーズを理解し、スピーディーにそして柔軟性を持って対応しているところは、やはりその国のホテルのリーダー的存在だったりする。

例えばゲストルーム。顧客への細かな配慮というのもその国の文化や習慣も含めていろいろと感じたが、アジアのホテルで感心させられることが多かった。

マンダリンオリエンタルだったと思うが、80年代後半に客室内のトイレにメモパッドと鉛筆が置いてあった。

今では当たり前だが、ベッドサイドだけではなく電話もトイレに設置するという発想があったからその次の発想が生まれたのだと思う。トイレで取った電話でも、内容によってはメモが必要だから素晴らしい配慮だと思った。利用率が分からないからこそのぜいたくとも言える。

それから、ペニンシュラが最初にバスルームのテレビを自動ミュートにしたのだと記憶する。これは10年前の話だ。バスタブにつかったままテレビを見られるのはご機嫌だが、電話がかかってくると自動的に音がミュートされ会話がしやすくなり、感心した。

部屋の中に置かれる情報もずいぶんと形を変えた。以前は雑誌が置かれていたが、今はオンデマンドテレビが活躍している。映画のセレクションも豊富になったし、部屋のテレビでホテル内の情報や周辺情報を見ることができる。また、会計の総額を確認したり、チェックアウトもできるようになった。

今度はそれがタブレット状になり、自由に持ち運べるようになった。ルームサービスのオーダー、客室内の温度調整や電気のスイッチ操作などもできてしまう。デジタルツールの発達は目新しくて楽しいのだが、**いつの時代も人が主役のホテルであることは忘れないようにしよう**。ゲストも人、スタッフだって人である。人間が関与する部分と、そうでない部分の線引きが大切。どこまで人間がやって、どこの部分を機械に委ねるのか。バランスを考えないといけないだろう。

2012.10.12 掲載

127

「誰のためのホテルを創るのか」

1997年頃、世の中がアジア通貨危機と騒がれアジアにある多くのホテルが売りに出されていた時期に、同じくアジアにある企業の代表がホテルを買収したいということで、そのお手伝いをさせていただいたことがある。その方とは日本だけでなくアジアのほかの地区のホテル買収のお手伝いもさせていただいたのだが、買収や交渉のプロセスを通じ、われわれには想像もつかないような視点や考え方を持っていて、投資家のメンタリティというのを数多く学ばせていただいた。

そんな彼は今では世界の誰もが知るホテルブランドの買収に成功し、現在も世界中にさまざまな展開を試みている最中であるが、昨年彼が来日し東京で会った際にとても印象深いことを言っていた。「お金の力は今までも重要だしこれからもそれは変わらないだろうが、これからは今まで以上にHuman Capitalの時代だ。

人材の質、教育の仕方、それにかかわるすべてのノウハウが本当に重要になってくる時代になる」と。もともとホテルやホスピタリティービジネスは人が命とは一般的にも言われているが、それが今まで以上に色濃く出る時代になってくるということであろう。最近米国のあるリサーチ機関が出した「2020年のホテル業界」という興味深いレポートの中でも最初に出てくるのは、ゲストはよりパーソナライズされたサービスを求める時代になってくるということであり、そして、ホテルは〝Living Innovation Laboratories（生きたイノベーション研究所）〟になるとあった。

これまでホテルビジネスにおいて人件費は常に挑戦のテーマであり、多くの人間があらゆる工夫をしてアイデアを出し、改善を繰り返してきた。これからはテクノロジーの進化がホテルの世界にもどんどん進出し、サービスの形態を変えていくであろう。先日はサービスロボットの導入ができる時代に向け真剣に研究をしているホテル経営者にも会ったが、彼は将来的にホテル内でサービスロボットが活躍する日が来ることを確信し研究を続けている。では、ロボットが進化して人間は必要なくなるかというと、そうではない。**本当に人間にしかできない仕事を担う存在として、逆に貴重な存在になる**。そのような時代には、よりヒューマンスキルのレベルアップが不可欠で、人間のスキルをさらに磨くにはどうするか、ということに注目が集まるだろう。また、ラグジュアリーのセグメントなど一部のゲストからはどうしても人間からサービスを受けたいという層も出てくるであろうし、ホテルが「誰のためのホテルを創るのか」という明確なコンセプトが必要になる。

時代が変化し続ける中、われわれを取り巻く環境も変化していく。現在のホテル経営者はその時代を見据え、足元の判断、そして長期的なビジョンを描かなくてはならない。

2013.4.19 掲載

128

「倍返し」

実に悩ましい。以前も書かせていただいたことがあるが、私のところには友人、知人そのまた先の知り合いに起きたホテル、レストランでの「クレーム」「事件」「対応の悪さ」にどうしたら良いかと実にさまざまな報告や相談が入ってくる。

話を聞いてみると、普段そこの経営者やリーダーたちが世間に発信している熱いメッセージや内容とは似ても似つかない失態で、たまたま対応した一部の心ないスタッフの対応がこのようなケースにつながることもあり、こういうことを乗り越えて事業を続けていくわけだから、確かにホスピタリティーの世界の経営者は大変であると再認識するとともに、果たして自分のところはどうなのだろうかとヒヤリとする。

完璧なサービスは簡単ではないなと思うが、普段リーダーたちがどういう姿勢でいるか、どういうメッセージを現場に発信しているか、この積み重ねだなと改めて思う。

また弊社では人材関連の事業もしていることもあり、一般的に表からみても全く分からない、ホテルやレストランの内側（社員やパートスタッフたち）からも「こんなことを言われたけどどう思うか」「こんなことほかのところでも許されるのか」など実に悩ましい内部事情もたくさん飛び込んでくる。

そしてその中で悪いうわさを聞くところに限って「なかなか人が集まらない」「良いと思った人材が皆辞退してしまう」といった相談をしてくることも多く、その裏を見てみればもといたスタッフたちが「あそこは最悪だ」「やめておけ」なんて話を方々にばらまいているなんてことも少なくない。**やはり普段から経営者やマネジメントが、自分の側近や従業員へどのように接しているかが、最終的にあらわれてくるものだと思う。**

米国の某調査会社のリサーチによると、商品やサービスに不満を持った顧客の96%は何も言わず、商品やサービスに不満を持った顧客は平均9~10人にその事実を話し、特にその13%は20人以上にも話すという。

これは顧客においても従業員においても同様であろう。もし人材募集をかけて人が集まらないのであれば、まずは自社の内部の評価を真っ先に調査する必要があるかもしれない(スタッフからの評価が良い企業はスタッフがスタッフを呼んでくる文化があるものだ)。

最近はやりの半沢直樹の〝倍返し〟ではないが、悪い扱いを受けたゲストもスタッフは、必ず他人に悪い話を誇張して話す。

結果イメージは悪化し、来るはずだったゲストもスタッフも来なくなる。今一度、自社が内外からどのように評価をされているのか、振り返ってみてはいかがだろうか。

2013.9.13 掲載

「リスクテイカー」

株など投資はもちろん、事業においてもリスクはつきものであるが、日本の企業は島国のＤＮＡのためかとかくリスクを避けがちである。しかし、変化の激しい時代、そして国際化がより色濃くなる中で、今までのやり方だけで通用することはなかなか考えられない。必要なときに、リスクをとって必要な決断を下せる組織文化があるかどうか。一つの大きな分かれ目と言えるかもしれない。

先日大阪都構想に関する住民投票が終わった。大阪都構想を掲げた橋下徹氏はわずかに反対派におよばず構想は廃案となったが、この一連の流れや、未だ決まらないＩＲ推進法案などを見ていても、自治体だけでなく日本の企業も含めて、やはり日本の組織というのは新しい発想に弱く、リスクをとらず、「今のままで良い」となりがちだと感じる。

なぜリスクを避けるのか。その理由を探っていくと、「やって失敗をしたら誰が責任をとるのか」というところに行き着くようだ。それを表すかのように会議は大人数で行なわれ、簡単にものは決まらないし、責任の所在もあいまいになる。だから、明らかに現場にとっても、もちろん顧客にとっても良いと思える話であっても、なかなか決断が下せない。そして「今検討している」、「前向きに考えている」などと先延ばしにするので、そういう組織のスタッフはストレスがたまることであろう。

今や人々の心もトレンドも変化が激しく、一つのことを今まで通り同じように守りながら継続していれば安泰などということはなかなか考えられない。これからの時代に必要なのは、自分たちの行なっていることが時代に即しているかを常に分析をし、もし方針変更が必要であれば早く決断をするということである。そして、そこにリスクが想定されるのであれば いかにそのリスクを回避できるかということに対して真剣に向き合い、ときにしたたかに、計算高く考え、周囲を巻き込んでいかなくてはならない。

もちろん、あえて、積極的にリスクをとれという話ではない。しかし、明らかに誰が見てもそうするべきであると考えられる話をそのままに放置する、改善をしないということは最悪の決断とも言える。また、今決められない、常にリスクをとらない先送り文化の企業では、本当にリスクをとることが必要なときにリスクをとれず、それが重なれば企業の存続にすらつながりかねない。

リスクテイカーな企業こそが、今後長く生き残れる時代であるとも言える。リーダーの皆さまは、そして皆さまの組織は、**必要なときに、リスクをとってでも決断をし、しっかりとリスクに向き合えるような体制にあるであろうか。**

2015. 5.29 掲載

130

「自動車が無料になる日」

世の中は時を経るごとに消費者心理だけではなくテクノロジーも含めて大きく変化をしている。そのため、今、そしてこれまで圧倒的な勝ち組であった企業やビジネスモデルですら10年後にはどうなっているかは分からない。ホテルやレストランビジネスも、リーダーたちはこれまでの判断基準だけにこだわるのではなく、柔軟性を持って変化するニーズに対応していく姿勢が求められると言えるであろう。

先日、知人である㈱ネットストラテジーの代表取締役社長で、大前研一氏のビジネス・ブレークスルーの教授でもある平野敦士カール氏が、ネット上の『Business Journal』に「自動車が無料になる日がくるかもしれない」という印象的な書き出しと共に以下のように書いていた。

「さすがに近い将来に無料にはならないだろうが、将来、電気自動車（EV）が普及した際には自動車が携帯電話（スマートフォン）に４つの車輪が付いたものになっていき、広告モデルやコマース、保険、自動メンテナンスなどのアフターサービスといった多様な収益源が生まれることで、自動車のビジネスモデルが大きく変わる可能性は十分にあると思っていた」

今から10年もすれば、現在トップシェアを持っている企業が想像もしない企業にシェアを奪われたり、トップシェアを奪われてしまう可能性だってあるであろう。かつて巨人と言われたＩＢＭがＯＳの下請けだったマイクロソフトに主導権を奪われた。同様に圧倒的なシェアを誇っていた日本の家電が価格競争の中でアジアの他国の企業にシェアを奪われていったが、こちらは家電のネットワーク化、人工知能を生かしたロボット化によって、また日本にチャンスがやって来るかもしれない。

これらのようにテクノロジーが進化しデジタル化が進めば、それに伴い人々の価値観も変化をしていくし、ビジネスモデル自体が変化して、それに対応できない企業は消えていくこともあるであろう。現在は石油の生産国としてばく大な利益をあげているカタールも、将来的には石油が売れなくなる時代を見越して資金をさまざまな事業に投資しているのは有名な話。

ホテルやレストラン、婚礼の事業も同様である。昔は酒の値段が高かったが、今ではネットやディスカウントショップでリーズナブルに買うことができる。だから「レストランのお酒は高いね」と分かってしまう。葬式や結婚式も売り手都合の手法は通用しなくなり、かつてからすれば信じられない安い価格でもできる時代になっている。時代の変化には、対応が早すぎても遅すぎてもいけない。**常にアンテナを立て時代の変化を感じると共に、必要な時には柔軟性を持って対応できる姿勢が必要になっている**と言えるであろう。

2015.6.19 掲載

「実体験に勝るものなし」

今やテレビや雑誌だけでなく、インターネットなど含めて情報はあふれているが、それで分かったような気になっている人間に会うことが少なくなく、危機感すら感じる。以前からこちらでも書いているが、実体験に勝るものはないということを改めてお伝えしたい。

私は普段テレビを見ることが少ないが、週末となるとテレビを見る機会が増える。そこで改めて感じるのは、プロデューサーの顔が浮かんでくるようなレベルの低さだ。私はテレビの業界人とも話をするが、最近はプロデューサーの年齢も下がり、彼らは人生経験も少なく、またスポンサーも減っている中でどんどんとレベルが下がってしまっているのだという。以前よりフランスなど欧州の知識層やエグゼクティブクラスの家に招かれると、そのレベルを疑われると感じるのかリビングでもテレビは隠して置いてある。

最近は全体的に視聴率も下がったと聞くが、それでもテレビで取り上げられた店に行列ができていたり、紹介された商品が飛ぶように売れたりしている現状を見ると、「ニュースや番組は受けるためにつくるものだ」と常々言っていた父の言葉を思い出す。プロレスやキックボクシングはなぜか時間内に終わり、台風を報じるニュースキャスターには「もっと風や波の強いところでレポートをしろ」と指示がなされる。昼に食材の効能を延々と語る番組の裏ではその食材の団体がスポンサーとなっていて、さらにそこに出てくる専属のドクターには多額の報酬が支払われている。

では、読書が良いかというと、最近はそれすらも危うさを感じる。もっともらしい話をしている若者は、よく聞いてみると本の受け売りであったり、そのホテルやレストランに食事に行かずに批評をしていたりする。とある旅行代理店の知人の話によると、若者が「ハワイに行ったことはないがインターネットで何度も見ているので理解しています」と平気で言うのだということから驚きである。

そういう人たちには、一度で良いのでヨーロッパの老舗ホテルに行っていただきたい。決してその雰囲気はテレビや本、インターネットでは味わえない。一流のゲスト、そしてそれに対応するスタッフたちがつくりだす雰囲気。日本のホテルがそれらと比較するとどうしても子供のように感じるのは、スタッフのインテリジェンス、日常の振る舞いや経験から生じるものなのだと感じざるを得ない。

実体験から生まれるものにかなうものはない。**これからより多くの外国人がやってきて、日本は海外と比較されることになる。**これから世界と戦っていくためにも、ぜひそのことを覚えておいていただきたい。

2015.8.21 掲載

FROM THE PUBLISHER

8

先見性

132

「ヘルシーライフ」

健康管理の方法はそれぞれ人によって違うが、最終目的は「健康な体と精神で毎日を過ごす」ということだろう。油断をしていたわけでもなくインフルエンザなどにかかってから後で考えてみると、確かに原因は無理をしていたり、睡眠不足だったり、ストレスだったりと、何かしら心当たりがあるはずだ。しかし、最近は訳の分からない菌がまん延しているということもあるのだろうか。原因不明で風邪をひき、そこから悪くなるケースもある。

健康体を保つためには、それぞれが持っているノウハウがあると思う。運動をするといっても、「3種類の運動をどのように取り入れているか」と予防医学のドクターは問いかける。以前、私も泳いでいればそれで十分だと思っていたが、彼らに言わせるとストレッチ4、筋トレ2、水泳やランニングなどの有酸素運動が2という比率が望ましいそうだ。

この業界が提供しているビジネスの中では、毎日行なう「食べる」という行為が健康管理と強く関係している。今まではおいしいものを提供するという概念で良かったが、**これからはより健康志向の強いメッセージが顧客へインパクトを与えていくと考えられる**。おいしくてヘルシー、そして安全ということが、消費者が最も重要視しているポイントになる。今までの西洋医学ではほとんど語られなかった「医食同源」の世界が見直されている。

朝昼晩に何をどのように取っていくかということに関する情報が頻繁にメディアでも扱われるようになり、消費者の知識が高まることを考えると、「誰が」、「どのような環境で」、「どんな思いで」作ったものなのかという食材のルートを明確にできないホテルやレストランは信用を失うだろう。牛肉や鶏肉などの問題は、ある意味では神のメッセージかもしれない。このメッセージを前向きにとらえて、自分の事業所で提供している食材はどんなものを扱っているのか、安全性は当然のこと、他社との差別化をする中でしっかりと再度確認することをお勧めしたい。

日本と米国の政治的、商業的関係を考えると、長期にわたって牛肉の輸入を止めることは難しいと思われる。再開するにあたって、また今後どんな事件が起きるか想像もつかない。しかし、どんなことが起きても対応できるように危機管理をすること、また、事件が起きても後対応でなく、先に対応できるようにその方法を考えておくことが必要であろう。

そういう意味では、「吉野家」の対応は守りでなく攻めていたので、マーケットに好印象を与えたと言える。時間が経過しないと、この対応が本当に成功だったのかは分からないが、業界全体に強いインパクトを与えた事例をつくったことは確実だ。この事例を教訓にして学ぶことのできる企業が、次なる問題を抱えた際に他社との差別化をアピールできるチャンスをつかむのだろう。

2004. 3. 5 掲載

133

「マカオ最新事情」

先日、香港経由でマカオに行ってきた。昨年5月に「サンズ・マカオ」が開業して以来、中国本土や台湾、そして隣の香港からの訪問者が激増しているそうだ。朝だろうが何時でもカジノは中国人でいっぱいだった。

このマカオにはカジノ王と呼ばれるスタンレー・ホーという人物がいる。すでに80歳を越えているが、10数名の子供たちに分け与えたコングロマリットのトップとして君臨している。なんどホー一族でマカオのGDPの約4割を占めているそうだ。彼の11カ所のカジノの純利益はラスベガスの平均利益率を上回り、ほとんど独占状態だったのだが、1999年にポルトガル植民地から中国返還に伴い、政府が経済活性化のために欧米の資本を導入、治安の改善や国際会議場なども設けて、総合娯楽リゾート化を目指した。

ホー氏のライセンスは、ラスベガスを拠点とする「ベラッジオ」の創立者、スティーブ・ウィン氏率いるウィンリゾートと香港のギャラクシー社に3分割され、それぞれがサブライセンスもできるようにした。現在、MGM、ウィンリゾートがホテル・カジノを建設中で、2007年には両方とも完成する。また今後5年間は毎年20%の売り上げ増が見込まれており、10年もたたないうちに本家ラスベガスのカジノ売り上げを超えるとも言われている。ラスベガスからの出店3社だけで、現在の投資予定額は4千億円を超えている。

この成功が風紀に最もうるさいシンガポールにもカジノ法案を通す要因となり、今年の5月に議会でリー・シェンロン首相自らが責任を負うと公約し、カジノリゾートの建設が始まった。「ギャンブルは悪い」という発想は、もう政治家をはじめ変えないといけない。それよりカジノ収入に加え、ホテル、エンターテインメント、コンベンションという複合のビジネスがあり、たくさんの雇用を生み出すということを考えなければいけない。

さて、わが国日本はどうするつもりなのだろうか。日本でも、カジノ法案が国会に提出されるのは時間の問題と言われていて、横浜、大阪、宮崎、沖縄など複数の自治体が名乗りを上げている。**カジノがもたらす雇用、ホテルに隣接する会議施設やホテル自体の建設ビジネス、室内にかかわる電化製品の売り上げなどは計り知れない大きさだろう。**

先の選挙でカジノ法案の話までした議員はいなかったが、岐阜一区の野田聖子さんは「国際観光産業としてのカジノを考える議員連盟」の会長である。郵政問題後、公営ギャンブル関係者や警察を後ろにつけ、税金の問題でどこから金を生むかという話になったとき、「カジノで雇用と金を生み、海外からの旅行者も増やそう」と果たして言えるのだろうか。

今回マカオに行って思ったが、リゾートはやはり「うまい飯」も重要だと思った。技量のあるホテル・レストランの需要は、そんな場面でも活躍することが大きいと思う。

2005.9.23 掲載

134

「プロとは」

ホテルやレストランに関連するさまざまなサプライヤーは、新しくできるホテルやレストランに必ず営業をかける。その際、現場と顧客にとってクリエーティブでワクワクするようなプレゼンをするところもあれば、「長い付き合いだからよろしく」と、商品やサービス内容より、企業間の関係や金額、人間関係だけで決めようとすることがあり、内外から「納得いかない」という声も聞く。情報と情熱、そして努力が足りなさ過ぎるのだ。双方の担当者たちは、商品を買う、または売り込む際に、一体どれくらい本当に、顧客を最優先した決断をしているのだろうかと思われる。

大前研一氏は、その著書『ザ・プロフェッショナル』（ダイヤモンド社）の中で、以前所属していたマッキンゼーでは「顧客を最優先に考え、最高の価値を届ける」という規律が徹底されていたと書いている。

ホテルやレストランで何かの購入を決定する際に、顧客を最優先にし、しかも会社にとってもメリットのある決断をしているだろうか。その商品の購入が、本当にメリットがあるかどうかがポイントであるが、まだまだサプライヤーとホテルやレストラン間での暗黙の了解があり、それは、ある意味「妥協している」と言えるが、プロにとって「妥協」は厳禁であり、甘い考えを持った人たちが増えると、環境全体に悪影響を及ぼすから怖い。

同じく大前氏は次のように指摘する。

「先の見えない21世紀の経済世界においては、正しい答えがない場合がほとんどでしょう。ボーダーレスでサイバーな経済だからこそ、『方向』に関して、また『程度』に関して適切なアドバイスのできるプロフェッショナルが必要とされているのです。(中略) 顧客といっても『触れる顧客』ではないかもしれません。いまの顧客も変質するかもしれません。いまの顧客は氷のように溶解してしまい、想像もつかなかったような人々、企業、不特定多数が顧客になるかもしれません。プロフェッショナルに要求される『顧客』への理解、というのは、そのレベルの理解なのです。(中略) プロフェッショナルは感情をコントロールし、理性で行動する人です。専門性の高い知識とスキル、高い倫理観はもとより、例外なき顧客第一主義、あくなき好奇心と向上心、そして厳格な規律。これらをもれなく兼ね備えた人材を、私はプロフェッショナルと呼びたい」

ホテルやレストランの担当者はもちろんのこと、ホテルやレストランに出入りするサプライヤーも、**何をやるにしても真っ先に顧客のことを考えられる姿勢が大切である。**利益ももちろん重要だが、利益第一主義で妥協を繰り返していると、いつか足元をすくわれかねない。そいう怖さを常に忘れてはならない。

2007.1.12 掲載

「遊び心」

2004年の3月にMIPIM（世界不動産見本市）がフランス・カンヌで行なわれ、国土交通省の依頼で建築家の隈研吾氏や当時早稲田大学の伊藤滋教授（現在は同大学特命教授）が参加していた。伊藤教授はそのセミナーの中で「三菱地所は丸の内を開発しているが、相変わらずお堅い会社で、ビルもつまらないもんが多い」「それよりは日本橋や防衛庁跡地を開発している三井不動産の方が、まだ柔らかさがある」とコメントしていた。

その3年後、三井不動産が東京ミッドタウンを東京・六本木の防衛庁跡地に、そして4月末に三菱地所が新丸の内ビルディングを東京・丸の内にオープンさせた。前述の伊藤教授のコメントを聞いていたかどうかは別として、三菱地所は今回の新丸ビルに関して、相当気合いを入れて柔軟性を感じさせるビルをつくったと言えるのではないだろうか。

オフィスビル内なのにレストラン街にオープンエアのバルコニーがあったり、レストラン街の壁を抜いてバーがむき出しになっているところがあったりと、所々にかなりユニークなチャレンジが見られる。ホテルを建設、または改装する際に、オーナーは数字を計算し、リターンをはじき出すわけだが、数字だけで見ていくとリターンが読めない、見えないものがある。「プールは本当に必要か」など、営業リターンの読みにくいポイントで、オーナー側と運営側の意見が対立することをよく聞く。オーナー側としては、そこに明確な数字の裏付けが必要なのだということも理解できる。しかし、サービス、ホスピタリティーの業界の中では、数字に表れないものもある。さらには、全体のバランスでブランドやイメージやポリシーなどを伝えていく発想がなければならないものも多い。

以前に、多摩大学の野田一夫名誉学長から「バランスシートに載っている数字だけでは判断できないものがある。それはお客さまの満足度である」というお話を伺ったことがある。

つまり、お客さまがとても感動し、満足した上でもらった1万円と、「損をした」と不満を感じている状況でもらった1万円は、数字では同じ1万円であっても、意味が大きく違うということだ。数字ですべて判断してしまうと難しいのだが、これからはある意味「遊び」「柔軟性」がホテルの建設、改装の際にとても重要になってきていると感じる。

ホテルやレストランをたくさん使う顧客ほど、たくさんの選択肢を持ち、たくさんの体験を持っている。常にさまざまな店舗やホテルを見比べて、自分たちの物差しで評価している。そんな目の肥えた顧客に対して、普通のことをやっていてはとても戦いには勝てない。**数字上のリターンが重視される時代だからこそ、遊び心を感じさせてくれる空間をつくり出す発想が、新しいホテルやレストランを建設、改装する際に求められている。**

2007.5.18 掲載

136

「英語漬け」

私はもともと、「ロックミュージシャンになりたい」という願望があった。それなら英語は基本だろうし、格好つけるためにも英語をどうしても学ばなくてはならないという気持ちがあった。そのため、10代のころから「英語漬け」に近い環境にいたので、少しは理解できる。「日本人は世界で一番英語が苦手な国民かもしれない」と言われてきた中ではラッキーな方だと思う。

世界で読まれているグローバルな英字新聞や雑誌は、アジア諸国ではそのまま販売されているが、わが国では英語版は普及していない。フォーブス、ニューズウィーク、プレイボーイなどでも、日本語版であれば何とか販売可能であるという状況だ。「日本人のすべてが英語を使うことで、考え方まで欧米化することには注意するべき」という考えも理解できるが、「英語を熱心に勉強することで、日本語がおろそかになることはない」という研究結果もあり、英語を習得させることにもう少し力を入れてもよいのではないかと思う。

しかし、ここ10年くらいだろうか。英会話スクールが普及し、英会話の勉強を導入する小学校が増えている。それにより、日本人の英語力が果たしてどれくらいのレベルまで今後上がるのか期待したいところである。最近は、ゲームソフトを使って、楽しみながら勉強する方法もあり、私も特に注目している。いずれにせよ、昔に比べて、国内で英語を学べる環境がはるかに整ってきている。以前に比べて、日本在住の外国人も増えているし、ゲーム感覚で覚えられるようなプログラムの開発もかなり進んでいる。

一方、外国人の顧客ニーズのあるホテルやレストランでの英語での対応を考えると、「このままで本当によいのだろうか」と思う。国境を越えて行き来することが日常茶飯事のヨーロッパ人などは、3カ国語くらいできるのが普通であり、ヨーロッパのホテリエたち、特にマネジメントに進む人は語学に滅法強い。ホテルやレストランの新規開業の際に、英語ができる人間が求められることが多く、英語ができる方が本人のキャリアにおいてチャンスが広がるケースは基本的に多い。その割には英語ができる人は意外と少ない。

母国語以外の言語の習得のためには、恥ずかしがらずにとにかく話すことだ。逆に日本語を習得しようとして、おかしな日本語を話す外国人のケースだってたくさんある。先代の太田土之助が書いた原稿の中に面白い一節を見つけた。

「スイスから来た大学の先生が銀座からバスに乗り、片言の〝ニホンゴ〟で運転士さんに『私を四谷でオロシテくださいい』と言うはずのところ、『私を四谷でコロシテくださいい』と言ってしまった」。前後の話を聞いていれば「降ろしてくれ」というニュアンスだと分かるので、それほど深刻な間違いではない。大切なのは恥ずかしがらず、伝えようとすることだ。

2007.8.24 掲載

137

「日本のこころを、今、世界へ」

先日、「日本ホテル研究会」の45周年記念フォーラムが明治記念館で行なわれた。第一部はホテル研究会の代表幹事を務めている明治記念館調理室代表取締役社長の角田清範氏のご紹介で、スイスで日本旅館を経営されているセンターシーズ・ホテル・マネージメント㈱の代表取締役社長の倉林正文氏の基調講演「実践スイスでの日本旅館経営」。そして、同じくホテル研究会の会員である㈱福一の代表取締役社長である福田朋英氏の基調講演「日本旅館のあり方」。第二部はヨコハマ グランド インターコンチネンタル ホテルの元総支配人で、現在は㈱MTJ‐ホスピタリティ代表取締役の田中勝氏、ホテル西洋 銀座の総支配人ロイド・中野氏、そして㈱ツーリズムマーケティング研究所主任研究委員の井門隆夫氏がパネラーとなり、「日本のこころを、今、世界へ！」というテーマのパネルディスカッションが行なわれた。第三部では明治記念館西洋料理の総料理長である荒川浩シェフと、「リストランテ・ルクソール」のマリオ・フリットリ氏をゲストに、豪華な懇親会が行なわれた。

このフォーラムの中でも話題になったのが、現在業界全体が抱える人材不足の問題である。特に才能あるホテリエが不足しているが、その傾向は今後もしばらくは続くと思われるため、それに対するさまざまなソリューションが提案された。中でも「女性の力をもっと活用する」というのは、非常に興味深いテーマである。

毎年、新入社員の比率を見ていると圧倒的に女性の方が高い。しかし社会、家庭、職場環境の理解と支援や、さまざまな整備が不足しているため、女性のエグゼクティブが少な過ぎるのではないだろうか。もちろん、エグゼクティブになる一番大きな要因は本人の力量とやる気なのだが、周囲の環境が世界のホテルと比べてまだ追いついていないことも、女性のエグゼクティブが少ないことの大きい要因かもしれない。

80年代に私が営業で世界のホテルを飛び回っていた際にも、米国だけ見てもすでにマーケティングや営業の責任者が女性ということは多々あった。おそらくその時代でも4割程度のホテルでは、女性のマーケティング担当が仕切っていたような気がするし、総支配人などのエグゼクティブも、以前に比べたら相当数増えたのではないだろうか。

一方、日本旅館にはもともと「女将」という存在があり、顧客のデータはすべて彼女たちの頭の中にインプットされていた。そして、オペレーションチームに対して細かい指示を的確に与え、教育係として館内を走りまわっていたが、こういう役割は女性の方がたけている部分があったはずだ。**人材不足の対策としても、女性がホスピタリティー産業で活躍する場をどのように整えていくかは急務であり、真剣に考えるべきである。**

2007.12.7 掲載

138

「日本食のようなもの」

日本食が今、世界から注目されていることは何度も書いてきた。健康的であり、キメが細かく、質の高さが評価されているが、その一方で農林水産省内にある食品不正告発窓口への情報提供が、今月で2002年からの累計が1万件を突破したそうだ。世界から注目されている素晴らしい日本料理だが、その反対に国内ではこんなことになっている。

日経ビジネスオンラインの調べによると、海外の日本食レストランの数は2万4千軒にもなるという。米国だけ9千軒あるというから、ものすごい数である。その経営者の9割が外国人オーナーなので、当然のように「現地風にアレンジされたもの」は、われわれから見ると正統派とは言えないものも多い。しっかりと和食の技術・文化を伝えなければならないということとなり、一昨年の11月には「海外での日本食レストランの認証制度を導入しよう」と農林水産省が動き出したくらいだ。この試みは頓挫してしまったが…。しかし、わが日本の国内にある洋食店だって、その本場の職人からみたら怪しいものも同じように多い。イタリア人が、ケチャップを使うナポリタンを食べて、「これがスパゲッティか？冗談じゃない」などという話はよくあることだ。

日本政府としてはＮＰＯ団体「日本食レストラン海外普及推進機構」ＪＲＯ（Japanese

Restaurant Abroad）を設立し、今月に東京と京都にオフィスを開業。3月までに上海、台北、バンコク、その後パリやニューヨークにも展開していくと聞いた。各都市で和食のレストランガイドブックを作り、日本から腕のよい料理人を派遣して現地料理人の指導に当たるようだ。JROの会員には料理人、食品会社のトップ、日本料理の権威が名を連ねるらしい。

そのような試みをするのであれば、JROもフランス料理と文化を世界に発信するフランス食品振興会（SOPEXA）の活動に見習うとよいと思う。彼らは世界に計34カ国、42カ所の拠点を持ち、フランス料理を推進している料理人たちに勲章をあげたり、さまざまな情報でのサポート、料理に使う食材やワインの販促も行なっている。このJROの活動を、農林水産省と一緒になって、世界にみそ、しょうゆ、米、酒など代表的な日本のプロダクツを売れることができれば、大いに意味のある活動になり、本気でやれば輸出額も今の何倍にすることも可能になるのではないだろうか。

正統な日本料理が分かる日本人でさえ少なくなっているのに、海外へ出て行って相手を評価することなどとても難しいことだ。むしろ、**彼らをサポートする側になり、よりたくさんの真っ当な料理人とオーナーが生まれることを目的とし、最終的に日本のプロダクツがたくさん海外へ輸出できるようになるのであれば、業界全体が喜んで協力する**ことになるのではないかと思うのであるがいかがだろう。

2008.1.25 掲載

139

「プロフェッショナリズム＝お金」

社会経済生産性本部が発表した今年の新入社員の意識調査によると、「今の会社に一生勤めようと思っている」とする回答は4年連続で上昇し、過去最高（47・1%）となったという。ホスピタリティーの世界の中でも、特にゲストとの接点の多い人はよく転職をし、そのたびにポジションやギャランティーを上げていく。しかし、終身雇用を希望する若者が増えているとなると、ホスピタリティー業界も、そのギャップをどう埋めていくかを考えていかなければならないだろう。つまり、自社内でのキャリアアップを目指せるプログラムづくり、そしてギャランティーアップが実現できる仕組みづくりが必要となる。

ホスピタリティー産業は、土日、祝日の出勤はもちろんのこと、残業も多く、ストレスもたまるという厳しい環境で働いているが、その環境に見合ったギャランティーが支払われているのだろうか。そんな中で、弊社で今年も行なったホテルマンの賃金実態アンケート調査では、興味深い結果が出ている。今回の調査結果では、初めて平均年収がサービス業のサラリーマンの平均を上回った。しかし、年代別で見ていくと、20代後半の満足度が極端に低くなっている。これは、結婚を意識し始める20代後半になると他産業への転職を考える人が多いことと無縁ではないだろう。30代になると満足度が上昇しているようだが、一番若い世代に対しての処遇を見直す必要があるのではないかとも思う。

やはり「やりがい」だけではやっていけない。現実の生活が厳しくなれば「本当にこの仕事で良かったのだろうか」と、不安になってしまうのは当然だろう。多くの専門知識を得られたり、働いていて楽しいと感じたりすることと、家族を養っていけるかどうかは別問題。給料とやりがいのバランスの取れた人生は理想であっても、現実はなかなか厳しい。働いている時間に対して、給料のバランスが取れていないことを嘆く声も多いが、私はこう思う。以前は「働いた時間＝お金」だったが、これからは「プロフェッショナリズム＝お金」なのかもしれないと。知識や技術などを身に付ける、助走期間の20代はともかく、それ以上の年齢になると、どのような仕事をするか、その内容が問われている。

ロボットの技術レベルが上がり、「ホテルやレストランの仕事でもある程度任せられるようになったら」ということを、私はいつも考えてしまう。ロボットとあなた、どちらがそのホテルやレストランにとって重要か即答できるだろうか。当然、今の時点では人間であろう。人間が仕事をするのだから、ロボットにとって代わられるような仕事ではなく、やはり意味のある、価値のある仕事をしたい。

それは**顧客からだけでなく、会社から、そして仲間から必要とされる仕事をするということにつながる**。常にそれを意識できている人とそうでない人との差は大きい。

2008.5.9掲載

「観光立国へ」

弊社では以前、旅行専門誌も発行しており、80年代のバブル期などは、海外の旅行関係者が集まるイベントやセミナーによく参加していた。その際に、アジア諸国の政府と民間が一体となった観光プロモーションへの真剣な取り組みを見て、「いつになったらわが日本でも展開するのだろうか」と思っていた。ある国では大統領が自ら観光プロモーションのビデオに登場していたが、総理大臣が毎年のようにコロコロ変わるわが国では、こんなビデオもすぐに使えなくなってしまうために、なかなか作れないのだろう。

最近、アジア主要都市の空港を訪れたことのある方なら分かると思うが、最近のバンコク、上海、香港そして昔から定評のあるシンガポール・チャンギー空港などと比べて、日本の空港はレベルに大きな違いがあると感じる。官公庁を中心に、ぜひ国の顔であり、玄関である空港の在り方を早急に検討していただきたいと願うばかりだ。そして、観光に関して一つ明るいニュースが先日ヤフーニュースに配信されていた。「観光系大学の定員急増！」というもので、内容は以下の通りだ。

「近年『観光』に関する人材の育成を掲げる大学が増え、来年4月に40校、入学総定員四千人を突破する見通しだ。文部科学省のまとめでは、今年4月時点で『観光』『ツーリズム』

『ホスピタリティー』などを学部や学科の名前に使ったのは37大学40学科で定員は10年前の6倍に増えた。来年には亜細亜大学など首都圏の3大学が、観光関連の学科を開設する予定。急増の背景には『観光立国』の実現に向けた政府の取り組みがある」

素晴らしいことではあるが、学業となるとどうも現場とかけ離れた内容がまだまだ多いので、より現場に即した内容の教育ができること、レベルの高いプログラムになることを切に願う。そのためには、現場経験の豊富な民間人の登用も重要である。そしてホスピタリティー関連の企業が、何といっても「魅力的」でなければならない。

二〇一〇年の訪日観光客数1千万人の達成は間近となっているが、その達成後には訪日観光客数2千万人を目指すと聞いている。しかし、2千万人という数字は、これまでと異なり、あいまいな戦略ではほかのアジア諸国と競争にならず、達成は難しいだろう。昔から日本に観光で来ている外国人や旅行代理店、また、今興味を抱いている人たちに、日本へ来る動機、モチベーションは何なのか、何に不都合を感じているのかについての、ヒアリング、リサーチについても、観光教育の一環としてぜひ行なっていただきたい。

看板、標識などの取り組みも、日本語のみの表記で、外国人への配慮が不十分な交通機関もあるようだ。**ほかのアジア諸国としっかりと戦っていける「観光立国」を目指すために、何が必要なのかという建設的な議論が、観光庁の設立を機に活発になることを期待したい。**

2008. 9.19 掲載

141

「チェンジ」

60年代、70年代のアメリカは、若者にとっていろいろな意味で、当時の日本と比べて刺激もあり面白かった。ロックやソウル、ジャズといった音楽、スケールが大きくカッコいい車、ハンバーガーなどの食べ物。そしてファッションだけでなく、役者の仕草や、キッチンのシーンなどに、さまざまなライフスタイルが凝縮されたハリウッド映画。

これらは日本国内では、まだ一般市民が持っていない魅力的なものが数多くあり、それらは私たちをワクワクさせてくれるものであった。そこから感じたアメリカは、やはり島国とは違う感覚を持ったスケールの大きさと豊かさだったような気がする。中でも私が感心したのは卵料理、肉、野菜、フルーツ、ジャムにパンとセレクションが豊富な朝食だった。ベーコンなどの油が体によくないとか言われながらも、ハッシュドブラウンポテトを朝から食べていた時代の話だが、アメリカの朝食は世界で一番ぜいたくだ！　と思っていた。

そのアメリカでこの度大統領選挙が行なわれ、バラク・オバマ氏が当選した。ハワイにいる友人が同じ高校に通ったことからオバマ氏を応援しているというので、私もその結果が気にはなっていた。しかし、私が気になっていたのは単なる結果だけではない。非白人候補者の選挙の得票率が世論調査を下回るという「ブラッドリー効果」により、世論調査の結果と異なり土壇場で黒人ではダメだとなるのか。果たしてアメリカは今でも〝フェア〟なのだろうか。こんなことを考えつつ、ドキドキしながら結果を見守っていた。

自分自身が約6年間5つの異なった州に住んでみて思うが、アメリカはこの20年くらいでずいぶんと変わったと思う。よくなった部分もあるのだろうが、悪くなった部分の方がはるかに多くあるように思う。しかし**アメリカのすごいところは、いろいろなことにフェアであることだ**。そして誰にでもチャンスがあることをオバマ氏は証明してくれた気がする。彼の言うとおり、これはオバマの勝利ではなく、アメリカ国民が本気で望めば、何でも起こすことができる！　という国民の勝利ということだろう。

わが国もアメリカに負けないくらい豊かになったことは誰でも理解できると思うが、足りないのは政治や社会でのフェアネス精神ではないだろうか。あらゆるところにまだグレーなモノが存在しており、フェアでない点が多々ある。

今回の選挙で繰り返し使われた言葉は「チェンジ」＝進化であり、変革していくこと。日本もこれにあやかり、どのようにチェンジしていくのか。そして、その指針を示すのは、ほかでもないリーダーである。アメリカのうらやましいところは、国民がそのリーダーを直接選ぶことができることだ。いつの日か日本でも、国民がわが国のリーダーを決められるようなフェアな国になることを望みたい。

2008.11.21 掲載

142

「地域密着」

その昔、自宅前の玄関付近を掃除する際には「せっかくだから」と、隣近所の分も掃除する習慣があったと思う。まさにホスピタリティー精神だと思うが、飲食店でもそういう光景をよく見かける。同じ地域の仲間意識が存在しているからこそ見られるのだろう。

新丸ビルのレストランフロアにあるレストラン同士も、いろいろと助け合いをしていると聞く。これはビルのオーナーである三菱地所が中心となって、各店のトップを毎月集めて報告、連絡、そしてプロモーションの機会を話し合い、どのようにして皆さんに楽しんでもらうか真剣に話し合うようだ。こういった取り組みは、その昔は意識せずに行なっていたのだろうが、実はこういったことは海外でもある話なのである。

ロンドンの名門老舗ホテル「コノート」に泊まった台湾の友人の話。彼は現地で大事な接待をするので、近くにあるレストランをホテルのコンシェルジュに予約してもらい、メニューやワインなど、その日の流れをいろいろとアレンジしてもらった。そしていよいよ当日、最後にお勘定をする際に、ホストである彼は財布を持ってくるのを忘れたことに気付き、真っ青になった。しかし、その近所のレストランの支配人が「コノートにお泊まりいただけるお客さまですから当店もサインで結構ですよ」と、言ってくれたそうだ。彼はこのホテルに泊まっていたことを、本当に幸運だと思ったという。

聞いてみると、ホテルの周りにある店やレストランは、ほとんどサインでOKだそうで、勘定は後ほどホテル代に上乗せする。そして、ホテルはその上乗せ分を近所の皆さまに現金で支払う仕組みになっているようだ。こんな関係を地域やご近所と築けるホテルやレストランは本当に素晴らしいと思う。

先日伺ったのだが、日本ホテル協会会長の中村裕氏が会長を務める日本橋のロイヤルパークホテルも、観光庁の「ビジットジャパンキャンペーン」を実践する中、具体的にどんなことができるだろうかと考えた結果、ホテルと「日本橋」という地域を売ろうということで、地域と密着した外国人へのプロモーションを考えた。しかしプロモーションの前に、まずは外国人にフレンドリーにならなければならないという考えから、まずは言葉から始めた。具体的にはホテルからお勧めする、近所の店舗やレストランへの英語のレッスン（簡単な会話、単語）や、英語のメニューを用意してあげることで、ホテルからお客さまが散歩や買い物をしやすい環境を整えたそうだ。これはたちまち効果が出ているようだ。

これから東京だけでなく日本全国に外国人観光客が大勢やって来るだろう。そのために、**ホテルがその地域に協力し、貢献することで、地元とのコミュニケーションや連携ができる**のであれば、ほかのホテルでも早速検討してみてもよいのではないだろうか。

2009.1.16 掲載

143

「The power of Chinese」

先日、銀座の大通りを歩いていたら、あまりの人の多さに驚いた。「今日は一体何があるんだろうか」と思うほど、歩道は人であふれかえっていたのだ。その人々をよく見ると、中国人観光客が旧正月（チャイニーズニューイヤー）のバカンスで日本に来ていたようだ。

財政破たんした北海道・夕張市は最近中国人観光客の誘致を強化し、現地のリゾートホテルが中国本土10カ所で、代理店に積極的に売り込みに行ったようだ。昨年、実際に2万人近い中国人が夕張を訪れたようで、その効果が出てきている。スキー、蟹料理、温泉などが売りで、スキーをしたことがなく雪を見たことすらない中国人にアピールできている。

よく考えてみると、われわれがハワイにフラッと遊びに行ってリゾートライフを楽しみ、好きなブランドを買う行為に似ている。隣の大国からすれば、近くにある島へ気軽に旅行して好きなものを食べ、買い物をしてくるには〝ちょうどよい〟のかもしれない。

また、台湾人も昔から温泉が大好きで、テレビの報道番組で先日見たのだが、青森県などにたくさん来ているようだ。台湾人にとっても普段なかなかお目にかかれない雪と触れ合えて、温泉に入れ、おいしいものを食べられることから、ますます人気が高まっている。

これでわが国に、もしカジノがあったらどれくらいブレイクするだろうか。まだ現実味がないので想定しがたいが、マカオの成績からそのすごさが分かる。２００７年にマカオを訪れた中国人は1年で約２２００万人。香港には本土から約１３００万人も訪れているそうだ。ブランドショップが多い香港には、買い物メインの観光客が、なんと一人平均約30万円も使うようだ。「２００７年に中国本土から来た観光客が香港経済に与える影響は３兆円を超える」と、大前研一氏もその著書『マネー力』（ＰＨＰビジネス新書）で述べている。さらに大前氏は、「中国ビジネスマンの会話の中で何十億、何百億を投資したという話が出てくるが、これが中国の経済の〝規模感〟である」とも述べている。

中国での携帯電話の契約数は６０００万人というレベルで、これは日本のドコモの全契約者数に匹敵する。日本でのネット証券の利用者は２００万人程度だが、中国ではネットを２００７年に始めた人の数が1億人ほどいるという統計データもある。**このスケールの違いをよく考えてみる必要がある**。将来のホテル、観光業にとって、中国市場は間違いなく大事なお客さまになることだろう。

都内では京王プラザホテルが断トツで、年間約40万室販売するうち中国と香港から約4万室、台湾から約4万室、計約8万室が中国系で、総販売客室数の約20％に当たる。

今吹き荒れる不況の嵐の先に、どんな世界が待っているか誰も分からない。しかし、できることはまだまだあり、それは案外近くにあるのではないか。そんな気がしてならない。

2009. 2.20 掲載

144

「定年制」

あるイギリスの有名ブランドが、今年の夏に国内で展開するプログラムについて先日聞いた。年間に100万円など一定の額を消費してくれた顧客を対象に、ホテル、レストラン、スパやゴルフ場を使った期間限定のインセンティブプログラムだそうだ。このプログラムはマーケティング会社のアイデアで実現に至ったもので、こういう景気の中、何とか新しい市場にアプローチしたいというホテルやレストランなどにとって、とても魅力的である。

そして、このプログラムのコアとなるマーケットは「団塊の世代」だそうだ。定年を迎えまとまった時間ができることから、今まで時間がなくてできなかった旅行に出掛けてホテルに泊まり、おいしいものを食べたいと思う人が増えているようだ。大手広告代理店のデータによると、団塊の世代がお金を使うモチベーションが最も高いのは男女共に「旅行」であり、一位が「国内」、二位が「海外」で、その他「ゴルフ」や「食べ歩き」などが上がっている。このデータによると、今まで以上に夫婦での行動が活発になるだろうとも予測されており、年配の男女のカップルへのアプローチもこれから考えていかねばならない。

ところで、91歳まで元気で生きた父が80代になったころ、『50代なんていうのはまだガキだぞ！』とよく言っていた。人生を長く生きたものからすれば、自分たちが通ってきた道はすべてが過去であり、その時点から成長があれば、当然その10年、20年前の時点は未熟だと思うのであろう。

私の父と同じように、80年も90年も生きた人からすれば、65歳で定年という発想は、遠い昔に決められた「目安」でしかないかもしれない。平均寿命が長くなった今、この時代の「定年」はもしかしたら75歳くらいなのではないだろうか。いや本音を言えば、年齢で決めることそのものがおかしいのではないだろうか。**20代でも老人みたいな後ろ向きの人もいれば、60代でも子どものように情熱を持っている人もいるからだ。**

経営学者のピーター・ドラッカーは、「65歳定年制は元気な人たちをゴミ箱に捨てるようなものだ」と書いていたことがある。私の周りの60代の皆さんもとても元気で、まだ現役という方も多く、まだまだ業界やその会社、団体に貢献したいという意欲にあふれている。まだまだ業界にとって、とても必要な存在であるはずだ。

高齢者の数は、今後わが国では増える一方であり、今後そういった方たちをもっと活用していかなければならない。ホテルやレストランなどのベテランで、本当に味のあるサービスをする方は、それなりに年齢を重ねていることが多い。そういった方々の技術やノウハウを無視し、年齢で一律に切ってしまうことには違和感を覚える。年齢を重ねた方にしかできないサービスというのも確かに存在するからだ。

2009. 4.24 掲載

145

「今こそチャンス」

最も影響力のある食の国際会議の一つである「Worlds of Flavor」をご存じだろうか。運営しているのはカリナリー・インスティテュート・オブ・アメリカ（CIA・本校ニューヨーク）のグレイストーン校で、カリフォルニア州にある同校で毎年開催されている。2010年11月に予定されている第十三回のテーマは「日本の味と文化」である。

このイベントには米国で影響力を持つプロの料理人たちや企業のメニュープランナー、サプライヤー、そしてトップフードジャーナリストたちが、毎回平均700人ほど参加する。近年、**世界の日本食に対する関心が高まっていることもあり、このイベントに出展することで、さまざまな角度から日本の食文化を紹介する機会を得られる**ので、この機会に世界へ売り込みたい日本の食材や食品、商品のある企業は最高の機会となるだろう。

このイベントのためには通1年でプログラムを組むのだが、今回2年もの準備期間を掛けて日本から料理人や専門家を呼んで、日本食、食文化のエッセンスを総合的に紹介するという初めての試みである。今回のテーマが選択された背景には、アメリカの食文化が大きく変わろうとしていることがある。生活習慣病、肥満が多いのは食生活に問題があるとされていて、あらゆる分野で見直しが検討されている。その中で、低カロリーで健康的な

8 先見性

食材や調理法、メニューを多く持つ日本食への関心は非常に高い。

日本食ブームの先駆けとなったすしは相変わらず人気が高いが、今ではしょうゆ、みそ、豆腐、お茶や豆乳など数多くの日本食材が取り入れられていて、確実にアメリカの食文化に定着しつつある。さらに「うまみ」という言葉は世界のトップシェフに理解され定着しており、日本が生んだ五つ目の味覚として科学の分野からも注目を集めている。しかし、まだまだ身近でない日本の味、料理、文化を彼らにどう伝えていくか。まさにチームオブジャパンのゴールは、日本の素晴らしさを世界にアピールしていくことである。

日本からも50人近くの各分野のトップシェフや料理関係者が向かう予定となっており、現在国内にワールドオブフレーバー（ＷＯＦ）の実行委員会が設立され、着々とプログラム作成のためのディスカッションが行なわれている。組織委員会には服部幸應氏（服部学園）や辻芳樹氏（辻調理師専門学校）、カリナリーアドバイザー委員会には熊谷喜八氏（キハチアンドエス代表）や三國清三氏（ソシエテミクニ代表）、徳岡邦夫氏（京都吉兆代表）、村田吉弘氏（菊乃井代表）をはじめとする多くの料理人、専門家が「日本料理と食材、その文化を世界へ！」という一つの気持ちで集まってきている。

この機会を生かして多くの関連一般企業や、農林水産省や地方自治体や各協会などが、まさに「日本の味と文化」を世界にアピールしていただきたいと思う。

2009. 7.17 掲載

146

「オンコール」

以前、米国でレストランの仕事をしていたころ、それ以外にもいろいろやっておきたい思いがあり、ケータリングの仕事もしていた。そこはレストランの通常営業はしていないが宴会場があるため、一般宴会かウエディングの予約のあるときのみ営業していた。そのほかにもホームパーティーのケータリングや、ゲストを家に招いて料理を振る舞う際のサポートなどを行なっていた。しかし忙しい時期になると、とても5人ほどしかいない固定メンバーだけでは回らないので、「オンコール」という人たちにも協力してもらっていた。

「オンコール」とは簡単に言うと、通常はどこかのホテルかレストランで働いているが、オフの日にもし気分が向いたり、時間が合えばぜひやりますよ！　という人たちを集めたリストのことだ。そこに載っている順番に、「今度の日曜だけど、5時から8時まで結婚式のウエーター、またはバーテンできるか？」とか「土曜日の晩にカクテルパーティーがあるけど、5時間ほど手伝ってくれないか？」というように次々に連絡していくのだ。

またキッチンであれば、「今週末にある500人の宴会の仕込みを3日前からスタートするので、その3日間の中で何時間くらい出て来られるか」などといった交渉を、それぞれリストに掲載されている人たちと行なっていく。日本のホテルでいう配膳会に似ているかもしれないが、毎回必要なパーティーに応じて、必要な人員を集めるのが私の仕事だった。

通常は事前に予約があるので必要な人員数が読めるから、何人いれば成り立つと予測できる。しかし、忙しい時期に宴会が重なるとやりくりは本当に大変だ。そのため、自分の住んでいた街のレストランだけでなく少し離れた地域へも出向き、いろいろなスタッフに声をかけてオンコールに登録させることが重要となってくる。こうしてスムーズにやりくりできると、何と言っても固定メンバーあるいは正社員が極度に少ないため、とても効率よくオペレーションが回せる。

先日、米国での現場経験のある2人の元ホテル総料理長と話す機会があったが、2人によると、「これだけ不景気になると人件費のコントロールは避けて通れないが、ホテルやレストランによっては副業が禁止されている。これはほかの国ではあり得ない」という。

ワークシェアリングという話も数年前から出ているが、**こんな時期だからこそ副業＝アルバイトを認める方向で考えるべきではなかろうか**。ホテルやレストランでも職種単位で募集をかけるのではなく、ウエーターを何時から何時までといった時間単位での職の募集を可能にするのだ。そうすることで仕事の多い時期は人数を増やし、少なくなれば調整できる。その体制の実現のためにクリアすべき課題も多いが、地域のホテル間で人材を交流させるといった協力体制の構築を、日本でも検討する時期に来ているのではないだろうか。

2009.12.4 掲載

147

「世界の富裕層に日本を売り込む」

「日本の素晴らしさを世界にしっかりと伝え、旅行業界に新たな活力をもたらし、ラグジュアリー旅行を日本経済の柱の一つにすることが目的」というのは、ルシオール社のジェイ・マーテンズ氏。読売巨人軍のラミレス選手に似ているので、溝畑宏観光庁長官はいつも彼に対し「ラミちゃん元気?」と声をかけている。彼は２０１１年1月に、「ブロッサムジャパン」という旅行展示会を企画している。本来であればこういった企画は自国民、日本人であるわれわれが率先して取り組まねばならないことだと思うが、観光立国を目指す日本としてはこれを機に、トップクラスの旅のプランナーたちに対し、魅力ある日本を見せつけたいところである。彼は過去10年くらい世界の富裕層だけを扱うような旅行代理店や展示会にかかわっており、その多くが「日本」に対する興味が強いことを肌で感じており、何とか日本が持つ可能性を世界にアピールできないかと立ち上がったのである。

メキシコでは、その国を販売してくれるエージェントに対し、大統領が直々にやってきて熱烈なる歓迎をする。ほかの国でも、国のリーダー格か、世界に知られているアーティストなどが出てきてしっかりと観光をアピールする。観光の先には投資やビジネスがあり「観光は大きなビジネスである」とどこの国のリーダーも即答する。

実はラグジュアリー旅行市場は、最も不況に強い市場の一つだ。富裕層旅行者は世界全体では約2%と言われているが、その旅行者が消費する金額は旅行業界全体の収入の20%、およそ1500億ドル（約13兆4070億円）を占めているそうだ。

さて、今回の開催にものすごいスピードで反応したのは、海外のトップクラスのエージェントたちである。すでに90社が「日本へ行きたい」と申し込んでいるようだ。星のや京都などとビジネスを展開している米国のVirtuoso（世界22カ国300拠点、年間売り上げ50億ドル）をはじめ、ロシア、カナダ、イギリスでもその国のVIPクラス、誰もが知る大企業のCEOやエンターテイナーなどを扱うエージェントの来日が予定されているし、旅行関連のメディアも40社ほどやってくる。彼らはブロッサムジャパンの開催後にも時間を作り、日本を隅々まで見て、体験しておきたいと言っているようだ。大事な顧客を扱っているので当然だと思うが、具体的に日本のどこをどのようにアピールするべきか情報収集したいという気持ちが強い。世界からやってくるメディアには、どこを取材させたら良いだろうか。普通の観光客が体感していることでは売りにならないので、どのような面白い旅の情報があるか、リサーチの最中であると聞いた。これは大きなチャンスである。**ぜひわが県へ、またはわがリゾートへ来て欲しい、見せたいという方がいたら、今こそ手を挙げるべきだと思う。**

2010.7.9掲載

148

Let's change!!

先日テレビを見ていたら、元プロ野球・楽天イーグルスの野村監督が出ていて、「人間の最大の悪は〝無関心〟であり、〝鈍感〟であることだ」と言っていた。世の中には必要な情報があふれるほどあるのに、自分とは一切関係がないと思ってしまっている人がいる。一方では一日のすべての行動の中から、何かを学び取ろうと必死になる人もいる。この日々の積み重ねが、一年、一〇年先の結果を大きく変えることは想像に難くない。

今や世界中の誰もが認めるところだが、アップル社のスティーブ・ジョブズCEOやアマゾンドットコムのジェフ・ベゾスCEOは、よくビジネス誌や評論家にも「先見の明がある」と評価されている。彼らの行動や言動の中にはいくつかのパターンがあるといわれている。彼らの企業文化、ライフスタイルの中には、多種多様なネットワーク、つながりをフルに活用するノウハウがある。一見無関係に思える「人」、「商品」、「問題」などから、自分自身のためのアイデアにつなげていく能力を持っているというのだ。

彼らの合言葉は「世界を変えたい」だそうだ。はじめは小さな夢や希望でも、本気で取り組めば、市場はおろか、世界を変えることだってできる。ファーストリテイリングの柳井正代表取締役会長兼社長のコメントにも、そういう気持ちが表れていることが多い。

「当たり前を疑うこと」からイノベーションはスタートする。「この現状で良いわけがないだろう」という問題意識を持つこと、「何とかしてこの状況を変えたい」と強く思うこと、また常に変化を恐れないことが大事なのだ。現状を変えたいと思っている人は多いと思うが、ほとんどの人がそれに伴うリスクを考えすぎて立ち止まってしまっている。ホテルやレストランでは、変化を起こすとリスクが伴うという小さな考え方が邪魔をして、次の一手が打てずに苦労しているところが多い。ほかのホテルやレストランに対しては「もっとあそこはこうすれば良くなるのに」と実に効果的なアイデアを出している。しかし自分のホテルやレストランではそんなに簡単ではないと思っているようだ。いっそのこと、チームごと現場をスイッチした方が良い結果がでるのではないかと思ってしまうくらいだ。

苦境を打ち破る斬新なアイデアを思いつくには、まず自分自身の考え方や環境を変えていくことである。結局はどんな状況にあっても、どれくらい前向きに、他人と違う行動や考え方を意識できるかが大事なのだと、たくさんの現代の成功者や指導者は教えてくれている。今すぐに、彼らと同じレベルの斬新なアイデアや改革は難しいかもしれない。しかし、スケールややり方は違っても、自分の気持ちに嘘をつくことなく、挑戦し続けることが必要なのだと思う。誰かが変えてくれるのを待つのではなく、自分自身が「世界を変えたい」と決めたときに、次のステップへの扉が開かれるのだ。

2010.7.23 掲載

149

「ロボットの方がマシ」

今はレストランへ行くと「喫煙席ですか？ 禁煙席ですか？」とゲストに座るエリアを選択させることが当たり前になっているが、これから20年もたたないうちに「ロボットがサービスするエリアと人間がサービスするエリア、どちらになさいますか？」と聞くようになるかもしれない。

先日会った知人が「最近のサービスはあまりにもマニュアル的で冷たいものが多く、こんなサービスならロボットの方がマシだ」と言っていたが、筆者も最近そう感じるサービスに出会うことが少なくない。では実際、ロボットがサービスをするようになるとどうなるだろうか。ロボットは疲れないし正確で、人間以上のパフォーマンスを発揮できる部分もあるであろう。一方で、ジョークは通じないとか、変化球のリクエストには対応できないかもしれないとか、ロボットでは対応が難しい部分もあるであろう。しかし、最近はチェスや将棋でも人間に勝つロボットが出てきている。**これまでは人間しかできないと思われていた領域でも、それが永遠に変わらないとは言い切れない。**ましてや、サービスをする人間のレベルがどんどん落ちている現在、どこまでそれでも人間のサービスの方が良いと言い切れるだろうか。

おそらく、今後もロボットではなく人間からサービスを受けたいと考える人はいるだろうし、逆に人間ではなくロボットが良いという人も出てくるであろうし、それぞれが選ぶ時代になっていくのであろう。そういった時代になったときに、レベルの低い人間のサービスが選ばれることはない。

現在日本には「サービス料」というものがあるが、これについてサービスを提供している側がどのくらい意識をしているだろうか。その昔、銀座にあるフランス料理店ではものすごい額のチップ＝現金が飛び交っていた。宝くじが１０００万円の時代に、月に総額３００万円くらいはあり、支配人が全スタッフに分配していたが、現金でもらえるのはうれしいもので「どうやったらもっともらえるか？」と、皆自然に意識をし、努力をしていた。私も、米国で働いていた際に初めてチップをもらってから面白さが増したし、経験も年齢も国籍も性別も関係なく、ゲストを喜ばせた者が稼げる＝勝てるとモチベーションが上がり、毎日「今日はどうやったら喜んでもらえるだろうか」と真剣に考えるようになった。

個人的にはこの制度がなくなったことは残念ではあるが、人間がロボットに負けないサービスを提供し続けるためにも、人間にしかできないレベルのサービス、配慮、思いやりを磨くためにも、何かそれを評価し、働く人をモチベートする仕組みが必要だと、また最近強く思うようになった。「ロボットの方がマシ」と言われないためにも。

2013. 5. 3 掲載

150

「未来を見据える」

先日、都内で複数店舗を展開し、どの店舗も成功させているレストラングループの役員と話をする機会があった。そして、「次はどのようなコンセプトの店を考えているのか？」と聞くと、「そろそろ新店舗の出店を止め、既存店舗の磨きをかける。そして、〝10年後の対策〟を開始する」という話をしていた。

〝10年後の対策〟とは、タイやベトナムといった質の高い人材が存在するエリアへの出店だという。その背景には、現在でも難しい国内における質の高い人材の確保が、今後さらに難しくなっていくであろうという予測からきている。アジアに自分たちの店舗があれば、（今は法律上難しいかもしれないが、将来的には）そこから国内の店舗への採用にもつなげることができるという。

政府が最近になってやっと建築業など一部の業種において経済特区での外国人労働者の受け入れに関して規制緩和の方針を固めたが、将来的にはホスピタリティー産業も同様になるであろう。こういった未来を読んだ戦略を聞き、だからこそ伸びる企業なのだと改めて強く感じた。

また一方で、ホテル業界でも同様に未来を見据えた取り組みを行なっているところがある。セントラルフロリダ大学ローゼン・ホスピタリティ経営学部で教鞭をとる原忠之氏が、KPG HOTEL&RESORT の沖縄クラスターＧＭである田中正男氏と協力をし合って行なった米国大学学生のインターンシップがそれだ。

原氏は言う。「正面玄関から就労ビザを取得しますので、日本のホスト側と米国側大学での書類作成事務負担は高いのですが、⑴日本側は最低賃金と社宅・従業員食堂供与ですむのでコスト的に負担は高くない、⑵米国学生は全員訪日が初めてで、一生の思い出と経験を積める（＝彼女らは おそらく今後50年間、日本へのリピーターとなる）、⑶日本を知らない米国人学生が、日本社会、日本人従業員との交流で、お互いに留学同様の異文化交流の経験を積める、という利点があるのではと思います。日本のほかのホテルや旅館・地方自治体でも、人手不足解消&国際化を同時に実現する方策につながるのではと思っています」

国として観光立国を目指し、目下訪日外国人旅行者数の増加でその勢いを感じることが少なくない現在、**明白な若年の労働力の減少は今後ホスピタリティー業界の経営者にとって重要な課題となることは明らかである。**今をしのげればよいという話ではない。前記のような話を珍しいものとするのではなく、5年後、10年後を見据えた取り組みが国内のさまざまなところで行なわれるのを期待したいところである。

2014.6.27 掲載

FROM THE PUBLISHER

9

特　別

151

「ありがとう　太田土之助」

創業者であり、株式会社オータパブリケイションズ代表取締役会長である太田土之助が8月31日に他界した。

1966年の『月刊ホテルレストラン』創刊以来、巻頭言となる「FROM THE PUBLISHER」を一回も休むことなくずっと継続していたことに対して畏敬の念を持つ。また、故人のホテル・レストラン産業界、ホスピタリティーに携わるすべての人に対する愛情、思い、功績をこの場を借りて感謝し、安らかに眠れることを祈りたいと思う。

太田土之助は、1912（大正元）年に高知県土佐に生まれた。現在大丸百貨店が建っている位置に当時レストラン「赤だま」を経営していた太田家の11人兄弟の7番目の子供として誕生した、と記録にはある。「土之助」（とのすけ）という名前の由来は〝土佐を助ける男〟という意味が込められたものであると聞いているが、そのイメージには郷土の英雄・坂本竜馬の姿が映っていたのかもしれない。果たして土佐を助ける、あるいは日本を助けるという、今の言葉で言えば強力なサポーターという意味になるのだろうか。ただ、確実に言えることは、日本におけるホテル・レストラン業界の発展のために、ホテルやレストラン業界の先人たちとともにホスピタリティー産業に一生懸命側面から情報を提供し、新しい風を吹かせる努力をし、経営陣に厳しいメッセージを送り続けたことは間違いない。

10代のころ母親（私の祖母）の着物を質屋に入れてつくった金で神戸へ渡り、神戸オリエンタルホテルに勤め、その後、創業者・望月豊作氏が経営していた大阪の「レストランアラスカ」を経て上京し、戦前の華やかなりしフランク・ロイド・ライト設計の「帝国ホテル」で働いていた。戦後、外国から来る人たちや在日米軍関係者のために、１９４９（昭和24）年10月、サービスパブリッシングとして創業、英文のガイドブック『THIS WEEK IN TOKYO』（『ジスウイークイントーキョー』）を創刊し、１９５４年２月に株式会社ジスウイークイントーキョーを設立。１９７０年９月に現在の社名である株式会社オータパブリケイションズと社名変更している。１９６６年11月に『トラベルタイムス』、同年12月に『月刊ホテルレストラン』（１９７２年に現在の週刊となる）を創刊、その後、『日本ホテル年鑑』や『月刊ザ・ホテル』を刊行している。

常にこのホスピタリティー・ビジネスの神髄である「お客さまに喜ばれてナンボの世界」を追求し、何度も社主がこの巻頭言の中で**「やってもやらなくてももらえるサービス料に対して考え直すよう」**に促し、また生半可なサービスに対する強い怒りをぶつけてきたことを思い返す読者の方々も多いのではなかろうか。ホテル産業の成長とともに、世界から認められるホテルづくりにこだわり、人が人にサービスをするわけだから細かいテクニッ

2004.9.17 掲載

クよりも人間を磨くことの大切さを問い、少しでも皆さんの役に立ちたいという強い気持ちを忘れずサポーターとして仕事をしてきた功績は大きかったと感じている。

われわれにとって父からの数々の提言は今となっては遺産であるが、次世代のホテリエやサービスのプロがこの父の考え方を一緒に継承し、また次の世代へと引き継いでいくことが大事なことかとも思う。時代は変わっても、人々がホスピタリティー産業に求めるものは、安らぎや癒やしであり、楽しませてほしいし、喜ばせてほしいという気持ちは変わらないだろう。エンターテイナーの気持ちでお客さまに喜んでもらうことが顧客の信頼を呼び、リピーターになる。そのリピーターがいてわれわれは商売をしているとなれば、感謝の気持ちを表すのはサービスであるということにある。どんなことをしたら素晴らしいホテリエになれるのか。サービスのプロになれるのか。それは同時に、素晴らしい人になることであり、人の痛みも喜ぶツボも学習し、研究し、学ばないといけないのだと思う。そのためにわれわれができることは、この世界にある数々の情報をお伝えすることであり、少しでも経営にサービスに役立てていただきたいと願う。太田土之助の思い、夢を引き続き継承し、さらに進化させていくことが使命であると強く感じる。この場を借りて再度、創業者であり、業界へ惜しみなく愛情を注いだ太田土之助に感謝したいと思う。

「ありがとう」

152

「橋本保雄氏の教え」

8月11日にホテルオークラ元副社長の橋本保雄氏が亡くなった。橋本さんと初めて会ったのはまだ小学生のころ、父親にホテルオークラに連れて行ってもらった際、レストランやプールサイドでよくお目にかかった。その後、この会社に入り社会人としてスタートを切ったころ「あいさつの仕方がまだ甘い」と、頭の下げ方やタイミングを指摘された。そんなありがたい思い出のほかにも、いろいろな場面でお世話になり、ホテルビジネスを愛した人として記憶に強く残る存在だった。その橋本氏が43年前に創設した「日本ホテル研究会」で、今年から私が代表副幹事に任命された。何とか創立メンバーの思いと気持ちを継承し、継続していこうと奮闘している中、まだまだお聞きしたいこと、お話ししたいことがあったので残念でならない。故人のご冥福を心からお祈りいたします。

その橋本氏と、服部栄養専門学校の服部幸應氏との3年程前の対談の中に興味深い話があった。昭和37年にメキシコのマテオス大統領が国賓として来日した際、当時はまだ迎賓館がなく、同年に開業したホテルオークラに滞在することになった。そして、ホテルで昭和天皇主催の宮中晩餐会を開くことになり、当時の小野正吉総料理長と橋本氏が、宮内庁大膳課主厨長である秋山徳蔵氏に意見を伺うことになった。「陛下のお召し上がりになるものについて、何か知っておくことはありませんか」と秋山氏に聞くと、「われわれは宮城の中にいる井の中の蛙で、世間のことはあまり分かりませんが、いつも心掛けているのは陛下の栄養バランスです。あなた方はたくさんのお客さまを迎え入れる〝プロ〟なのですから、その時期に適している食材を選んでお作りになればいいと思いますよ」と言われ、ムッシュ小野はむしろ余計に悩んだようだ。

しかし、秋山氏はさらに大事なことを付け加えて説明した。「料理は時代の変化によって変えていかなくてはならないけれども、絶対に変えてはならないものがある。それはあなたの料理を作る真心ですよ」と。その言葉を聞いた橋本氏は、「自分の仕事に対する姿勢が変わった」と言っている。

ホテルやレストランに来るゲストは、一人一人求めるものの物差しが異なるし、残念ながらその物差しは数値化できない。しかし、その物差しに合ったサービスや味を提供するのがプロであり、だれも皆同じような扱いをするのはプロではないということを、肝に銘じた一瞬だったと想像する。橋本氏はこの後もずっと言い続けた。「感謝の気持ちを忘れずに、知恵を絞り、ゲストを楽しませるのだ」と。つまり、一人一人が求めるものが何であるのかを考えることこそが真心であり、真心のこもったサービスなのである。

橋本氏は、今もわれわれに問いかけている。**「そのサービス、真心がこもっていますか」**

2006.9.8 掲載

153

「さよなら東京ヒルトン」

1963年に東京・永田町に開業した東京ヒルトン。そして20年後にキャピトル東急ホテルとして、東急にテイクオーバーされたホテルがその営業を終了した。実は1978年に数カ月だけ私もケヤキグリルに配属され、この伝統のホテルにどんな思いを持った人々がいたのか、内部から見る貴重な体験をさせていただいた。GMのリチャード・ハンデル氏は山口謙一郎氏（現JRホテルグループ事務局長）と中村裕氏（現日本ホテル協会会長）と相談し、FBマネジャーの田中進氏に私のトレーニングを一任したと聞く。

当時のケヤキのマネジャーは下山騎六氏。その補佐に中野允夫氏（現二期倶楽部総支配人）がいて、中野氏にはナイフ、フォークの置き方をはじめすべてを教わった。そして、黒服には小倉邦男氏（現ヒルトン東京料飲部長）、外山弘文氏（現セルリアンタワー東急ホテル食堂支配人）や、チャールズ・ベスフォード氏（現ホテルミラコスタ総支配人）などがいた。特に私は、当時ケヤキグリルでも若かった鈴木成和氏（現スティルフーズ代表取締役）と、サービスについていろいろお話をしたことを記憶している。

東京ヒルトン開業時の1963年入社組を見ていても、ホテル業界の発展に多大な貢献をしたホテリエが多くいたことが分かる。弊社創業者太田土之助と親しかった村川優氏をはじめ、鹿野正道、中村裕、山口謙一郎、中村博、村松徹、清水祐子、田中進、関口泰生、田中實、谷岡健介、吉野功の各氏などなど。すべての方の名前を書き出せないほどである。

私にとっては、東京にいて一番海外を感じさせてくれるホテルであったが、調べてみると１９７０年当時、外国人宿泊者比率は88％と、当時の帝国ホテルの83％、オークラの81％を凌ぐものだった。海外からのゲストはメニューにないものを平気でオーダーするし、無理難題をぶつけてくるので、いろいろと学べる環境にあったことは確かである。そして、国内ホテルにはない仕組みや考え方を持っていたホテルなので、「学ぼう」というホテリエにとっては最高の学校だったと言える。事実、東京ヒルトンでは能力や意欲があれば若者にどんどん重要な職務を与えていったし、学歴や年功序列など関係なかった。これらのことがユニークでやる気に満ちあふれた人間を作っていった。

初代人事支配人だった細川進氏は**「東京ヒルトンは真の競争社会があったと言える。安定性を求める人は辞めていき、その道のプロとして努力する人にチャンスを与え、レベルを磨き上げていく人を評価した」**とコメントしている。「サービスとは何なのか」を学びたかった私にとっては、緊張感のあるこの環境で学べたのは何よりだった。

そんな猛者たちの思い出の場所がなくなることはとても悲しいが、かかわった人たちすべての記憶と体験、そしてその伝説は永遠に消えないだろう。

2006.12.8 掲載

154

「創業精神」

今から15年前、弊社の創業者である太田土之助が巻頭言で「忘れえぬホテルマン」と題して3週にわたり、次のようなことを書いたことがある。

「元帝国ホテル社長の犬丸徹三氏はGMとして、また社長として、ガラス磨き、皿洗い、ウエーター、クロークなどホテルのあらゆる現場をニューヨーク、ロンドン、上海などで身をもって経験するなど、ほかのGMとはまったく違う体験をしてきている。

ホテルオークラの創立者は、元帝国ホテル社長の大倉喜七郎氏。彼の目的は今考えればある誤解から出たものだが〝打倒帝国ホテル〟だった。ホテルオークラの開業後間もなく、その繁栄を見ることなくこの世を去ったが、野田岩次郎氏が大倉男爵の遺志を引き継ぎ、今日のホテルオークラができた。野田氏は商社の出身で、絶えずゲストの立場でマネジメントを考えた。最愛の妻を亡くし、娘のグロリアも失った環境にあって、自信と勇気を持ってホテルオークラを世界水準まで持っていく努力を生涯怠らなかった。

ホテルニューオータニの創業者である大谷米太郎氏は、大谷重工業の創立者でもある。1964年の東京オリンピックの開催が決定した際、東京のホテル不足は国家的な大問題だった。そこで当時の自民党副総裁の川島正次郎氏が、紀尾井町に2万坪の土地を持っていた大谷氏のところへ再三出向いて『ホテルを建ててくれ』と要請した。国家要請に対して、彼は特にホテル経営に興味はなかったが建設を決意した。

パレスホテルの初代ＧＭの立花盛枝氏は、日本郵船出身で豪華客船のチーフパーサーだった。彼ほど客にも従業員にも優しいＧＭはいない。今は亡きヒルトンのエドウィン・ヘイスティング副社長も彼を『日本一のホテルマンだ』と褒めたたえていた。

日本最初のリゾートホテルと言われた箱根の富士屋ホテルのＧＭだった山口正造氏は、箱根の山から小田原の駅までわざわざ下りていき、自分のホテルのポーターが列車から降りてくる客に対する態度を喜んで見ていた。この人くらい従業員を信用し、大事にしていたＧＭはいないと言われている」

さて、この流れからすると、現代では相当な数の国産ホテルが世界中で活躍していてもおかしくないはずだが、現実はそうはなっていない。しかし、素晴らしい創業者たちがいた時代があったことは間違いない。その思い、願いは今も継承されているだろうか。

確かに時代は様変わりしたが、お客さまの目線を大切にすること、そして何よりもスタッフを大事にすること、これらは現代でも十分通用する理念なのは言うまでもない。**今こそ改めてそれぞれの創業時の思いを見直すべきである**。そしてそれを現代においてどのように磨いていくか考え続けること。それが次世代への継承において重要であると言えよう。

2007.2.2 掲載

155

「ホテリエオールジャパン」

サミットが開催されるホテルが、ザ・ウィンザーホテル洞爺に決まった。このニュースを聞いた瞬間、自分が総理大臣になったと想定し、「ホテリエオールジャパンで対応したら、どれだけ素晴らしい結果が出るだろう」と考えてみた。サミットに参加する各国の首脳の滞在先での「もてなし」をすべて完璧にすることで、彼らがサミットで議論した内容さえ忘れてしまう。それくらいインパクトがあり、「日本のサービスはすごい」と言われるようなホスピタリティーを提供できたら。そんなことを考えただけでワクワクしてきた。

ホテルのスタッフ全員が、「どのように迎え入れるか」「成功させるか」について、さまざまなことを想定してプロジェクトチームを組み、プランが着々と進んでいるものと思われるが、そこにベテランのアドバイザーや、技術や経験を持った先輩や仲間がいてくれたら、どれだけ勇気を与えられるだろうか。

例えば、ホテルオークラ東京のシューシャインの源さんこと井上源太郎さん。私が知る限り国内一のシューシャインだと思う彼が、開催中、世界の国家元首やお付きの方々、同行する世界からのプレス関係者の靴をピカピカに磨く。その靴を見れば、「何と日本はキメの細かい、素晴らしい技があるのだろうか」と感動していただけるのではないだろうか。

そして、英語だけでなく、ドイツ語やフランス語、イタリア語に堪能で、その文化、風習、ユーモアのセンスなどを持ち合わせたスタッフがいると心強い。技術面でもワインだけでなく日本酒など酒全般の知識を持った人、キッチン、フロント、スパ、宴会にさまざまな知恵と経験を持った自薦他薦の優秀なスタッフが、それぞれのチームに配属され、現地のスタッフをサポートし、ノウハウを共有していくのである。

淡々と何事もなく、無事に終わらせることも当然重要でありとても難しい。しかし、どうせやるなら、普通以上、期待以上を目指し、「すごかった」という印象を持って帰っていただいた方が、世界からの日本への期待、印象が良いものとなり、将来的にはわが国の観光促進にもよい影響を与えるはずである。それならば、**ぜひホテリエオールジャパンの選抜を検討しても良いのではないだろうか。**

以前に沖縄サミットを体験している方々からヒアリングを重ねるのはもちろん、日本の伝統文化である旅館から、女将さん数人に来てもらい、板についた着物姿でおもてなしをするのも面白そうだ。日本の伝統文化を世界にアピールする大きな機会でもあり、これはやらない理由の方が見つけにくいのではないだろうか。

ぜひこのプロジェクトに参画したい、または「この人は不可欠だ」という方がいれば、ご一報いただきたい。

2007.11.9 掲載

156

伝説のギャルソン「徹くん」

伝説のギャルソン「徹くん」は、私より多少年上ではあるが、なぜか親しみがあり、昔から「徹くん」と呼ばせてもらっている。彼をよく知る顧客や、業界の仲間たちの誰もが認めるそのサービスセンス、そして誰よりも勉強している高いプロフェッショナリズム、にもかかわらず個性的でお茶目な性格には誰もが魅了されてしまう。

その徹くんがある晩、どうしたことか赤ワインを常連のゲストにかけてしまった。しかも新品の白いシャネルのジャケットに。「まあ、どうしましょう。すぐに処理してきます」と言いながら、サッとジャケットを裏に運び、品番とモデルを確認した徹くんは一生懸命謝った！　ソーダ水でたたいてもしみが完璧には取れないことを、彼は当然理解していた。

昔からとても親しくお付き合いをしているゲストなので、「まあ仕方ないよ。わざとやったわけではないので」とその場は終わったが、彼のプロとしてのプライドが許さない。その晩に知り合いであるシャネル銀座店の店長に連絡して、ワインのしみ事件を説明し、「同じものがお店にあるなら朝一番で買いたい！」とお願いした。その時点で金額は分からなかったが、翌日の朝一番でそれを買いに行ったところ、そのジャケットの金額は何と四十二万円!!　しかし、どうしても新品を買って渡さないと気が済まない徹くんは、それを購入したのである。当然、店が払うわけでもなく自腹で。そして菓子折りも買って、そのゲストのご自宅に11時前に着き、「昨日はすいませんでした！」と新しいジャケットを渡した。前の晩に起こったことに対して、あまりにも早い対応にゲストの方がびっくりしたが「まあまあ、それではランチでも行きましょう」とその件はさらりと流して終わった。

それから1カ月後の徹くんの誕生日。先ほどのゲストが買物袋をたくさん抱えてきて、「プレゼントだ！」と、徹くんの好きなブランドのスーツやコート、シャツや靴までごっそり持ってきてくれた。家に戻った彼は、自分の大好きなブランドの最新ファッションに身を包み、「ああすてきだ」と喜んでいた。そして、店では開けなかった靴の箱を開けると、何とその中に新札で42万円が入っていたのである!!

徹くんの失敗は誰にでも起きること。それに対して、翌日の朝一番で誠意を見せた徹くんもかっこいいが、またそれに応えて、プレゼントをしこたま買ってきたゲスト。2人の関係は本当に素晴らしい。こんなすてきな関係を築けるのだから、彼には明日からでもレストランを経営できると思われるのが普通だろう。しかし、自分の器とか、自分の得意、不得意を理解している人は、そういうオファーに目がくらまず、しっかりとプロとして自分の役割を理解して前に進んでいる。欧米では生涯現役のプロのギャルソンが存在しているが、国内ではまれである。恐らく国内で最高の現役ギャルソンは、徹くんだと思う。

2008. 2.15 掲載

157

「熱いものを熱く」

20年前、「ホテル西洋 銀座」のオープン当初の総支配人は、ニューヨークの名門ホテル「ウォルドルフ・アストリア」から凱旋した永井得也氏だった100室以下というスモールラグジュアリーホテルを目指した同ホテルでは、よりパーソナルなニーズに対応するため、初めてコンシェルジュサービスを導入。元客室乗務員の多桃子《おおの》さん（現グランド ハイアット 東京）をその重要なポジションに迎え入れた。なお、その後彼女はレ・クレドール（世界にネットワークのあるコンシェルジュの協会）と交渉を重ね、日本でもコンシェルジュという仕事が認められるまでになったのだから、彼女の功績は非常に大きい。

「ホテル西洋 銀座」ではさらに進化したバトラーサービスをいち早く導入して、個人のニーズに対応している。バトラーサービスは欧米にその昔からある「執事」から始まったサービスであり、ゲストとの信頼関係がないと成り立たないサービスでもある。バトラーと言えば、「ザ・ウィンザーホテル洞爺」に宿泊した際に知り合った小成博茂氏は、日本を代表するバトラーの一人だ。以前はホテルニューオータニで、バトラーとして数多くの国賓を接遇したベテランである。彼とは朝食のサービスを受けた際に軽く会話を交わしただけだが、欧米にいるベテランのバトラーに引けを取らない風格がありながらも、何でも安心してお願いできるような雰囲気を持っていた。彼との会話の中で思わぬ名前が出て来た。弊社創業者の太田土之助である。彼は生前、常に**「熱いものは熱く出せ！　熱く出すべき料理を冷たい皿でサーブすることは許さない」**と口を酸っぱくして言っていたが、そういう指摘を受けることが少なくなったとのことだった。確かに、提供する皿の温度を指摘する人は少なくなったのかもしれないが、私もどうも気になる。また、最近は白い皿が圧倒的に多いため、指紋＝フィンガープリントがやたらと皿の端に付いていることが多い。

こういった皿の提供に関しては、クレームを入れるほどのものではないが、やはり海外などで3ツ星と言われるようなレストランでは熱いものは熱く出てきている。オーブンに入れていたので焼けるように熱い皿だから、当然素手では触れられないためナフキンを使う。ナフキンを使うからお皿に指紋が付かない。皿を熱くすることで指紋も付かなくなる。しかし、皿の温度が熱くなくなったため、ナフキンを使ってお皿を持つ習慣もなくなり、素手で冷たい皿を運ぶだけになってしまったのだろう。

これは良い、悪いという問題ではなく、おいしいものをおいしく出すための基本だと思う。こんなとてもちっぽけなこと、経営者で指摘する人は恐らくいないだろう。しかし、料理人からすればとても大事なこと。レストランサービスに携わる人は、このマスターバトラーの一言の意味を、ぜひ考えてみてほしい。

2008. 5. 2 掲載

158

「ホテルでチャリティーを」

数多くのチャリティー活動の中でも、ホテルを会場としたチャリティー活動は、私の知る限りいくつかある。一つはフレッド賣間氏率いるタッチストーン・キャピタル証券が五年前にスタートした「キッズエナジー」。これは重度の障害を持った子どもたちへの寄付金を募るチャリティーディナーで、毎年11月に都内で開催されている。当日行なわれるオークションに出品されるものもすごく、フランクミューラーやブルガリの限定版商品や、有名料理人が自宅に来て料理を作るという体験型のものなどだ。一人約五万円という高単価のディナーだが、この五年間で毎回200～250人ほどのゲストを集め、前述のオークションを加えると、一晩で4千万円を超える収益を上げたこともあったという。しかし、コストは最低限に抑えることで、その収益金の9割を寄付金として提供している。

賣間氏はいつも「ここに集まってくれた仲間の中から一人でも同じようなチャリティーを、どんな小さな規模でもいいので始めてくれることを希望している」と言っている。彼は家族や友人たちの絆を深める年末に、病院でリハビリをしていたり、病気と闘っている子どもたちのことを考えると、いかに自分たちは幸せな環境にいさせてもらっているか感謝の気持ちを持つのと同時に、このチャリティー精神がもっと広がることを願っている。

ノブ松久氏や脇屋友詞シェフなどの料理人たちが集まり、社会福祉法人日本保育協会に寄付金を提供している「TASTE OF DREAMS」も、グランド ハイアット 東京で二回、ANAインターコンチネンタルホテル東京で1回、計3回開催している。これも一人約三万円の単価で毎回300人以上のゲストが集まっている。毎回五人前後の著名な料理人たちがコース料理をそれぞれ担当する。このチャリティーを主宰するノブ松久氏は「われわれ料理人もたくさんのゲストのおかげで生活しています。日ごろの感謝の気持ちを伝えることができたらよいなと思います」と感謝の気持ちを前面に出している。

慶応義塾大病院の坪田一男教授がオーガナイザーになって、角膜移植への理解を広めるチャリティーディナーも、グランド ハイアット 東京で1回、ウェスティンホテル東京で2回、計3回開催している。たくさんの理解ある料理人たちが同じく手弁当で集まるが、皆、何かの役に立ちたいという願いがそうさせている。

皆さんのホテルやレストランのゲストや、これからゲストとなるかもしれない方々を対象に、このようなチャリティーイベントを開催するのはとても有意義である。どこかで困っている人たち、頑張っている人たちにささやかな気持ちを届けることで、多くの方々に社会貢献活動となるだけでなく、自分たち自身が感謝の心を常に持ち続けることにつながる。チャリティーイベントで表した感謝の気持ちは、最終的には自分に返ってくるのだ。

2008.10.10 掲載

「61番目のシャングリ・ラ」

この会社に入社して最初の海外出張はシンガポールだった。その際に宿泊したホテルはシャングリ・ラ ホテルのガーデンウィング。その数年後には、「要塞」とも言われるほどセキュリティーが重視された、同じホテルのバレーウィングにも宿泊した。バレーウィングは、各国の首脳やVIPが多く滞在しており、80年代後半当時のシャングリ・ラは、シンガポールの中でもトップクラスの業績と評価があったのではないだろうか。

また、先代の太田土之助が、マレーシアのシャングリ・ラ ラササヤンの開業からシャングリ・ラとの付き合いがあり、ホテル内の和食店舗として「なだ万」をシャングリ・ラにお勧めした経緯もあり、シャングリ・ラには特別な思いがあった。

当時、とてもお世話になったシャングリ・ラの3人のホテリエは今でも忘れない。総支配人でアメリカ人のランドルフ・ギャッツリー氏、機関銃のようにまくし立てて話すマーケティング部長のポール・ペイ氏、そして日本地区営業担当の道源陽二氏。この3人はアジアのホテリエの中でも顔が広く、3人とも営業出張が多かったため、当時のプロレスラーの名前を取って〝ロードウオリアーズ＝暴走戦士〟、もしくは〝三銃士〟とも言われていた。当時、よく日本に来て熱心な営業をしていたことも強烈な記憶として残っている。

そのシャングリ・ラの61番目のホテルが、先日東京駅に隣接する丸の内トラストタワー本館内にオープンした。間もなく定年退職される日本地区統括副社長の門口武史氏と、開業前から何度も東京進出の重要性を語り合ってきたが、こうして無事に開業を迎え、ホテルのスタッフはもちろん、ホテルオーナーや関係各位にとっても感慨深いことだろう。

欧米、アジアのホテルカンパニーにとって、東京にホテルを持つことの意味はとても大きく、政治的であるとも言える。「われわれはグローバルにホテルを展開している」というのであれば、東京にホテルがないことは許されないだろうし、今後インドや中国、その他のアジア地域でホテルを展開する際にも、東京に拠点がほしいだろう。今でも日本にホテルを出したいと思っているホテルカンパニーは後を絶たない。

私は新しく開業するホテルは生まれたての子どもと同じだと思っている。今後時間をかけて、どういう人たちや環境と触れ合っていくか。その成長の段階で間違いを犯しても、どのように反省し、改善していくかだと思う。大変厳しい時期の開業なのは間違いない。しかし、厳しい時代だからこそ、顧客へのしっかりした対応を丁寧に積み重ねれば、将来的に良い結果につながると私は思っている。

今回のシャングリ・ラ ホテル 東京の開業が東京駅周辺にさらなる活気をもたらし、また都内のホテル全体にも、良い影響と刺激を与えることを期待している。

2009. 4. 3 掲載

160

「人生の師匠は？」

最近よく現場の若い人から「尊敬できる、または相談に乗ってくれるような先輩がいない」と聞くが、どうしてそうなってしまったのだろう。若者を相手に、本気で思いを語り、ぶつかっていく大人は、もういなくなってしまったのだろうか。その昔、先生と呼ばれる人たちは、必死になって生徒のためを思い彼らを叱り、教えてくれたものだが、それもなくなってしまったことは寂しいことだと思う。また日本の教育のシーンの中では、よく歴史上の人物の本を読めと言われていたような気がするが、そういうふうに伝記から生き方を学ぶようなこともうしなくなったのだろうか。

先日、多摩大学学長室室長で多摩大学経営情報学部教授の久恒啓一氏の講演を聞く機会に恵まれた。久恒氏は昭和48年に日本航空へ入社し、ロンドン空港支店や広報課長を経て大学教授となったというユニークなバックグラウンドを持っている。主にキャリアデザイン、ライフデザイン、ビジネスコミュニケーション、社会貢献、研究活動などで非常に幅の広い活躍をされていて、著書も90冊以上ある。

話の中で、彼が今までに全国に点在する歴史上の有名人、著名人の人物館に、実に358館も訪れているということを聞いた。今年だけでもすでに48館訪れている。徳川家康、ピカソ、野口英世、赤塚不二夫、松本清張、アインシュタインと誰もが知る人物ばかりである。彼いわく、この経験から、ある共通項が見えてきたという。

それは、これらの人は、その道または人生における師匠、メンターを持っているということである。すでに数々の難関を乗り越え、目指すべき場所にいるメンターの存在は、迷ったとき、行き詰まったときの支えになる。**それゆえに、彼らは常にベストを尽くし、メンターを支えとした不変的な「志」を持つことができるのだ。**迷走する時間が少ない分、常人では考えられないほどの仕事量をこなすことができるのだろうと久恒氏は言う。さらに、彼らの仕事は社会に貢献するものとしてさまざまな称賛をされるが、彼らの多くはいただく〝賞〟をごほうびだとは思っていない。むしろその先、自らが師と仰ぐ人物と同じ場所に到達できるかどうかの指標としているようにも見える、と言う。

当たり前であるが、周りの人間と同じような活動、仕事、思いでは、とても大きな業を成し遂げることなどできない。どんな成功者でも、本人さえやる気になればできると言うが、そういう人間に対しては「変わった奴」という評価が下されてしまい、なかなか個性が生まれないのだろう。そういう環境にしてしまったのは誰なのかと犯人捜しをしても仕方がないのだが、われわれ自身にとっても、未来ある若者に対しても、今後どうやって動くべきなのか考えさせられたような気がする。

2010.8.13 掲載

161

「ピンチのときこそ」

ある老舗ホテルの社長が「もうこの国は終わった」と言っていた。SBIホールディングスの北尾吉孝氏やドトールの鳥羽豊氏なども口をそろえて、「このままでは日本は終わる」または「経済が破たんする」と言う。だから多くの企業も海外への活路を求めて海外へ目を向けている。先日のあるパーティーのスピーチでは、HISの澤田秀雄氏も「次世代の方々があまりにも世界に関心がなさ過ぎる。日本から出て世界を見て、いろいろと感じてほしい。自分から動かない限り新しい発見も気付きもない」と危機感を表していた。まさに多くのリーダーたちが、現在の状況をピンチであると感じている。

しかしそれは、見方を変えれば大きなチャンスでもあると言っているのである。ホテルや旅館などのホスピタリティー産業に至っては、最高のもてなしを輸出することもできるし、それを売りにして世界の目を引き寄せることだって可能であると思う。

大きなとらえ方でみると現在日本が置かれている状況はピンチであり、逆にチャンスでもあると分かる。タリーズコーヒージャパンの創業者で友人の松田公太氏が出した『チャンスをつかむ人、ピンチをつかむ人』（幻冬舎）という本では、なぜチャンスばかりの人とピンチばかりの人に分かれるのかが書かれている。自分自身の生活の中でも参考となる、または刺激となる本なので多くの方におすすめしたい。

業界全体に閉塞感を感じるこのごろ、今までの成功パターンが通用せず、不景気を嘆く声が多く聞こえてくる。**身の周りや国内だけを見つめないで、世界中を見回し、われわれにはまだまだ世界と比べて負けない素晴らしいものがあると再認識し、もっと胸を張って取り組むべきだと思う。**「問題は目の前にあるピンチやチャンスそのものではなく、これをどうとらえ考え行動するかがポイントなのだ」ということなのだ。ピンチだから動かずにじっとしているのか、チャンスととらえとにかく行動に移していくのか。世の中にいわゆるビジネス書が多く出回るという〝ピンチ〟の中、これをどうチャンスにするかということを考えたとき、２匹の犬の物語からスタートするというアイデアを打ち出した。従来のビジネス書のパターンとは違い、これが斬新な印象を与えることに成功していると思う。ビジネス書を読み慣れている人であればなおさらである。

海外のホテルやレストラン事情を聞くと、少しずつ低迷していた業績が回復しているという。市場の変化に柔軟性を持って対応し、また新しい発想で動いているからだろう。それに比べて日本だけまだ取り残されている感が強い。その中で、これから抜け出そうとするところは皆、このピンチをチャンスととらえ、前向きに取り組み、今までの成功体験にあぐらをかくことなく、胸を張って前に進むところなのではないかと思う。

2010.9.24 掲載

162

「勝負師の教え」

面白いご縁だが、筆者の飼っている犬たちのドッグトレーナーが、相撲の宮城野部屋の女将さんの犬のトレーニングもしているという関係で、横綱白鵬関の横綱昇進パーティーへ参加させていただいたことがある。

以来、生まれて初めて国技館を訪れたり、場所中に宮城野部屋のちゃんこ鍋へご招待いただいたりして横綱ともお会いすることができた。それからというもの、相撲は白鵬関を贔屓《ひいき》に観戦しており、昨年末に連勝街道を走っているときはハラハラしながら見守っていた。

連勝については残念ながらあと少しのところで大記録とはならなかったが、親方いわく「神様が彼に与えた試練であり、まだもう少し修業しろということでしょう」ということであった。横綱はまだ25歳の青年で、今大業を成し遂げて目標がなくなるよりは、今後も大きな目標にまい進できる方が本人のためには良いということだろう。

相撲とはだいぶ世界がちがうが、同じく日本古来の勝負事に将棋がある。この将棋の世界で結果を出し続けているのが羽生善治名人である。羽生名人が書いた『結果を出し続けるために』（日本実業出版社）は、現在の先行き不透明な環境で経営に使えるヒントが多く詰まっている。

名人は冒頭でこう書いている。

「将棋の棋士は、常に先の局面を見通して、次の一手を指している、というイメージがあるかもしれません。しかし実際には、将棋というものは絶対に自分の予想した通りにはならないのです。十手先の予想さえも困難です」つまり、何万通りにもなる未来の選択肢、さらには自分の次の手を読んで邪魔をしてくる勝負の相手がいるような環境で、いかに名人といえどもこれを完璧に読み切って十手も先を見越すのは難しいというのである。

では、その環境の中で安定して結果を出し続けるには何が必要なのか。

「ツキ、プレッシャー、ミスを味方にする」という三つの要素だと名人は語る。**すなわち、ツキや運は存在するので、それを味方にして次の手を考える。プレッシャーをプラスに変える。ミスはするものなので、してしまった後の対応力を上げておくとのこと。**

昨今の先の見えない環境の中、ホテルやレストランをマネジメントされている皆さんも判断に悩むシーンが多々あるだろう。しかし百戦錬磨の名人ですら、そもそも先は読めないものだし、運で結果は変わるしプレッシャーも影響する。だからミスをしたあとの対応力が大切だと断言している。

これを読んで大変心強い言葉だと感じ、元気づけられた。

2011.1.28 掲載

163

「プロは磨く」

プロ中のプロという言葉がある。何か一つの分野において、技術に秀でることによってお金をもらうことができる人のことをプロと呼ぶなら、その分野の中でも突出して技量の高い人がプロ中のプロだということだろうか。スポーツでも芸術でも、私が知る限り卓越した技を持っている人たちは、競争相手よりずっとしたたかに、そして奥深く自らの技を高めることを追求している。これは料理の世界もしかり、である。

25年くらい前の話になる。ある店で忘れられない体験をした。当時筆者は20代であったが、幸運なことに子どものころから良い店で外食をする機会が多かったので、それまでに何度も感動的な料理には出合っていた。しかし、その店での体験はそれまでの感動とは異なっていた。その店の料理のプレゼンテーションと味に筆者は体が震え、同時に涙が出てきてしまったのだ。

以来、「この料理を作ったシェフはどんな技の磨き方をしているんだろう」と気になって仕方がなくなり、何度も店に通ってようやく話を聞ける機会をいただいた。シェフの話を聞いて、それまでの概念が崩れていくのを感じた。筆者はそれまで料理人は料理の技を磨くことでプロ中のプロになると思っていた。つまり〝技〟だけを見ていたのだ。

しかしシェフの話を聞いて理解したことは、技を磨くということはすなわち己自身のすべてを磨くのだということ。こちらが「どんな生活を送ればこんな素晴らしい料理ができるのか？」と聞いたら、シェフはこう説明した。まず誰よりも料理好きであるという自負を持つ、そして誰よりも手間と時間をかけて仕事をする自負を持つ。そのうえで、教養を深めるために新聞や雑誌はもちろん、本もたくさん読む。関連するテレビや映画、絵画も見に行くし、自分自身で絵も描いてみる。感動をもらうために演劇やスポーツも見るし、旅行にも頻繁に行くとのこと。話を聞いていたら寝る暇もなさそうなので、それを言ったら、「一日4時間も寝られれば充分。世の中に知りたいことが山ほどあって、寝ている場合じゃない」と言われてしまった。

昨年、10年以上お付き合いのある、日本を代表する料理人のオフィスに行く機会があった。彼のオフィスにも図書館が開けそうなくらい料理関連の書籍が積んであって、「やはりプロ中のプロはこうなのだな」と思わずほほ笑んでしまった。**どこまで行っても学ぶ意欲の消えない人が結果的に超一流になるのではないだろうか。**昔、父親に「大人になってから学ぶことの方が多い」と言われ、子ども時分にはその意味が分からなかったのだが、今になって痛烈に思い知る。

人生とは、ずっと学びの時間である。

2011.3.18 掲載

「歌舞伎町のジャンヌ・ダルク」

先日、作家の中谷彰宏さんから一冊の本が送られてきた。ご本人の著書ではなく『日本一のクレーマー地帯で働く日本一の支配人』（ダイヤモンド社）という本だった。

私はこの本の著者である三輪康子支配人の生き方、姿勢に感動した。本にはこうある。

「私はクレーム対応で、怒りの感情を持たないことにしています。ですから、どんなに激しい言葉をいただいても、次の日にはカラッとできるのです。『怒らないでいるにはどうしたらいいですか？』とよく聞かれます。私はもともと人に対して腹をたてにくい性質なのでお答えしにくいのですが、たぶんそれは、感情なんて『雨がふった』とか『波が立った』くらいの自然現象にすぎないと、軽く考えているからだと思います」

新宿警察署から「歌舞伎町のジャンヌ・ダルク」と呼ばれるこの支配人はおそらく誰よりも多くの難易度の高いクレーム処理を短期間でやってきたのだろうと思う。

生身の人間を相手にする訳だからマニュアル通りのサービスなど通用しない。サービスはすべての人に対して同じように提供できるものではない。相手によって変えるべきだし、場所によっても変えるべき。そういうことを再認識させられる一冊だ。

同書のスタートは2ページ目から実に壮絶である。

「ロビーにはヤクザがたむろし、最上階は彼らが定宿のように占拠していました。しかし彼らの宿泊をお断りできる状況ではなかったようです。（中略）汚水槽には覚せい剤を使用した時の注射器がプカプカ浮かび、当時のスタッフは、たび重なるヤクザの怒声を浴びて疲弊し、誰もが辞めたいと思っていました。（中略）この絶望的ともいえるさまざまな問題に対して私はスタッフ一丸となってホテルの運営に当たり、状況が変わるまで決してあきらめませんでした。ヤクザには出て行っていただき、クレーマーの要求には粘り強い交渉でＮＯを言い続け、時には身体を売っている女性たちの身の上相談にも乗りました」

三輪支配人が信条としていることはたった一つだという。

それは「怒鳴られたら、優しさをたった一つでも多く返すこと」つまり自分がされてうれしいことをしてあげる。嫌なことは誰にもしない。このシンプルな原則を守ることが彼女の信条。言うはやすしであるが、実行は極めて困難で、彼女が置かれた環境でこれを全うするのは並大抵ではない。

私はこの本を読んで「女性の強さ」も感じた。男は弱いので仕方がないから腕力をもらっただけで、本当に強いのは女性である。サッカーで世界一になったのも偶然ではないだろう。日本の女性、なでしこは世界に通用する強さを持っている。

2011.8.15 掲載

165

「マイクの願い」

近藤マイク誠氏がこの世を去って8年になる。彼のことを尊敬するホテリエは少なくない。この忘れられない魅力的なホテリエに対する尊敬の念は現在でもしっかりと私の胸に刻まれている。

彼の命日である9月10日にご両親とともに、われわれは「第六回近藤マイク誠賞」の受賞者をたたえる授賞式に集まった。簡単に説明すると、この賞はマイクが他界した後、ご両親の計らいでマイクのなし得なかった夢にチャレンジする若者が生まれ続けるようにと願って設立されたもので、若いホテリエにマイクの志、つまり「大和魂を持ったホテルを作り世界と戦う！」を継いでいただき、日本のホテル業界を盛り上げていってほしいという思いで開催しているものだ。

今年の審査員は、㈱ロイヤルパークホテル顧問の中村裕氏、諧日本ホテル教育センター理事長で日本ホテルスクール校長の石塚勉氏、東京ＹＭＣＡ国際ホテル専門学校副校長の小畑貴裕氏、それにマイクのご両親である近藤治義氏と典子氏にお願いした。

当日、審査員の皆さんと「マイクが生きていたら、今の日本のおかれている状況をどう思うだろうか」という話で盛り上がった。彼が生きていれば40歳。きっと業界内で大きな発信源となっていただろうと思う。

筆者がマイクに会ったのは1989年であった。彼はビッグスマイルで「太田さん、私は日本人として欧米人の下で仕事をするのではなく、逆に彼らを使って世界最高のホテルを運営してみたいんです」と語っていたのが印象的だった。その後30歳で宮崎県のフェニックス・シーガイア・リゾートの営業本部長に着任し、多くの部下と共にバリバリと仕事をこなしていた姿が頼もしかった。当時、私の周辺で頻繁にでていたキーワードがある。それは新しいタイプのコンセプトホテル、「Wが日本に上陸する日も近いだろう」という話。そして、そのホテルに最もふさわしい総支配人がマイクであろうという話だった。

しかし、その後悲しい現実をわれわれは突きつけられてしまった。

彼の夢は西洋の物まねではなく日本人のホスピタリティーを持ち、日本文化を尊重した新しいタイプのホテルを自ら作ることであった。この遺志は必ずや今の若者たちに継いでもらいたいと考えるし、そのためのサポートは惜しまないつもりだ。

マイクのことを知らない若者も増えてきた。ぜひ、『クジラを釣る男』（小社刊）を読んでいただきたい。**「日本人の魂を持ち、世界から評価されるホテルとホテリエを次世代に作れるよう、今の業界人たちが一丸となり、この困難を乗り越えろ！」**と天国からマイクに言われているような気がする。

2011.9.23 掲載

166

「次世代へつなぐ」

フランス・パリにある老舗レストラン「トゥール・ダルジャン」のオーナー、クロード・テライユ氏の話は過去にこの欄で何度も書いてきた。

ホテルニューオータニ東京の中に同店が開業したのは１９８４年で、今から27年前である。当時、筆者はテライユ氏にインタビューする機会があった。その際言われた言葉で筆者にとっては衝撃的であり、今でも忘れられない言葉がある。それは「財産とは何か?」という問いであった。

テライユ氏は「家、車、宝石などではなく、本当の財産は目に見えないもの。すなわち友人との信頼関係、自分の知っている味、そして言葉である」と教えてくれた。

このたび、ニューオータニの清水肇総支配人の計らいでテライユ氏の子息であり、現在のトゥールダルジャンのオーナーであるアンドレ・テライユ氏に会う機会を得た。背は高いが低姿勢で、素晴らしい経歴の持ち主であった。彼がＣＥＯの座についてから本家トゥール・ダルジャンはキッチンの改装や、新しいシェフにローラン・トゥラブル氏を迎えるなど、大きな改革を成し遂げてきた。結果、営業状況はとても良くなったと聞いている。

シェフ選びについてテライユ氏はこう話す。

「400年以上続いている老舗の店であるからこそ伝統的な技術はとても重要であるので、MOFを持っている料理人にしたかった。しかし、『古い料理』ではなく今の時代感覚をしっかりと捉えることができる料理人が欲しかった。トゥラブルシェフはその両方を持っているシェフであり、彼に巡り会えてとても満足している」

今回の来日で、ニューオータニのトゥール・ダルジャンを見たトゥラブルシェフがテライユ氏に語ったそうだが、日本のスタッフのレベルはとても高く、自分がやることがほとんどない。心配して来てみたが、「完璧だった」と日本人の仕事の質にえらく感動したと言っていた。

日本人のわれわれが当たり前のようにやっていることでも、世界的に見ると質が高いことは多い。これは誇るべきことで、この質を持って世界と戦うためには日本人が築き上げてきたもてなしのスピリットをいかに次の世代に引き継ぐ事ができるかが大事だろう。

若い世代の人たちは新しいことばかりに目をやるのではなく温故知新の精神を大事にし、また先輩達もしっかりと大事なことを次世代につなげてほしいと感じる。400年も続いた老舗レストランのオーナーがわれわれ日本人に対して敬意を持っているのだ。われわれも同じく**先人たちの築き上げてきた「日本のもてなし」に敬意を払い、次のステップにつなげていかなければならないだろう。**

2011.11.18 掲載

167

「日本人ってすごい」

エンターテインメント性の強い鉄板焼きで一世を風靡《ふうび》した「紅花」のロッキー青木氏、また近年は世界にすしを広めたとされる「NOBU」の松久信幸氏、野球だとマリナーズのイチロー選手をはじめ多くの日本人プレーヤーが注目されている。映画の世界だとハリウッドでは黒澤明監督や近年だと北野たけし監督などが尊敬されているが、その他さまざまな分野で活躍し尊敬されている日本人は実に数多く存在する。

海外で活躍のみならず、メイドインジャパンがもてはやされたころ、世界のクリエイターに日本人が与えた影響は大きい。

しかし、いろいろな方がいろいろな形で世界に影響を与えていると思う。

先日読んだ『日本人だけが知らない世界から絶賛される日本人』（徳間書店、黄文雄著）の一番最初に紹介されている盲目の大学者＝塙保己一《はなわほきいち》がそうである。

保己一は江戸時代の国学者であり、７歳のときに病気で視力を失ったがその後苦労しながら学問で身を立て国文学、国史を主とした６６６冊にわたる一大叢書《そうしょ》『郡書類従』の編さんを成し遂げた。

彼は重度の障害を負いながら各国の障害者教育、平和活動に貢献した世界的偉人、ヘレン・ケラーが目標とした人物であったことはあまり知られていない。

彼女が１９３７年に来日した際の講演で次のように語っている。「私が幼いころ、母が私に『塙保己一先生はあなたの人生の目標となる方ですよ』とよく話しかけてくれたものです目が全く見えなくなってしまったのに努力して立派な学者になった先生がいると聞いて私は励まされました。いつか日本へ行ってみたい、そして先生の生まれた埼玉を訪問したいと長い間思っておりました」と。

私はこの人物を、この本を読むまでは残念ながら知らなかったが、実に多くの先人たちが世界に影響を与え、また、さまざまな分野で影響を与え尊敬されている日本人がいることを再認識した。

いま、巷では日本の置かれている状況や経済状況を見ると、日本にはまるで将来がないという悲観的なコメントが多いが、そのすべての基本となる話は「このままだったら」ということである。

そして前向きになれるとすれば、ほとんどがこのままで良いとは思っていないだろう。**新しいことにチャレンジすること、市場心理をよく観察して、いままでとは違う戦略を取ることはすぐには結果が出ないとしても、恐らく長い目で見てよりベターな結果を生むことになる。**

2012. 2.10 掲載

168

「知識武装した賢い消費者」

今回のタイトル、実は今から15年ほど前に弊社創業者である太田土之助が書いた原稿のタイトルと同じもの。世界的な不景気、年功序列制度の崩壊、大量失業と低成長時代の到来など、まさに現状を予測するような警鐘を鳴らしている人々が多くいた、という内容がその原稿の趣旨である。

危機的状況も、実際にそうなってみないと分からないという人と、その方向性を感じ取って早くからあらゆるシナリオに対応できるよう準備しなければという人では当然のごとく結果は変わる。

震災時のディズニーランドの対応に関して注目されているが、これなども日ごろの訓練、準備が十分だったからこそ通用したのであり、「そういうこともあるかな」と思っているだけでは対応できない。

同じく15年ほど前、大手スーパーのダイエーの中内功会長は『文藝春秋』の中で「世界的な規模で発生している問題は売り手側が知識武装した賢い消費者に対して対応ができていないということ」と述べていた。同氏は「アメリカではスーパーや百貨店の時代は既に終わった。全米小売りランキングのベストテンの中に伝統的な都市型百貨店の姿はない」

とも述べていたが、この時点で賢く知識武装した顧客のニーズをよく理解して商売をしなければ、それまでの勝者でも明日は敗者であるという警鐘を鳴らしていたと言える。

知識武装した顧客は突然現れたのではなく、昔から存在していたわけだ。そういうレベルの高い顧客を意識して商売をして来たところは今、皆それなりの武装をしていることだろう。

消費者は常に自分の物差しで商品を見比べて「これは良い、悪い」、「これは使う、使わない」と判断している。最近ではインターネットも駆使して、より多くの商品群を対象に価格やサービス内容を比べることが簡単になった。また、ソーシャルメディアを通して、ほかの顧客の意見や感想も知識として備えているわけだから、その分、知識武装のレベルが高くなったとも言える。

ただ、結論を言えば、そういう消費者に支持されないとビジネスは成り立たない。顧客は常にシビアな感覚でホテルやレストランを見ている。彼らから意見をもらい、さらに知恵を絞り、技術向上することで商売はレベルアップしていくのだ。

知識武装した顧客目線で、常に自分たちが販売している商品と、自分自身を進化させることに集中しなければならない。

2012.4.6 掲載

169

罪な空席

先般のWTTCで来日していたゲストの中に私が以前働いていたレストランのオーナーがいた。71歳になるテッド・バレストレリ氏（Ted Balestreri）である。彼はカリフォルニア州モントレーの老舗レストラン「サーディンファクトリー（The Sardine Factory）」のオーナーであり、現在は50軒を超えるレストランと5軒のホテル、その他不動産をはじめ多事業を展開している。またNRA（National Restaurant Associations、全米レストラン協会）の会長も務めた人である。このNRAは大変政治力のある団体で、会長はその任期が終わる際に大統領直々にホワイトハウスに招かれ、その功績に対して慰労の食事会が開かれるほどだ。

このバレストレリ氏が当時、店をオペレーションする上で最も強く私に伝えたことは**「空席があることはレストランのマネジャーとして最も罪なことであり、恥ずべきことだ」**ということだった。

幸い店は地元で人気だったのでいつも高稼働だった。120席をコントロールして、4人席に2人を座らせないように効率よく予約を取り、うまく座らせることに注力するのだが、ゲストは生身の人間だからこちらの読みが外れて思わぬ長居をされてしまうこともある。ついにはその席が欲しいのでバーでドリンクやデザートを店からサービスするからと言って移動してもらうなど、何度も綱渡りをやった。ウォークインのゲストも多かったので、バーで飲みながら待ってもらい、ドタキャンの席に何とか入れ込んだりと、この緊張感ある綱渡りを楽しむまでにはけっこう時間がかかったものだ。

先日、夜の7時ころにガラガラのホテルのダイニングに行ったら、8時から予約のゲストが来るので座らせることができないと断られた。私一人なので40分もあれば予約のゲストが来る前に終わるよと告げたが聞き入れてもらえなかった。これは実にもったいない。明らかに機会損失であり、8時までずっと席が空いていたはずだから、やはりそのマネジャーは罪作りである。

せっかく店を仕切るなら、どうやって来てもらうかを必死で考え、やれることはすべてやったのかをチェックすべきだろう。

忙しい店で働くことはとても楽しいし、学ぶことが多くあるのだ。しっかりとした仕組みがないと対応できないからである。暇な店にいると暗い気持ちになり、悪いことばかり考えるようになる。この差は大きい。

もし今、あなたの店が暇ならば、さあ、どうやったら席が埋まるかを必死で考えよう。

2012.5.18 掲載

170

「経営と運営の在り方」

日本スターウッド・ホテルで長年活躍された平尾彰士さんが弊社にお越しになってお話する機会があった。平尾さんの話は現在のホテル業界に対して危機感たっぷりで、私もまったく同感だった。

問題のポイントは、日本ではいまだに経営と運営の責任が明確に分かれていないこと。グローバルホテルカンパニーでは通常、経営と運営が明確に分かれているので、問題があれば誰が責任を問われるかが非常に明確である。単年度で黒字にならない場合、予算に到達しない場合、さまざまな結果においてその責任はどこまでが運営サイドなのか、あるいは経営サイドなのかが決められている。

日本のように総支配人や総料理長が経営サイドの役員を兼務している場合、「大変だったね。ほかも大変だから仕方ない」とか「来期頑張ろう」という程度の会話で次年度に入って行くから、問題があっても具体的な改善案が出ないし、いつまでに実施するという締め切りを切った取り組みがなされない。

海外の運営トップは責任だけではなく「戦う」ための権限やツールもしっかりと授かっている。それは予算であったり、イエス・ノーをいちいち本社に確認しなくてもスピーディーに決断できる権限であったり、親会社からの天下りを預かるなど無駄な人件費を拒否する権限などである。

よく聞く話だが、経営サイドが運営サイドに対する意見として、「君は目の前の顧客など相手にせず、もっと効率を計れ」などと言ってしまうので現場のトップはどこを向いて仕事をして良いのか分からなくなることが多い。もちろん効率を上げ、無駄を省くことも大事。しかし、ゲストとダイレクトな会話をする機会もない経営サイドが明後日の方向を向いた指示ばかりすれば現場は混乱する。

運営サイドは顧客にどうやって喜んでもらい、アップセルをしていくか、そしてリピーターを確保していくかを徹底して考えられるような体制にし、経営サイドは大きなビジョンでホテルをサポートし、中長期にわたる計画や、改装などの資金繰りについて考えていく。この分担を明確にしていくことが重要だ。**ホテルビジネスはゲストのそばにいないと分からないことが多い**から、上から目線で指示するだけで何もサポートしていない経営ではまずい。

経営サイドからのおかしな指示が現場のストレスを生んでいるようでは、まったく本末転倒である。経営と運営の役割、責任、権限、関係について真剣に話し合い、決めていく必要があるだろう。

2012.7.20掲載

171

「真のホテリエ」

先日ケンピンスキーホテルズのCEOであるレトウィター氏と、シニアバイスプレジデントであるザビエル・デストリバッツ氏にお会いした。レト氏は以前イタリアなどに素晴らしいホテルコレクションを持っていたチガホテルズの代表を務めており、それ以前も数々のホテルの総支配人を歴任した経歴を持つ。ザビエル氏はご存じの方も多いだろう。以前はグランドハイアット東京の総支配人やパノラマ・ホスピタリティに在籍していた。

彼らの名刺には「Hoteliers since 1897」という表記がある。Hotelier＝ホテリエという表現は、最近は一般的になったが、以前はホテルマンと呼んでいた。男女機会均等の浸透や日本のホテルがグローバル化する中で呼び方が変わっていった。そして、われわれオータパブリケイションズでもホテルで働く同志のことを愛情と尊敬をもって「ホテリエ」と呼んでいる。また、〝since xxxx〟という表現は、欧州などにある老舗の時計メーカーや洋服、車のブランド企業など、長い歴史を持つ企業がプライドを持ってよく使っている。「Hotelier since 1897」という表現には、彼らの強いプライドと常に挑戦していくという姿勢を感じる。

彼らと話をしていると、ホテルビジネスの本質というものについて改めて考えさせられる。資本主義経済の中、ホテル経営も数字ばかりが先行しがちだが、レト氏は**「私が数**

字を見る事はほとんどありません。数字は結果であり、その前のプロセス、つまり良い人材を採用し、その人材を磨く方がは重要だと思っているからです。私は、仕事の時間の50％を総支配人からスタッフに至るまで、〃人〃との時間に費やしています。人材は大切と言いながら、本当に人材に注力をしているホテル企業がどれだけあるのでしょうか」と言う。

レト氏と話をしていて、筆者が初めてヨーロッパのＬＨＷ（ザ・リーディングホテルズ・オブ・ザ・ワールド）の総支配人会議に参加した際の記憶がよみがえった。会場にいるメンバーは皆重厚で、濃厚。「このような人間になるためには一体どれくらいの人たちに会い、体験を積み、自らを磨いたのだろうか」と、会っただけでオーラに圧倒された。これは当時のホテリエの中でもトップクラスの人たちばかりだったので本当に驚いたのを思い出すが、その当時のホテル総支配人たちのにおい、立ち居振る舞いを、レト氏は持っている。

以前日本にいたザビエル氏が、世界中からのさまざまな高額のオファーを蹴って惚れ込んだ組織、そしてボスであることがよく理解できた。

本来あるべきホテリエの姿を、久しぶりにウィター氏から聞かされ、再認識させられた。彼らは現在日本でホテルを運営する機会を探しているようだが、その日が来るのが非常に楽しみである。

2013.6.7 掲載

172

「プロフェッショナル」

ただ食べていければいいというだけのプロと本当のプロの差は、当然スキルもあるが実際は精神的な部分が大きい。常に上を志し、ときに自分を追い込み、自身との闘いに勝ち、乗り越えて行く。その取り組みはやわなものではない。当然時代は変わっておりすべての人間に強要できるものではない。しかし、プロフェッショナルを追求するその姿勢から学べることは多いはずであるし、また最近は特にその欠如を感じざるを得ない事件が数多く発生するようになったことからも、あらためてプロフェッショナルの意識について触れたい。

ここのところ海外出張が続いたので、機内で映画を久々に見る機会があった。そして、そこで「セッション」(原題「Whiplash」)という映画に出会った。ニューヨークにある名門音楽学校にドラマーとして入学したニーマンという学生が、伝説の鬼教師フレッチャーと出会い、彼に認められるためにそれこそ〝血のにじむ〟ような努力をする。そしてフレッチャーのレッスンも狂気的で、0・1秒のテンポのズレも許さず、怒鳴る・罵ののしるは当たり前、ときに手が出て、ときにイスが投げつけられる。このような教育方法は今の時代ではあり得ないし、一部ではその部分だけが取りざたされ独り歩きし「パワハラ映画」とさえ言う者さえ出ている。

しかし、これを見て「こんなもの当然だ」と思う人たちもホテルやレストランの世界であれば数多くいるであろう。ましてや「名店」と呼ばれる店で修業をした者であればなおさらかもしれない。私も修業時代さまざまなところで同様のシーンを見たが、例えばヨーロッパの修行先では厨房内は常にピリピリとした雰囲気で、鬼軍曹のようなシェフの目が光り、少しでも手を抜けば熱湯やフライパンが飛んできて「今すぐ帰れ」と帰らされるのが当たり前であった。「若いときは苦労を買ってでもしなさい」と言われた私は、厳しい上司や先生に数多く出会い、悔しいと思いながらもそれが当たり前だと思っていたし、また時間がたって今となってはその経験に心から感謝をしている。

しかし、私は決してそれを良いと言っているのではない。そういう**真剣な努力の積み重ねが、本当のプロフェッショナルをつくり上げると**いうことを伝えたいのである。また最近は食品の異物混入や医療ミス、そして航空機の事故など人命を脅かすあってはならない事故が続くことも、プロフェッショナル意識が薄れているのではないかという気持ちを抱かざるを得ない。

われわれの世界はまぎれもなくプロフェッショナルたちの集団でなくてはならない。あらためてその意識を一人ひとりが持てているのかを、見つめ直していただければと思う。

2015.5.8 掲載

「日本らしさ」で戦え

さまざまな技術の進化により世界の国々の距離はより近くなり、同時に競争も激しくなっている。その中でわれわれ日本がどのように勝負していけば良いのか。決して彼らのフィールド、パターンの中で戦うのではなく、われわれの強みを生かし、われわれのフィールドで、慢心せずたゆまぬ努力を継続していくことが重要であると言えるだろう。

日本のものづくりのクオリティの高さはわが国の特徴とも言えるし、世界から高く評価されていることは誰もがご存じであろう。新幹線やエレベーターの乗り心地の良さ、スムースさ、静かさなどは実に細かな改善の積み重ねで、海外の人たちはその話を聞いて「そこまでやるか」と目を丸くする。われわれが家庭で使うラップも同様で、担当者が毎日引っ張っては切るを繰り返しながら普通に使っていれば気づかないことまで含めて年間数10カ所を改善しているという。

世界での競争が激しくなる中、海外の企業たちも日本に近づこうと努力をし、着実に彼らのレベルも向上してはいる。それでも日本企業が変わらずトップのポジションにい続けることができるのは、彼らが現状に慢心せず、努力を継続しているからにほかならない。

同時に、日本のホテルやレストランのホスピタリティーも世界から高い評価を得ている。

アジアの、特に中国系のホテルやレストランのオーナーと会うとこの話がよく出るし、彼らは間違いなく日本を手本としており、その現実味やどの程度の時間がかかるかは別として、そこへ少しでも近づこうとしている企業があることも事実である。

では、先ほどの新幹線やエレベーター、ラップのように、日本のホスピタリティー産業のプレイヤーたちはどこまで努力を継続できているであろうか。日本市場への海外企業の進出が続く中、努力の方向を誤り、数や規模といった彼らのフィールド、戦い方に乗ってしまってはいないであろうか。

日本の強みは技術の細かさや改善能力である。われわれホスピタリティーの世界の市場の変化はより顕著になっており、これまでのマニュアルによる対応では追いつけない時代になっている。マニュアル通りの対応はロボットができる時代、人間は人間だからこそそのサービスが求められる時代になっていく。

われわれ日本がホスピタリティの世界で目指すべき方向は数や規模ではなく、小さくても高い品質である。先ほどの日本製品のように**世界から本当に素晴らしいとリスペクトされるようなサービスを確立し、さらにそこに慢心せず、改善の努力を継続していくことが本当の「日本らしさ」になるのではないだろうか。**

2015.9.25掲載

174

「言論の自由は保証されていますか？」

ビジネスでもスポーツでも、トップレベルに行けば技術の差というのはほとんどなく、最終的に差をつけるのは組織力でありその組織を構成する個人のメンタルやモチベーションである。トップマネジメントがいかにその総合力を引き出すか。それにはメンバー一人一人に当事者意識を持たせることができるかどうかということが大きいのではないだろうか。

こちらで何度かご紹介をさせていただいているソフトブレーンの創業者 宋文洲氏のメールマガジンに、同氏が尊敬する経営者の会社に行った際、会議室に掲げられていた企業理念の第一文が「言論の自由を保障します」であったということが書いてあった。そして、そこのスタッフたちは企業理念通り、その経営者に対して意見をしっかりと言っていたという。それを読んで、約30年前、急成長していた某レストラングループの創業者のインタビューで大きな衝撃を受けたときのことを思い出した。

私はその経営者に「御社にホテルで働いている人間が転職してきたらどうか？」という質問をした。すると彼は「ホテルのレストランに長年いた人間はあまり使い物にならないと思う」と答えたのだ。その理由を聞いてみると「ホテルで長年勤まるということは、組織の中でほとんど意見も言わず、ダメな上司でも我慢し、経営に真剣に参加していないのではないかと思う。うちは皆真剣だから、一般スタッフでも店のことを考えて意見を平気で店長や社長に言うし、必要であれば夜の12時からでも会議をする。優秀な人間は年齢も経験も関係なく登用されるし、結果を出せなければ数カ月で降格だってある。上司の顔色をうかがい、本来やるべきことを怠り、変えなくてはいけない現実に目をつむるような、牙を抜かれた人間はうちでは使えない」と言ったのだ。確かに彼の言葉には一理あり、すごいことを言う人だと非常に印象的だった。

これは約30年前の話だが、今はどうだろう。残念ながらいまだに牙を抜かれた人間の多い組織があるように感じるのは私の勘違いであろうか。このような旧来型組織では、やる気のある若者は離れていくであろうし、また労働力が減少する中、これから迎え入れるような外国人たちにそのようなやり方は通用しない。

若手やアルバイトスタッフであってもやる気のある人間はいるはずだ。彼らの牙を抜き、そのポテンシャルを閉じるような組織にはなっていないだろうか。**これからの時代、メンバー一人一人のモチベーションやアイデアが重要になってくる。それを上手に生かせる組織になるのか、牙を抜く組織になるのか。まずは「言論の自由は保証されていますか?」**と、自身の組織に問うてみてはいかがだろうか。

2015.10.9 掲載

あとがき

私が㈱オータパブリケイションズに入社した際には『週刊ホテルレストラン』以外に、隔週で発行する 旅行業界の専門誌『トラベルタイムズ』、一般のホテルラヴァーズと呼ばれるホテルが大好きな皆さまが楽しめる『月刊 theHOTEL』、その他、同じくホテル業界のさまざまなセクションの皆さまが活用できる『日本ホテル年鑑』に加えて、海外の旅行代理店が予約の際に使える『世界ホテル＆コンベンションディレクトリー』を刊行していました。もちろん、その他にも別冊や単行本を刊行していたので、ほぼ１００％出版事業でした。

１９９１年にバブル経済が弾けてから購読や広告が激減し、会社経営の苦しい時期を体験し、現在多くのものがなくなったり、デジタルに変わったりと、この25年間で市場構造も激変、弊社の商品のラインアップも随分と変わったというのが実感です。

バブルが弾けた後、われわれが長年お付き合いをさせていただいているクライアントと読者の皆さまへ、「何かほかにできることはないだろうか」、と伺ってまわると、実にそれぞれのクライアントさま、ホテルやレストランの経営者の皆さまからさまざまな問題・課題そして悩みを耳にすることになります。その際に気がついたのですが、「そうだ、出版となると情報やトレンドをこちら側から一方的にお伝えする」ということを、個々のニーズや問題を解決することができれば、それは一般的に言う経営コンサルティングであり、ソリューションとも呼べるものになるから、もっと深いお付き合いが実現するのではないだろうか、できるのではないだろうかと。この態勢にすれば、もっと具体的に喜んでもらえるだろうし、それをやることでさらにもっとネットワークが広がる可能性が。また、新しいことを学ぶこともできるだろう、しかも経営コンサルティングやソリューションはわれわれがやる、というよりも、その案件や問題を解決したりするためにわれわれが雑誌を通して知り得る情報をもとにそれぞれの皆さまへ、「こういう会社または人がいて、こういう問題に取り組んで成功していますよ」と本当のプロフェッショナルにたどり着くことができるというストーリーです。

そういう意味ではわれわれは出版社ですが、もっとソリューションカンパニーとして皆さまから雑誌に掲載されている情報だけではなく、それぞれのニーズに合わせた仕事ができるのではないかと確信しました。まず、どこのホテルやレストランでも人材の問題は常に顕在化しており（簡単にわれわれが解決できるとは限りませんが）少なくともお手伝いはできるだろうと。そこで、当時の労働省から許認可をいただいて人材の紹介事業を始めました。これが一番当時喜ばれたのですが、いま思うとこれは永遠のテーマ

（人材難）なのだと認識しておりますし、そこを深く追求したことは必然だったのかなとも思います。

人材紹介の事業では主に中途採用が多かったですが、当時いろいろな方々にサポートしていただき学生へのアプローチも開始し、新卒者とホテルレストラン業界の人事の皆さまがお互いに「会える場」を作ろうと毎年 ホテルレストラン業界の会社合同説明会を開催し、この世界へ就職希望の学生さんたちと新卒者を採りたいホテル業界、レストラン業界のマッチングを実現させたことで関係者の皆さまから好評をいただき、学生さんのための勉強会やガイドブックなど関連事業を続けてまいりました。ホテル・レストラン・ブライダル業界合同説明会は今年で実に20回目の開催となり、2016年は東京と大阪で実に4500名もの学生さんたちに説明会に来ていただきました。

その他、経営コンサルティングと言っても実にさまざまですが、投資家や大手コンサルファーム、外資系、国内系の金融機関さまからの依頼でデータや地方のホテルデータを情報を提供したり、ホテルの売買やら開発案件でのオペレーターの紹介やデューデリジェンス（事業可能調査）までもやることになり、多くのコンサルティングファーム（大手）などからの依頼で実に多くの（数百軒）案件のサポートをさせていただいています。

何度も言いますが、われわれが直接やるということではなく、その案件に最もふさわしいであろう、人や会社を探してそこと協業で皆さまのお役に立つというスタイルでやってきております。

また、その中にはクライアントさまの「営業サポート」というのがあり、広告を出稿していただいているクライアントの皆さまの商品を実際に販売につなげるべく、ホテル業界やレストラン業界の皆さまのところへ同行し、その営業のサポートをさせていただいたりしています。新しい商品の紹介をするタイミングを作ったりということで扱うホテルやレストランさんにとってもそれがコストダウンになったり、スピードアップしたりと、何かメリットを確実にお届けできそうだというものだけを選んで持って行くため、皆さまからも喜ばれるので、「また何か面白いものがあったら案件を持ってきなさい」と言っていただけることは大変にありがたいことです。われわれもことあるごとに、お客さまに自社でなかなか解決できない問題はありますか、といつも聞いて回っていると、皆さまが、いま、どんな問題を抱えているかが把握できるのでありがたい話です。通常自分の会社で問題や課題が解決できるのであれば、他に依頼する必要はありませんが、なかなか解決できない本当に頭の痛い問題や課題をいただけることはむしろわれわれの喜びとして何とかして解決できる人なり企業を探します。場合によっては雑誌で関係する特集を組んで、同じくほかのホテルやレストランはその案件についてどう考えているのかを調査したり、その解決は誰がどのように行なったのかも調べたりします。

初めてこの世界へ売り込みをされる商品やアイデアなどで、もしも間違ったドアをたたいて一生懸命売り込んでも、そのドアでは物事が動かないことや、返事のスピードが遅いなど問題が起きるところを、われわれが間に入って、同じ会社でもこちらのドアをたたくともう少しプロセスが早くなるとか決定が早くなるなど長年の経験則で、こうしたノウハウが積み重なってきています。

そういう意味では㈱オータパブリケイションズは、出版事業に加えて人材の紹介、また人事と一緒になって新しいトレーニング、教育の方法を考えたり、経営コンサルティングやソリューションと称して雑誌やさまざまな過去の経営コンサルティングを通して知り合った多くの優秀なタレントを持った人々、会社と一緒に皆さまのお役に立てるようにお手伝いをしています。その他、昨年から全国各地にて経営セミナーを開催したり、小さな規模で勉強会を開催したりと、いろいろと行なっておりますが、キーワードは常に「皆さまのお役に立てるかどうか」。そのために雑誌のみならずさまざまなスタイルでお役に立てるようにする、という一本筋の通った姿勢で（形は違ってもマインドは皆同じ、お役に立てるかどうか、これがすべてだ！という）やらせていただいております。

巻頭言の執筆も既に創業者である太田土之助から受け継いで10数年たっています。ホテルやレストランビジネスについて、常に心掛けてきたのは「世界」の視点。海外から赴任する外資系ホテルの総支配人とは必ず食事を共にし、問題や課題を共有するようにしてきました。また、斯界だけでなく、このビジネスを取り巻く食材や厨房の関係者、インテリアやデザイン業界の方々、常にこうした方々との触れ合いの中から、新たな原稿執筆のヒントを得てきました。東京や大阪などの大都市圏だけでなく、地方にも意図的に随分と足を運んでいます。地方都市におけるホスピタリティービジネスの難しさ、人材難については共感することも多く、その問題の解決に向けてさまざまな専門家との議論を重ねてきました。

今、日本を取り巻く環境は必ずしも良いとは言えません。かつての成長社会から成熟社会へと変化しています。情報収集一つとっても、そのチャンネルはＩＴにおけるＳＮＳやクラウド、ビッグデータなど、昔では想像すらできないようなアングルまで拡大しています。そこで必要になるのは情報編集力だと痛感します。もはや情報の量の提供から、それぞれの情報を「編集」し、新たな視座に落とし込んでから媒体として発信していく。これが、これからのメディアとして果たすべき役割だと確信します。

ぜひ、読者の皆さまには筆者の信条であり、今回の著書のタイトルとしても使った「ピッチに立つサポーター」としての役割に徹し、これからも精進を積み重ねていきたいと思います。「ピッチに立つサポーター」とは。社内ではこの言葉を頻繁に使います。われわれの立ち位置を説明する際に使う言葉なのですが、サッカーの試合をイメージしていただけると分かりやすいと思います。フィールドの上で戦っている選手たち、またはその横で指示を出している監督やコーチ、控えの選手たち、トレーナーやドクターなどはすべてわれわれのお客さまです。ホテルやレストランまたはブライダルの世界で戦っている皆さまは現役の選手ととらえてます。

また、そういうチームや選手は世界中に存在していて日本のみならずアメリカやフランス、イギリスやすぐ近くの香港や韓国でも同じです。強い完成されたチームもあれば、まだまだ発展途上のチームや選手が存在しているから面白い。われわれは同じくピッチに立ってそのチームや選手たちが必要とする、または欠けているところをサポートさせていただきたいと願っているし、そのために世界のトレンドを学び、今その戦略で良いのか、違うところにパスを回した方が良いのでは、違う選手を投入した方がうまくいくのではないだろうかと必要に応じてサポートできるようにすることがわれわれの使命だと認識しています。「そのために情報を集め、分析し、最善のアドバイスやサポートをできるように自分たちも磨きをかけないといけない！」という意味であり、決してやや距離のある観客席から、「あのホテルだめだとか、あの選手は下手だとか」言いたいことを言い放題言える観客ではなく、同志の気持ちで、同じ気持ちで戦うという姿勢を持っているということをご理解いただきたいと願っています。

最後に、力不足の私を大きく助けてくれたことを歴代の編集者、石渡雅浩（現：株式会社ウエディングジョブ）、橋本由香（現：ヒルトン東京お台場）、久保亮吾（現：株式会社リクラボ）、岩本大輝（週刊ホテルレストラン編集長）および長谷川耕平（週刊ホテルレストラン副編集長）、村上実（専務取締役）の各氏に、この場を借りて感謝したい。

太田　進

本書は『週刊ホテルレストラン』の巻頭言「フロム・ザ・パブリッシャー」の
二〇〇四年一月九日号〜二〇一六年六月二十四日号分をまとめたものです。

著者紹介

太田 進（おおた・すすむ）

東京生まれ。大正時代に高知でレストラン経営をしていた祖父、昭和の初めに帝国ホテルなどで仕事をしていた父を持ち、親子三代で深くホスピタリティの世界に関わる。15歳から米国、スイスなど、海外のホテル・レストランでアルバイトをしながら学校へ通い、19歳の時に米国料理専門学校のThe Culinary Institute of America（通称 CIA）に入学。卒業後、東京ヒルトン、銀座マキシム・ド・パリなどさまざまなホテル&レストランにて修業をした後に父親が創業した（株）オータパブリケイションズに入社。以来、30年間で38カ国のホテル・レストラン及び関連企業の取材を通して人間関係を構築する。当社のミッションは「質の高い情報と豊富なネットワークで業界の皆さんをサポートする」ことだと考え、企業と企業、人と人を引き合わせる、つなげる「コネクター」の役割と自負している。

ピッチに立つサポーター
『週刊ホテルレストラン』FROM THE PUBLISHER
巻頭言

2016年9月20日　第1刷発行
著者————太田　進
発行者————太田　進
発行所————株式会社オータパブリケイションズ
〒104-0061 東京都中央区銀座4-10-16
シグマ銀座ファーストビル3階
TEL　03・6226・2380
FAX　03・6226・2381
URL　www.ohtapub.co.jp

印刷・製本・富士美術印刷株式会社
価格はカバーに表示しております。
乱丁・落丁本は、小社販売部までお送りください。送料小社負担でお取り換えいたします。

ISBN 978-4-903721-60-6